NONFICTION
論創ノンフィクション
041

# コロナ禍三年　高校演劇

工藤千夏 編著

論創社

目次

# はじめに

人は忘れる生き物だ。忘れたくない大切な思い出さえも薄れていく。だから、忘れたいことなんか、さっさと忘れる。

「マスクしたまま舞台に立ってたなんて、冗談でしょ？」

「向かい合ってセリフを言っちゃいけないって、意味わかんないんですけど？」

演劇部員がそう質問する時代がすぐに来る。もちろん、感染対策をしなければ演劇ができない状況など今すぐにでも過去になってほしいが、忘れてはいけない。忘れたら三年間が無駄になってしまう。だから、コロナ禍で高校演劇の現場でもがき続けた高校生と顧問の思い、部活動を維持するための様々な努力を記録しておきたいのだ。「無観客上演」という意味不明の言葉がまかりとおり、がらんとした客席に向かって演じられた作品の存在意義を語っておきたいのだ。表現すること自体に制約があったにもかかわらず、その制限を跳ね除けてコロナ禍に生まれた高校演劇作品を、客席に座るはずだった観客に知らしめたいのだ。

コロナで無観客上演が多かった三年間、私はありがたいことに審査員という立場で、一般の高校演劇ファンより多く観劇機会を得られた。また、貴重な観劇可能な機会を逃してはなるものかと、関係者が観劇できる余地があった大会にはできるだけうかがった。結果、観客と成り得た者の責任を考えるようになった。様々な制約のもと、懸命に表現を模索する演劇部員たちに、その表現から何を受け取ったか伝えること、そして、その作品を世に知らしめることは、観た者の務めである。それが、この本を作らなければと考えた動機である。

二〇二三年三月一三日から、科学的根拠が示されないままマスクの着用は個人の判断とされた。卒業式や入学式は、卒業生や新入生だけがマスクを外し、式に参列する周りはみんなマスクを着用していたという。個人の自由に委ねるということが苦手な学校社会は、新型コロナウイルス（以下、コロナ）との闘いが終わったのか終わってないのか殊更《ことさら》よくわからない状況であるが、とにかく、いま、三年間を振り返らなければという思いが強い。早くしないとみんな本当に忘れてしまう。正直焦る。学ぶことなく、なかったことになってしまう。

高校演劇界のコロナとの闘いをどうしても語っていただきたい方々に連絡をとった。ふたつ返事で引き受けてくださった方、思い出したくないけれども語らなければと決心してくださった方、躊躇しつつも最終的には振り返ることができたと喜んでくださった方、悩んだ末に辞退された方……ここには書けない、そのやり取り自体もまた、コロナが生んだドラマであった。

執筆・取材にご協力くださった皆さま、卒業生や演劇部員の声を掲載するために労を取ってくださった阿部哲也先生、小松陽介先生、毎熊義幸先生、平林正男先生、五味亜希子先生、福田耕先生、石田千晶先生、西田直人先生、柳雅之先生、亀尾佳宏先生、定期的にコロナ禍の高校演劇についての執筆機会を与えてくださったWEB論座の山口宏子氏、様々なバックアップをしてくださった季刊「高校演劇」（高校演劇劇作研究会）の皆さま、伴走してくださった編集の谷川茂氏、ゲラをすべて読んで挑むアフタートークへの登壇を快諾してくださった、高校演劇応援仲間の澤田大樹氏に心から感謝申し上げます。

目次に並ぶお名前を見ただけで高揚する豪華な執筆陣から頂戴した原稿で、高校演劇界のコロナ禍三年が多角的に見えてきた。コロナ禍を振り返り、ポスト・コロナを考える、一風変わった演劇フェスティバルの様相を呈している。さあ、幕が上がる。

二〇二三年四月一八日

工藤千夏

# 第一章　コロナ禍の高校演劇

工藤千夏

## 1　高校演劇の基礎知識

高校演劇になじみのない方のために、まず、高校演劇について簡単に説明させていただきたい。

①高校演劇は、学校教育の現場でおこなわれる部活動である
演劇部の活動は、文部科学省（文科省）や各都道府県の高等学校文化連盟（高文連）から示された指針に沿っておこなわれる。新型コロナウイルス感染防止対策ガイドラインは、文科省から各都道府県の教育委員会に発出された指針を基に、各都道府県の高文連がそれぞれ作成する。

②全国大会を頂点とするコンクールがある
全国高等学校演劇協議会（令和四年度加盟校数一九九七校）が開催する全国高等学校演劇大会、いわゆる「全国大会」が、毎年七月下旬から八月初旬、三日間開催される。会場は各都道府県持ち回り。前年度の予選（各地区大会、県大会、ブロック大会）を経て、開催地枠を含む一二校が出場権を得る。

③コンクール以外の発表機会は、春フェス、学校祭、自主公演など

審査のない春季全国高等学校演劇研究大会（通称「春フェス」）が毎年三月に実施される。同じ年度のブロック大会から一校ずつ推薦され、出場する。新入部員獲得のために新歓上演をおこなう学校も多い。また、学校祭、他校との合同公演、各種フェスティバルでの上演、等、地域演劇の一端を担う一面もある。

④高校演劇の活動スケジュールは、学校の暦（年度）に準拠

四月新入部員入部、九月地区大会（早い地区では七月）、一一月県大会、一二～一月ブロック大会、二～三月は自主企画やフェス、三月に三年生卒業。受験勉強のために三年生の途中で引退するケースが多く、二年強しか実動期間はない。ブロック大会で最優秀賞を受賞しても、三年生は翌夏（卒業後）開催の全国大会に出場することはできない。

⑤コンクール台本（六〇分）は、創作脚本と既成脚本に大別

創作脚本とは、在学中の演劇部員か顧問が、一人あるいは共同で書いたオリジナル脚本。自分たちの興味や部員数などに合わせて当て書きをすることが多い。コロナ下、新型コロナウイルス感染拡大の高校生活への影響を描く作品が急増した。

既成脚本とは、現役の部員・顧問以外（プロ・アマを問わず）が書いた脚本。卒業生やコーチ、転任・離任した顧問が書いても既成として扱われる。著作権処理が必須で、著作権者の許可を得てコンクール規定時間の六〇分に収まるよう潤色する。古典戯曲も既成脚本。

## 2　コロナ禍の高校演劇　影響の推移

二〇一九年度末、全国一律の休校要請で、春フェスを始めとする上演がいきなり中止。

二〇二〇年度、公共ホールの閉鎖や生徒の安全を守るための感染対策ガイドラインが、大会実施を困難にし、演劇表現を規制するという事態が発生。

二〇二一年度、通常の学校生活・部活動に戻れない状況が続き、無観客上演、配信、映像審査などの手立てを模索する。

二〇二二年度、特に一〇月以降、ウィズコロナで大会実施がデフォルトになったが、部に感染者や濃厚接触者が出て、出場辞退、代役上演、映像に差し替え等の対応に迫られるケースが頻出。

コロナが三年続くということは、二〇二〇年四月に入学した高校生は、三年間まともに学校生活が送れなかったということだ。一度も舞台に立てないまま、卒業する演劇部員もいる。部活動における先輩から後輩への技術伝承もとぎれがちだ。そもそも少子化の影響で部活加入者数が減少傾向にある中、一年生が入部せず、廃部に追い込まれたという話も聞かれる。

また、二〇二二年度を必死に乗りきり、上演を果たした一、二年生が部活動への意欲を失い、二〇二三年度の早々に退部を希望するという例もあるという。中学校時代に部活動を経験していないため、部活動に興味を示さない新入生もいる。

コロナが高校演劇に及ぼした影響の詳細を時系列で見ていこう。

第一波（期間：二〇二〇年三月〜五月頃）　初の緊急事態宣言

二〇二〇年二月二七日、安倍晋三首相（当時）は、三月二日から全国すべての小学校、中学校、高校などは、春休みに入るまで一律に臨時休校とするよう要請する考えを唐突に示した。

これを受け、二月二九日、全国高等学校演劇協議会（高演協）は「第一四回春季全国高等学校演劇研究大会（新潟大会）」（三月二〇日〜二二日、りゅーとぴあ新潟市民芸術文化会館で予定）、通称「春フェス」の中止を発表した。

全国大会（春季も含む）の歴史において、口蹄疫の発生による出場校辞退（二〇一〇年宮崎全国大会・北海道ブロック代表　鹿追高校演劇同好会）はあったが、大会そのものが中止になるのは、初めてであった。東日本大震災が発生した二〇一一年でさえも、会場を福島県から香川県に変更し、第三五回全国高等学校総合文化祭演劇部門大会・福島大会東日本大震災復興支援香川大会を開催した。

ちなみに、二〇二〇年三月の一斉休校で、全国の小中高校の終業式、卒業式も、第九二回選抜高等学校野球大会、いわゆる春の選抜野球も中止となった。自主公演も軒並み中止となった。四月に入っても、リモート授業や分散登校のため部活動は自粛。新入生獲得ができなかった演劇部も多数。演劇や合唱がクラスターを生むという風当たりも強かった。


第二波（期間：二〇二〇年七月〜八月頃）　飲食店への時短要請、「Ｇｏ Ｔｏトラベル」開始

七月三一日〜八月二日に高知県高知市で開催されるはずだった第六六回全国高等学校演劇大会（全国大会・高知県開催）は、一二校のうち一一校が映像を提出し、審査はおこなわれなかった。ブロック大会記録映像を提出した埼玉県立川越高校演劇部、映画として映像作品を新たに制作した徳島市立高校演劇部、県の高文連の新型コロナウイルス感染防止対策ガイドラインにより新規収録ができず、メッセージ映像のみ提出した青森県立青森中央高校演劇部など、その対

応は都道府県や学校の事情によって分かれた。

他の九校は無観客上演か、関係者のみ観劇できる上演をおこない、提出映像を収録した。それらの映像は、令和四年度高知県高等学校総合文化祭（以下、「総合文化祭」は総文）のサイトであるこうちWEBSOUBUNで、二〇二〇年七月三一日から一〇月三一日まで公開された。

前述の春フェスは特設チャンネルで映像配信もおこなっているのだが、こうち総文の演劇部門として他部門に足並みをそろえ、上演校自らがYouTubeにアップした動画リンクという方法を取ったため、映像配信のための洋楽の使用料（配信におけるシンクロ権や原盤権、等）に関しても、上演校で対応しなければならなくなった。北海道富良野高校演劇同好会は使用曲を変更した。

また、洛星《らくせい》高校演劇部、愛知県立津島北高校演劇部、愛知高校演劇部が、音楽使用シーンで音声をミュートするという選択をした。全国大会の舞台を踏むことができなかった部員たちが、突然音声が切れるという不完全なかたちでの配信に甘んじなければならなかったのは無念である。

国立劇場上演「第三一回全国高等学校総合文化祭優秀校東京公演」（「全国高総文祭」の演劇・日本音楽・郷土芸能三部門からそれぞれ選ばれた優秀校四校、演劇部門は前年度の東京都大会推薦作品を加えた五校が上演）も中止。八月上旬の「第二六回高校演劇サマーフェスティバル in シアター1010」中止。文化祭・学校祭自体が中止か延期という高校が多く、発表の場を持てない状態が続いた。各都道府県の高校演劇連盟主催によるワークショップも、ほぼすべて中止であった。

第三波（期間：二〇二〇年一一月中旬〜二〇二一年二月中旬頃）ガイドラインとの戦い

和歌山県田辺市の紀南文化会館で二〇二一年八月四〜六日に開催予定の全国大会（第六七回

全国高等学校演劇大会）に向けて、予選（地区大会→県大会→ブロック大会）の実施に多大なる影響が出た。問題点は大きく以下。

●大人数が集まる大会（コンクール）実施の是非
●感染対策ガイドラインによる演劇表現への規制
●団体行動、特に移動・宿泊への懸念
●会場となる公共ホール確保の困難さ

感染対策ガイドラインは、文科省から各都道府県の教育委員会に発出された指針を基に、各都道府県の高文連がそれぞれ作成する。そのガイドラインに沿ったコンクールのルール改変も、各都道府県で変わることになる。また、地区大会、県大会、ブロック大会の実施日はそれぞれ違うので、各地のそのときの感染状況が大きく影響した。

ブロック大会の実施状況を見てみよう。

●北海道ブロック　支部大会（一〇地区）はすべて実施できたが、全道大会が映像審査。
●中部ブロック　中部六県のうち予定どおり地区大会を終えることができたのは福井県、富山県のみ。中部大会は日程・開催地（岐阜県）を変更して三重県開催。
●関東ブロック　関東大会が映像審査に変更。
●近畿ブロック　近畿大会の会場探しに難航。京都芸術大学の協力を得て、第二〇回「春秋座」招待公演「演じる高校生」兼「第五五回近畿高等学校演劇研究大会」として五校出場で実施（和歌山県が出場辞退）。

●四国ブロック　全国大会や春フェスの出場校を話し合いで決め、年度をまたいだ二〇二一年四月に四国大会代替の上演発表会開催。

奇跡的に実施できた東北大会、中国大会、九州大会も、観客席を収容人数の五〇％以下にする必要から、無観客上演か、参加校と届け出た関係者のみ観劇できる一般非公開であった。出場を辞退したり、映像提出に切り替える学校もあった。公共ホールが自治体の要請でクローズしている期間は、会場確保も困難を極めた。

さらに、感染拡大防止ガイドラインが舞台表現そのものを規制するという状況は、演劇とは何かという本質的な問いかけをも孕《はら》む。

長野県、青森県のガイドラインが特に厳しく、例えば「いかなる場合も一メートル以上離れる」「向かい合って話す場合には二メートル以上離れる」「接触は禁止」「マスク・フェイスガード・アクリル板を使ってもこのルールは変更できない」「このルールが守られなかった出場校は失格」等が課せられた。ただし、長野県は上演を守るために顧問たちが自主的にルールを設定したのに対し、青森県は県の高文連から通達されたという違いがある。

注……長野県の状況は、「コロナ禍の長野県ルール、アフターコロナのＮＡＧＡＮＯスタイル」日下部英司（長野県松本県ヶ丘高校演劇部顧問）、「コロナ禍三年間の演劇部の記録」郷原玲（長野県松本美須々ケ丘高校演劇部顧問）に詳しい。

## 第四波（期間：二〇二一年三月～六月頃）　まん延防止等重点措置の初適用

二〇二一年一月七日に発出された二度目の緊急事態宣言は三月二一日まで延長され、関東大会は映像審査に変更された。宣言明けの三月二六日〜二八日、北九州芸術劇場（中劇場）において、第一五回春季全国高等学校演劇研究大会福岡（北九州）大会が実施。わずか一日置いて、三月三〇、三一日の二日間、穂の国とよはし芸術劇場ＰＬＡＴ（愛知県豊橋市）で第六六回全国高等学校演劇大会代替上演会がおこなわれ、こうち総文に出場するはずだった一三校のうちの七校が上演を果たした。一般非公開とはいえ、とにかく舞台を見つめる観客が客席にいる、熱い拍手が起こる。延期と中止を繰り返した年度の最後の最後、駆け込むように上演された、逆転ホームランのような舞台であった。

四月一二日、都道府県をまたぐ移動自粛の呼びかけ徹底を全国知事会が提言した。四月二五日（〜六月二〇日、沖縄は継続）には、三回目の緊急事態宣言発令。それでも、オリンピック実施に向けて準備が進む風潮を追い風に、全国大会（和歌山大会）の準備に邁進していく。

## 第五波（期間：二〇二一年七月〜九月頃）　オリンピック開催の影響

四回目の緊急事態宣言（七月一二日〜九月三〇日）が発令されている中、七月二三日から東京2020オリンピック（〜八月八日）が始まる。オリンピック実施を伝家の宝刀に、八月四日〜六日、紀南文化会館（和歌山県田辺市）において、第六七回全国高等学校演劇大会（わかやま総文）も実施され、全国各ブロックの代表一二校が上演を果たした。一般観客の入場は不可、上演校と関係者だけが観劇を許されるという入場制限は残ったが、全国大会が二年ぶりにリアルで実施できた意義は計り知れない。

公立高校の部活動は感染者数や病床逼迫度の変化に振り回され、部活動原則禁止や、週三回までならオーケー等、制限と解除が繰り返されていた。そのため、学校長判断で制限を設けなくてもよい私学と、部活動に取り組むことができる時間に差異が生じるようになっていた。

### 第六波（期間：二〇二二年一月〜三月頃）オミクロン株の急拡大

二〇二一年後半、一〇月以降の予選は、開催か映像審査か地域ごとに決断を迫られた。ブロック大会の中で一番遅い一月下旬の関東大会が映像審査になったが、第二回まん延防止等重点措置が終了した二〇二二年三月二一日、すばるホール（大阪府富田林市）で三日間に及ぶ第一六回春季全国高等学校演劇研究大会（春フェス）が幕を下ろした。一般観客が申し込める無料の一日指定席券を六〇名程度分用意し、パブリックビューイング会場も設定。幕間にディスカッションする生徒講評委員会も、出場校が出し物を披露し合う生徒交流会も実施された。

### 第七波（期間：①二〇二二年四月〜六月頃、②七月〜九月頃、③一〇月）ウィズコロナ！

新規感染者数がどんなに増えても政府の方針は「感染症対策と社会経済活動との両立を図る」であり、かつてのように、緊急事態宣言やまん延防止等重点措置といった行動制限を求めることはなくなっていた。オミクロン株が猛威を振るい、第七波は演劇界をも直撃。プロの演劇公演の中止や延期の報が毎日のように聞かれる中、第六八回全国高等学校演劇大会（全国大会・東京）は、なかのZERO（東京都中野区）で一般客も迎え、二〇二二年七月三一日から八月二日までほぼ通常どおりに開催された。

八月二七日、二八日には第三三回全国高等学校総合文化祭優秀校東京公演が国立劇場大劇場で実施され、配信もおこなわれた。

## 第八波（期間：二〇二二年一一月〜） 大会実施と出場辞退のディレンマ

二〇二三年七月三〇日から八月一日まで、第六九回全国高等学校演劇大会（全国大会・鹿児島）が川商ホール（鹿児島県鹿児島市）で実施される予定である。例年どおり、この全国大会に向けて予選が終了し、出場校が出そろったわけだが、大会そのものは実施されることがデフォルトになったにもかかわらず、出場校の演劇部員に感染者や濃厚接触者が出て、出場辞退を余儀なくされるケースが頻出した。第八波の中、参加予定校が一校も欠けることなく上演を果たすことができるのは、単にラッキーとも言える状況だった。

文科科学省初等中等教育局健康教育・食育課が令和四年九月九日付で派出した「新型コロナウイルス感染症の患者に対する療養期間等の見直し等を内容とする『新型コロナウイルス感染症対策の基本的対処方針』の変更について」で、以下の記述がある。

（特に、学校においては）
療養解除後も、有症患者については発症日から一〇日間が経過するまで、無症状患者については検体採取日から七日間が経過するまでは、感染予防行動の徹底が求められること

濃厚接触者に関しては、同課が令和四年八月一日に発出した「新型コロナウイルスへの感染が確認された者及び濃厚接触者への対応等について」に以下の記述がある。

濃厚接触者の待機期間の見直しについて

特定された濃厚接触者の待機期間が最終曝露日（感染者との最終接触等）から五日間（六日目解除）とされるとともに、二日目及び三日目の抗原定性検査キットを用いた検査で陰性を確認した場合は三日目から解除が可能。

このガイドラインに従って、感染者、濃厚接触者がいつ学校生活に復帰できるかが決まる。つまり、いつ発症したかによって大会参加の可否が決まる。棄権を回避するためには、代役をたてて上演するか、用意していた記録映像を上映するといった対応が必要となる。上映が認められるか、また、その上映が審査対象になるかは各地区の高校演劇連盟事務局によって判断が分かれている。

以下、私が得た各地の情報を列挙する。

北海道網走南ケ丘高校演劇部は、全道大会の一週間前に感染者が出た。部員五人全員がキャストで代役をできる部員がいなかったため、顧問の新井繁教諭が台本を持ったまま「高校生」役の代役を務め、上演を果たした（北海道ブロックのルールでは、全道大会までは教員も出演できる）。全国大会（かごしま総文）の出場権を得た。

香川県大会は、感染者が出た香川県立坂出《さかいで》高校演劇部が上演辞退。濃厚接触者が出た香川県立丸亀城西高校演劇部の上演が検討された。陰性確認の上、三日目から待機解除となるというガイドラインを受け、大会二日目、エントリー校の上演終了後、審査対象外の特別上演を認めた。その後の四国ブロック大会では、香川県立高松工芸高校が上演辞退となった。

近畿大会では、大阪府立岸和田高校演劇部が上演辞退で上映となったが、春フェスと、京都芸術劇場春秋座で開催される「演じる高校生」に選出された。

中国ブロック大会では、二校の部員が発症。山口県立光高校演劇部は上映に変更。岡山学芸館高校演劇部は、演出担当の部員が感染者の代役で急遽出演し、春フェスに選出された。

他に、群馬県大会では群馬県立伊勢崎清明高校演劇部が、福島県大会では福島県立磐城《いわき》桜丘高校が、広島県大会では広島市立沼田高校が、上演辞退で上映に変更となった。いずれも審査対象であったが、次の大会への進出は叶わなかった。

ちなみに、このフェイズに入っても、山梨県の地区大会では「舞台上で俳優は接触禁止」「一メートル以上の距離を保つこと」の規制がなされたという。ルールをどうするかの判断が各地区に委ねられているのは、変わらない。

### 3　二〇二三年三月、コロナは終わったことになったのか？

中止と延期の悲報ばかりだった二〇二〇年三月からちょうど三年、二〇二三年三月はそのリベンジのように自主公演・合同公演の案内がSNS上を駆け巡った。この状況はもう、春季全国同時多発フェスティバルだ。第一七回春季全国高等学校演劇研究大会（大分大会）に出場した一〇校だけでなく、全国各地で上演をおこなったすべての演劇部が「春フェス」に参加しているのだと私は感じた。

二〇二三年三月の自主公演増加の背景には、「第八波の影響」がある。やっとコンクールが実施されるのに、やっと観客の前で上演できるのだと稽古や準備を重ねてきたのに、自分が所属する演劇部だけが上演できなくなった、その無念たるや。この三月の自主公演の多さは、二〇二二年度に活動していた演劇部員たちの、どうしても「その作品」を幻に終わらせることなく、観客の前で上演したいという願いに起因する。

山口県立光高校演劇部は、自主公演そのものを「私たちの春フェス」と題した。中国大会で上演できなかった『みすてりぃ』(作：緋岡篝)と、学校統合前の光丘高校演劇部の先輩たちが上演した『□○ル葉桜』(作：緋岡篝)を、三月二一日、スターピアくだまつ(山口県下松市)で上演。フライヤーに書かれた「大会で上演したかった思いのすべてを、ここに。」というコピーが刺さる。

長野県松本美須々ケ丘高校演劇部『カラマーゾフの兄弟』(原作：ドストエフスキー、脚本：郷原玲)は、上土劇場(長野県松本市)で上演を果たした。郷原顧問によると、二〇二〇年度は無観客、映像審査。二〇二一年度は映像審査、無観客。二〇二二年度は関係者のみの公演→大会で上演できず映像。私も審査員として観劇するはずだった二〇二三年一月の関東大会(桐生会場)では、会場でのリハーサルを終えたあとにまさかの出場辞退となった。映像でも素晴らしさがほとばしるその幻の作品が上演を果たしたこと、何より、ずっと取り組み続け、ついに、観客の前で上演することができた部員たちの気持ちを思うと、あまりに感慨深い。

二校のケースを挙げたが、上演中止をバネに自主公演を決めた例は全国にある。すべての自主公演を網羅することも、ましてや、すべて観劇することも不可能なのだが、キャッチできた情報を紹介する。決して書ききれない各校の事情や演劇部員の思いを想像していただけたらうれしい。

沖縄のアイム・ユニバースてだこ小ホール(沖縄県浦添市)で三月二八日開催の「春季合同上演会」には、沖縄県立与勝高校、沖縄県立普天間《ふてんま》高校、沖縄県立首里《しゅり》高校、沖縄県立具志川高校、沖縄県立球陽高校、沖縄県立浦添高校、沖縄県立開邦高校、昭和薬科大学附属高校、有志チームが三〇分劇を上演。観客の投票によって、団体賞と個人演技賞を決定した。

「とちぎ蔵の街・高校演劇祭」では、栃木県立鹿沼南高校、栃木県立益子芳星高校、栃木県立真岡北陵高校、栃木県立真岡高校・栃木県立真岡女子高校、栃木県立宇都宮女子高校、栃木県立宇都宮中央高校・栃木県立宇都宮中央女子高校、栃木県立鹿沼高校、栃木県立小山西高校、栃木県立栃木高校・栃木県立栃木女子高校の一二校一〇ステージの競演。各校三〇分枠だが、合同公演を企画すれば一時間の作品を上演できる。男子校と女子校の合同企画は、日頃はできない共学の部活動体験の場として演劇祭スタート時から企画されたものだ。

中央大学附属高等学校演劇部が主催する合同発表会には、関東第一高校、日本大学第三高校、東京都立国立高校、中央大学附属高校が参加。「第三回藤二鶴（とにかく）オール日大」には、「藤・二・鶴」の日大藤沢高校、日大第二高校、日大鶴ヶ丘高校に、目黒日大高校、成蹊中高、獨協中高がゲスト出演した。

二校間の距離をものともせず、精華高校（大阪）と埼玉県立芸術総合高校の合同自主公演『果てのない 物語のない 旅にでる』は、シアター風姿花伝（東京・新宿区）でおこなわれた。二〇一八年三月に同会場で実施された精華高校と埼玉県立新座柳瀬高校の合同公演「愛もない青春もない旅に出る」が、鳥頭三歩顧問と稲葉智己顧問の連携で復活した。ちなみに、精華高校と埼玉県立芸術総合高校は、この公演のあと、そろって後述の「ふくやま高校生春の演劇フェスティバル」に参加した。さらに、埼玉県立芸術総合高校は第一七回春季全国高等学校演劇研究大会にも参加、驚くべきことに三週末連続で異なる三演目を上演した。

山梨県立甲府南高校演劇部の中村勉元・顧問は、この春卒業する部員やOBやOGと共に、演劇ユニットスーパーリリック公演『スーパーリリックの20分シアター』を山梨県韮崎市の地域おこしの拠点であるアメリカヤで上演した。すでに学校を離れた顧問や卒業生が上演のために再集結すること自体がドラマティックである。

コロナで中止になっていた「高校演劇見本市」を四月一、二日に再開させた青森県立青森中央高校演劇部は、東北大会で優秀賞を受賞した『勇者のコロナクロニクル』（作：畑澤聖悟）を青森演劇鑑賞協会特別例会で招聘上演した。高校演劇になじみのない演鑑会員を魅了したこの舞台が、卒業生のラストステージとなった。

島根県立三刀屋《みとや》高校掛合《かけや》分校演劇同好会、松江工業高校、三刀屋高校と、劇団一級河川による合同公演『卒業式』は、「劇」小劇場（東京都下北沢）で実施された。この公演は、顧問である亀尾佳宏教諭が掛合分校演劇同好会の部員と共に出場した二〇若手演出家コンクール二〇二一（一般社団法人日本演出者協会主催）で最優秀賞を受賞した、その記念公演である。掛合分校演劇同好会を取材し、第一四回下北沢映画祭、うえだ城下町演劇祭など数々の映画祭で入賞しているドキュメンタリー映画『走れ！走れ走れメロス』（監督：折口慎一郎）も、三月いっぱい下北沢トリウッドでリバイバル上映された。

第一二回となる、その名も「ふくやま高校生春の演劇フェスティバル」には、福山地区合同公演チームに加え、前記の精華高校（大阪）と埼玉県立総合芸術高校、そして、徳島県立城東高校、徳島県立小松島高校、山口県立光高校、創成館高校（長崎）、島根県立三刀屋高校掛合分校演劇同好会が参加。回を重ね、演劇祭実行委員会として力をつけ、福山地区高演協は、二〇二四年度の本家・春フェスの受け入れをおこなう予定である。

## 4　春フェス大分大会、通常開催！

第一七回春季全国高等学校演劇研究大会（大分大会）は、J：COMホルトホール大分（大分県大分市）で三月二四日から三日間開催された。上演作品は以下のとおり。
1　四国ブロック　香川県立高松桜井高校『Gifted』川田正明＋高松桜井高校演劇部（顧問生徒創作）
2　近畿ブロック　大阪府立岸和田高校『オドリ・バリデ・ジュー』鈴木研太（井原一葉補作／顧問創作）
3　東北ブロック　山形県立鶴岡中央高校『明日は救世主』木村麻由子（顧問創作）
4　関東ブロック　埼玉県立芸術総合高校『Midnight Girlfriend』原作／モリエール　稲葉智己（翻訳・翻案／顧問創作）
5　中部日本ブロック　愛知県立松蔭高校『フートボールの時間』豊嶋了子と丸高演劇部（既成）　藤澤順子（顧問潤色）
6　九州ブロック　宮崎県立宮崎南高校『誰かのための、芋けんぴ』河原美那子と宮崎南高校演劇部（顧問生徒創作）
7　中国ブロック　岡山学芸館高校『骨を蒔く』柳雅之（顧問創作）
8　関東ブロック　千葉県立松戸高校『ある海が見える丘の物語』阿部順（顧問創作）
9　北海道ブロック　札幌北斗高校『イチゴスプーン』須知英生（顧問創作）
10　開催県代表　大分県立大分豊府高校『エールの時間』中原久典（既成）

春フェスも夏の全国大会もそこに至るまでの予選で上演ラインナップが決定するので、テーマやジャンルは一切関係ない。高校演劇の多様性がそのまま可視化される。ブロック大会までは確かにあちこちでその取り組みが見られた、コロナをモチーフにした作品が、春フェス大分大会では一本もないという偶然はとても興味深い。コロナとは違う世界を描きたいという強い欲求すら感じさせる。

春フェスは、通常のコンクールと違って審査がないので、制限時間六〇分はそれほど厳密ではない。カーテンコールをしたければしてもかまわない。今回、出場校一〇校の約半数がおこない、私はその度、拍手しながら律儀に泣いていた。芝居が終わり、上演できた喜びが出演者の笑顔からほとばしる。その瞬間がうれしくて、眩しかった。

コロナとの戦いが完全に終わったわけではない。だが、少なくても、演劇部員はマスクを外して舞台に立つことができるようになった。顧問や周りのおとなたちは、コロナが急進させた部員減少の問題に向き合いながら、新入生が入学する四月に向かって歩き始める。春はすぐそこまで来ている。

注……この項は、『定点観測 新型コロナウイルスと私たちの社会 二〇二二年後半』（論創社）と「高校演劇の春」（ウェブ論座　二〇二三年四月一日～二日）の原稿を加筆・修正。「論座」と「全国高等学校演劇協議会」、「一般社団法人日本劇作家協会高校演劇委員会ワーキンググループ」にご協力いただきました。

# 第二章　幻の春フェスと全国

## ――演劇部顧問が語る「全国大会」――

### 1　幻の春フェス新潟大会

引場道太　（元・新潟県立新潟工業高校・演劇部顧問／新潟市立高志中等教育学校教諭）

本原稿を読んでいただくにあたり、「春フェス」についてちょっとだけ。

「春フェス」とは「春季全国高等学校演劇研究大会」のことであり、地区大会、都道府県大会、ブロック大会を経て、夏の全国大会（総文祭）代表にあと一歩届かずも、ブロック大会の上位校が推薦されて集結する三月開催の全国大会です。春フェスは審査員による審査がないため、「全国大会だ！」という緊張感と「思いっきり楽しもう！」といったリラックス感が絶妙にミックスされた、笑顔と満足感に溢れた貴重な大会でもあります。まさに、春フェスは演劇大好き高校生たちの終着点のひとつであると私は考えています。そんな春フェス大好き高校演劇顧問（春フェス代表三回！）の書いた駄文、お読みいただければ幸いです。それではどうぞ。

タイトルにあるとおりの原稿依頼をいただいた。三年前の「出来事」についての原稿依頼である。当時の勤務校・新潟工業高校を離れ、不本意ながら演劇部顧問の立場にない現状において、ご期待に添えるような文章を書けるものかと自問自答しつつ、こうして書き始めている。不思議と、原稿執筆に対して、面倒だなぁ……といったネガティブな感情はない。本当に全くない。むしろ、これまで満足に吐き出せなかった三年前の「出来事」について、洗いざらい吐き出すチャンスなのかもしれない。ありがたい。よし、書いてやろうじゃないの。最近、台本書いてないからよいリハビリにもなるかもな。そうだ、文体はブログ調にしてみようか！などと若干のワクワク感を抱きつつ、PCを起動して、ワードをダブルクリック。さて、いざ書かん！

（しばし間）

おや？書けないぞ。うーん……。

（さらに間）

やっぱり書けない。ここまで衰えたか？　いや違う。そうだ、今日は日が悪いのだ。また後日取り組むことにしよう。とPCをシャットダウン。

（何日かの間）

PC起動。おいおいやっぱり書けないぞ。いや、書けないというより、なんだろうか。よく思い出せないのだ、「三年前」のことが。こと高校演劇に関しては、これまで二〇年近くの活動遍歴を昨日のように思い出せるのに。愛すべき生徒たちと多くの大会を目指して、共に喜んだり、ともに涙したり、ときにはぶつかり合ったり、平穏な日々をゆるゆると過ごしてみたりといった記憶はまるで昨日のことのように思い出せるのに。たった「三年前」のあのときの出来事がよく思い出せない。あんなに大事《おおごと》だったのに、だ。こいつは困った。これでは原稿が書けないではないか。とりあえず、書き出すきっかけを探さねば。よし、当時のパンフレットを

提供／いずれも全国高等学校演劇協議会事務局

探して読み返そう。たくさん残部があったはずだ。そうだよね、そこから始めよう。

（部屋をひっくり返して探す）

発見！と思いきや、発掘されたのは四年前の第一三回愛知（豊橋）春フェスのプログラム。ニアピンか……などと思いつつ、それを手に取って読みふける。楽しかったなぁ豊橋春フェス。一五人の部員たちと一緒に、新潟から愛知まで貸し切り夜行バスに六時間揺られて行ったんだよなぁ。朝方に到着したときに食べたモーニング、美味しかったなぁ。上演作品『室長』の作者の畑澤先生にも会えたんだよなぁ。部員のみんな、笑顔だったなぁ……ホント、楽しかったなぁ……いや、浸っている場合ではない。「三年前」を掘り起こさねば。

（さらに部屋中を探す）

お！発見！？ならず。今度は二年前の第一五回福岡（北九州）春フェスのプログラムだ。コロナ禍が始まってから一年が経ち、開催が危ぶまれる中、関係者のご尽力によって見事に開催された一五回春フェス。クラウドファンディングも企画され、私もそれに参加させてもらって、こうしてプログラムをいただいているわけで、その桜色の素敵なプログラムを手に取り読みふける。

巻頭言、全国事務局長の黒瀬貴之先生の言葉にいまさらながら言葉に詰まる。その前年、幻に終わった第一四回新潟春フェスについて言及していただいている。ありがたさと共に胸がチクっと痛くなる。さらにプログラムを繰っていくと第一四回までの春フェスの歴史が綴られたページに至る。幻の第一四回新潟春フェスの出場校と上演作品が記載されている。欠番とせず「一四回大会」として載せていただいたことに感謝しつつ、さらに胸が苦しくなる。さっきまで思い出せなかった「三年前」の出来事が猛スピードで頭の中を駆け巡る。

「三年前」の二月下旬、第一四回新潟春フェス中止決定の中心にいた現地実行委員長の自分の姿。中止決定を伝えたときの部員たちの何とも言えない表情と去り際の後ろ姿（私の学校も出場校であった）。中止決定後の諸々の後始末。そのときも、まさにいまと同じく奥歯を強くかみしめていたこと。

そうか、覚えていないんじゃないのだ。ぽっかりと空いた記憶の穴に蓋をして三年間生きてきたのだ。

探さなくては！「三年前」を、第一四回新潟春フェスのプログラムを探さなくては！どこだ、どこにいった！どこにしまった！

あ、あそこだ。「三年前」に閉じてから一回も開けなかったあの押し入れ。

あった。この段ボール箱だ。「第一四回春季全国高等学校演劇研究大会―新潟大会―」プログラムをついに発見。やっと会えた。「三年前」にやっと会えた。うれしい。ただただうれしい。よおっ！久しぶりだね！「三年前」！無性に抱きしめたい思いに駆られる。そして、読みふける。やっぱりうれしい。

あの頃の苦しさとか悔しさとか申し訳なさとかは、いまはもうどうすることもできない。だけど、それらともう一度向き合うことはできた。そして、当時とは違った気持ちで向き合えた。

「考えろ！」「次はどうする！？」「前を向け！」

「三年前」の幻の新潟春フェスプログラムから声が聞こえる。

## 2 成し遂げる充実感


大石由紀

（高知県立高知丸の内高等学校・演劇部顧問／2020こうち総文WEB SOUBUN演劇部門代表委員）


二〇二〇年五月一二日、次の内容が全国高文連から発表された。「新型コロナウイルス感染症拡大が収束する見通しがたたないこと、会場では人の密集が予想され、会場までの長距離移動や宿泊施設で感染のリスクが高いこと、参加者全員の感染防止を徹底することもむずかしいことなどの観点から、生徒の生命の安全・健康を最優先に考え、通常開催ではなく、ウェブ上での発表・交流の開催とすることとしました」。こうしてこうち総文は、WEB SOUBUNというかたちで開催されることとなりました。

私は、二〇一六年四月に高知丸の内高校に赴任し、演劇部顧問となりました。それまでは運動部を担当していたので、高校演劇は私にとって未知の世界でした。私が演劇部顧問となった頃、県内の演劇専門部ではこうち総文の代表委員として誰を推薦するかの調整が難航していました。そして、次の年の春、その代表委員になんと私の名前が挙がっていました。びっくり仰天。そして、高知県高等学校演劇協議会の事務局長をあわせて担うこととなりました。無名、実力なしの私が代表委員となった経緯は、このようなものでした。

こうち総文の準備期間は、私が携わった時点からいえば二〇一七年から二〇二〇年までの四年間です。会場と大まかな大会日程が決まっていました。みやぎ総文の視察から準備を開始しました。二〇一七みやぎ総文では、代表委員の先生や全国高等学校演劇協議会事務局の方々と初めてお会いすることとなり、緊張が隠せませんでした。高校演劇の多くの情報が頭の中に流れ込み、パニックに近い状況に陥りました。同時に、このような規模の全国大会を高知県で開催できるのかという不安が押し寄せました。信州総文では、高知県での確かな大会運営のためにより具体的な視察をさせていただきました。

　高知県では予算や人手、地理的条件からコンパクトな大会運営が想定され、受付周りの工夫がかなり必要でした。観客の受付についてもウェブ申込を採用してはどうかなど、アイディアを出していました。熱中症予防対策や台風のような自然災害時の対応など、懸念されることについても議論を重ねました。様々な課題がありましたが、一つひとつについて全国高等学校演劇協議会事務局の皆さんや、全国常任理事の先生方と議論を重ね解決策を見出していきました。生じた課題を各立場の方々と議論し解決策を見出していく過程に、たいへんさはありましたがやりがいを感じていました。

　そして、元号が令和となり、二〇一九さが総文を迎え、高知県から総勢二五名ほどの視察団を組んで佐賀県に入りました。視察を進める中で、高知県での開催を具体的にイメージできるようになり、勇気をもらいました。何よりも、最終日に佐賀県の皆さんが代表委員の先生を囲み、大会の終了を喜び合う姿を目の当たりにして、私は一年後の自分たちの姿を想像していました。自分も高知県のみんなとこのように喜び合えるようにがんばろうと、自分を奮い立たせました。佐賀県から帰ると、プレ大会としての四国地区高等学校演劇研究大会の開催など、こうち総文の準備が加速しました。

そんな矢先の二〇二〇年一月、日本で新型コロナの感染者が確認され、あっという間に感染が広がり、東京オリンピックの一年程度の開催延期、緊急事態宣言、三密を避ける新しい生活様式など状況が急変しました。そんな状況を横目に準備は進み、各上演校や審査員、舞台技術講習会講師、生徒講評委員の皆さんとやり取りを開始し、四月の上演校打合会に向けて調整を進め、感染拡大予防対策を考慮した六段階の大会開催計画を立案し進めました。しかし、そのかいむなしく、準備を停止するように指示があり、五月に通常開催せずウェブ上での開催が公表されました。ここから、WEB SOUBUNの準備を急ピッチで進めました。

演劇部門は審査せず上演等の動画を公開するかたちとなり、予算や著作権の問題、感染拡大防止対策の中で動画を撮ることがむずかしいなど様々な課題を抱えつつも、上演校並びに関係者の皆さまのご理解とご協力のもと、公開を開始し終了することができました。このような状況にもかかわらず、上演校の皆さまからは、代表委員の大石先生の方がたいへんだからと温かい声がけや励ましのメッセージまでいただき、本当に心から感謝しています。そして、生徒講評委員会の皆さまと講評文を作成・発行し、こうち総文を終えました。

嵐のような日々が終わり一息ついた二〇二一年三月、何とも言えない感情が湧き起こりました。全く想像していなかった終了のかたちで、涙しました。そして半年後、紀の国わかやま総文が無事に開催できたことを見届けた帰り道、もう一度涙しました。最後まで成し遂げることができる幸せ、充実感は何にも変えられないものだと、痛いほど感じました。だからこそ、私はいまこの一瞬一瞬を共に過ごす仲間を、時間を大切にしています。以前より少し感傷的になり、涙もろくなった気もしています。

演劇部員と会えること、活動できることに感謝して、これからも活動していきたいです。

# 3 転んでも……　コロナの中の高校演劇

## ――春と夏　ふたつの全国大会を中心に――

黒瀬貴之
（全国高等学校演劇協議会事務局長／広島市立広島商業高校・演劇部顧問）

「転んでもただでは起きない。ほとんど無謀ともいえる往生際の悪さが、うちらの真骨頂ですから！」

二〇二一年夏の和歌山全国大会で上演した「ねがいましては」（黒瀬貴之作／広島市立広島商業高等学校）の台詞である。

コロナ禍の渦中で、私は折に触れてこの言葉を演劇部員にぶつけ、鼓舞してきた。全国の場でも、この言葉で加盟校の仲間たちに「共に乗り越えよう」と訴えてきた。そして、そうすることで自分を奮い立たせてきた。あらゆる場面で互いに支え合いながら前を向き、何度も逆境を乗り越えてきた。そして同じぐらい、あるいはもっと多く、逆境に跳ね返されてきた。

コロナ禍から丸三年が経過した。先が見えなかった長いトンネルも、ようやく光が見えてきた。機会を得て、いま、ここから、自分が運営に関わってきた全国大会を中心に、コロナ禍での高校演劇の格闘を振り返ってみたい。

**始まりは二〇二〇年二月。春季全国大会中止決定。**

私にとって最初のコロナとの闘いは、二〇二〇年三月に新潟市で開催予定だった第一四回春季全国高等学校演劇研究大会（春の全国大会。通称「春フェス」）だった。

当時のメールを掘り起こしてみた。初めて「コロナ」の文字が登場したのが二月一九日。以降、連日何通も全国事務局と新潟県の大会事務局の間でやり取りしながら、迫り来るコロナを前に感染対策を講じ、ガイドラインを作成し、何が何でも開催するという意気込みで進めていた。口蹄疫《こうていえき》、大震災……数々の厄災に見舞われながらも大会を開催してきた私たち。今回も必ずできるはず！……メールにはそんな勇ましい言葉も見える。

今日の放課後時点情報と断って生徒に春フェス開催予定を伝え、練習再開しました。昨日大学入試前期試験が終わり、ブロック大会以来の全員集合です。往復の交通も無料キャンセル期限が今日だったので、予約を確定しました。首相による休校要請の報道はその三時間ほど後でした。キャンセル料発生はすでに決定事項なので、開催／中止の決定がいつであってももはや影響ありません。高演協のご判断を待ちながら、開催を祈りつつ準備を続けます。

（二〇二〇年二月二七日の出場校からのメール）

出場校からはギリギリまで一縷《いちる》の望みをかけて待つ思いが痛いほど伝わってくる。しかし、ここにもあるように、首相が突然発出した休校要請が最後の打撃となった。二月二九日、全国事務局と新潟県の大会事務局が東京で緊急会議をおこない、断腸の思いで中止を決定した。大会事務局の先生の涙がいまも忘れられない。

高校演劇の歴史の中で、全国大会が中止となったのは、初めてである。当たり前だと思っていたことがあたりまえではなかったという現実を突きつけられた出来事だった。

翌三月一日。出場校と関係者に向けて春季大会中止を発信した。つらい発信だった。残酷な報告にもかかわらず、出場校からは感謝と労いの言葉をいただいた。

第一四回春季全国高等学校演劇研究大会―新潟大会―、中止の件、了解しました。あれほど熱心に実施を模索してくださった先生方が出された結論ですから、やはり実施は無理だったのだ、と納得しております。むずかしい厳しい決断をされたこと、敬意を表します。唯一よかった?のは本日、臨時休校前最後の稽古を一五:〇〇までしておりました。稽古終了時にメールを確認し、部員たちみんなで同時に中止を知れたことです。みんなで泣き崩れましたが。これまでの温かい、いや熱いご連絡、本当にありがとうございました。

(二〇二〇年三月一日の出場校からのメール)

つらさや悔しさを押し隠して伝えてくださった思いに胸が苦しくなり、熱くなった。ただこのときはまだ、夏に向けて前を向いていこう、新潟大会の足跡を夏の高知で残そう、と話していた。多くの人がそうであったように、夏の全国大会の開催は誰も信じて疑わなかった。

## 二〇二〇年五月。夏も。

三月に始まった臨時休校は、四月の一週間を除き三カ月に及んだ。「不要不急」といういやな言葉が一人歩きしていた。テレビのワイドショーでは「実施困難な部活動」として柔道・ラグビーと共に「演劇」が挙げられていた。そんな中でも夏の高知全国大会の開催を信じていた私たち全国事務局は、四月に会場である高知市・県民文化ホール(オレンジホール)に集まり、会場下見と、上演校に代わって上演順抽選をおこなった。

しかし、状況は徐々に悪化していった。インターハイや夏の甲子園が次々に中止になる中、ついに五月一一日、全国高文連事務局は「高知総文のＷＥＢ開催」を発表した。「中止」ではなく「ＷＥＢ ＳＯＵＢＵＮ」。あくまでかたちを変えての開催だという意思表示である。それは、ここまで数年にわたって準備してきた高知県実行委員会生徒と教員と、全国大会での発表を心待ちにしてきた出場校への最大限の配慮であり、全国総文祭の意地だったと思う。

出場校は上演映像を配信した。新たに映像作品を創った学校もあった。配信用の上演すらできず、部員たちが全身で思いの丈を表現することで意地を見せた学校もあった。それらを含めた配信映像はいずれも感動的だった。「ＷＥＢ ＳＯＵＢＵＮ」は、会場に行かなければ触れることができなかった作品をより多くの人に観てもらうことができたという点で大きな成果を上げた。

ただ、四月に会場でイメージした、運営役員、出場校、観客が一体となって湧き上がる熱気は、ついに実現しなかった。

## 「奇跡の一週間」の実現

「往生際の悪い演劇部門」。全国大会のプログラムに掲載した挨拶文のタイトルである。「ＷＥＢ ＳＯＵＢＵＮ」が決まった頃、出場校や高校演劇関係者の中から「何とか上演の場を作れないか」という声が出てきた。皆の強い渇望が、「全国大会出場校による上演会を何もないところから創り上げる」という至難の業への挑戦の力となった。

全国高演協の特別協賛団体である日本工学院専門学校の全面的な支援を得、文化庁にも主催に加わっていただき、八月に東京都大田区のホールで「全国大会代替上演会」の開催に向けた準備が始まった。出場校との調整、交通・宿泊等の整備。至難の業があと一歩で実現する……

と思っていた矢先の七月。東京都の感染者数が増加し、東京への移動などが制限される事態になった。

何とか実施したい。しかし、事態は改善どころか悪化の一途を辿っていた。交通宿泊費のキャンセル期限も迫っている。出場校に負担はかけられない……。この時点で出場予定の一〇校中五校がキャンセルしていたことも受けて文化庁とも協議した末、またもや直前で中止の決定をせざるを得なくなった。出場校に再び上演中止の落胆を味わわせることになってしまった。悔しさと申し訳なさで押し潰されそうだった。

一方で、このことが我々の「転んでもただでは起きない往生際の悪さ」に火を付けた。年度末までに、何とかして代替上演会を実現しようという気運が高まっていった。

そして、それはついに年度末ギリギリの二〇二一年三月三〇・三一日、この二年前の春季全国大会会場でもあった「穂の国とよはし芸術劇場ＰＬＡＴ」で「高知全国大会代替上演会」として実現する。急な決定、厳しい日程にもかかわらず、一二校中七校が参加した。とっくに卒業し明日から新生活が始まる三年生が出演した高校もあった。幕が下りて号泣したと聞いた。全国大会出場の作品だから素晴らしいのはもちろんだが、それ以上に高知で上演できなかった悔しさとやっと上演できた喜びが舞台で爆発したかのような迫力に圧倒され、私はすべての上演に涙を抑えきれなかった。

観客の多くは、上演会開催に尽力してくださった愛知県、特に東三河地区の先生方、生徒の皆さん。他の多くの地区同様ここも大会がおこなわれず、寂しく悔しい思いでいた彼らへの、せめてもの贈り物になった。上演が終わるたび控え室に戻っては興奮して語り合う彼らの熱気に触れてうれしくなった。

この数日前、三月二六〜二八日には二年ぶりの春季全国大会が、北九州芸術劇場中劇場で開催された。こちらも、上演、鑑賞できる喜びに満ちあふれた大会だった。つまり一週間の間にふたつの「全国大会」が開催されたのである。こんなことは長い高校演劇の歴史にもなかったことだ。

この「奇跡の一週間」（と勝手に呼んでいる）は、全国の高校演劇に関わる人たちの力と執念によって実現したものである。もちろん、両大会（上演会）に参加できなかった学校もある。三たび悔しい思いをさせてしまったことは本当に申し訳なく残念でならない。そのことも含め、「奇跡の一週間」は我々にコロナに立ち向かう反骨心を与えてくれたように思う。

**本校の場合――二〇二一年度全国大会のこと――**

最後に本校の体験を紹介したい。

無観客の地区大会などはあったものの、ありがたいことに県大会、中国大会――中国ブロック長（当時）服部和美先生が全国大会のプログラムで述べているように「奇跡の大会実施」と言われるほど紙一重の開催だった――が無事おこなわれた。出場した二〇二一年度和歌山全国大会も、客席制限や一般客不可などの制約はあったものの、和歌山県の皆様の献身的なご尽力のもと、二年ぶりの全国大会で思う存分舞台に立てる喜びを味わうことができた。審査の結果優秀賞に選ばれ、八月下旬に国立劇場でおこなわれる優秀校東京公演に出場することが決まった。夢に見た大舞台である。部員たちは泣いて喜んだ。

しかし、この頃東京は感染者数が五〇〇〇人を超え緊急事態宣言が発出されていた。どうにか参加の道を探ったがどうにもならず、最終的に学校判断で「辞退」となった。部員たちは激しく落胆した。「何とかならないんですか！」と食い下がってきた。「ねがいましては」は、文化祭の中止を伝えに来た顧問に演劇部員が詰め寄る場面で始まる。劇が現実になってしまった。

国立劇場で上演するはずだった日に、校内で最後の上演会をやろう。支えてくれた人に観ていただこう。これを本当のラストステージにしよう。そう切り替えた。ところが、直前に広島県にも緊急事態宣言が発出され、そのラストステージも幻に終わった。部員たちは感情を失ったようなあきらめの表情だった。しかし立ち止まっている暇はない。すぐ次の大会が始まる。「転んでもただでは起きない」精神で前を向いていこう、と伝えた。

## 新しいステージへ

コロナ禍も気がつけば丸三年を過ぎようとしている。この間、多くの地域で大会の中止・縮小の報が入ってきた。部員や校内の感染により出場辞退を余儀なくされた例も多く耳にした。全国約二〇〇〇校の演劇部すべてが、どこかで、何かのかたちで悔しくつらい思い、理不尽さを目の前にして何もできない無力感、やり場のない怒り……を経験しているはずだ。想像するだけで胸が痛む。大会や上演の機会だけでなく、他校と交流し学び合う場も多くが失われたままだ。部活動そのものの求心力が低下し、演劇部や協議会の活動が停滞している現状を、何とかして打破しなければならない。

コロナ禍は私たちから多くのものを奪った。失われたものは取り返せない。しかし、逆境の中で新たに生まれたもの、見えてきた可能性もある。これまでの固定観念を超えた表現の多様性、「ＷＥＢ ＳＯＵＢＵＮ」などの取り組みで培った映像配信などの発信力の可能性。何よりこの厳しい状況の中で、改めて演劇の力を再認識することができたのではないだろうか。

好むと好まざるとにかかわらず、私たちは新しいステージに立たされている。何よりもまず、隣にいる仲間と共に、それを楽しむこと、前を向いて進むことから始めたい。

そう、私たちは「転んでもただでは起きない往生際の悪さ」の持ち主なのだ。

# 第三章　前例なき戦い、勝者はいない

――演劇部顧問が語る「試行錯誤」――

## 1　コロナ禍の発表会運営について
――埼玉県の場合――

稲葉智己
（埼玉県高等学校演劇連盟 事務局長／
埼玉県立芸術総合高校・演劇部顧問）

**最悪の一途をたどった時期――令和二年度／二〇二〇年度**

令和二年二月二七日、安倍首相が全国すべての小中高校に臨時休校を要請する考えを表明し、二月二九日には正式に「三月二日から春季休業明けまでの臨時休校」が各都道府県に要請された。これを受けて埼玉県でも三月二日（月）からの休校が決まった。当時の記録を紐解くと、三月二日に「春季地区発表会に向けた対応について」という連盟加盟校あてのメールの送信記録がある。主な内容は、以下の二点であった。

①三月二四日までの部活動の活動停止、それに伴う生徒引率を伴う集会許可の取消
②春季休業中の活動、春季演劇祭の開催判断については今後の通知待ち

この時点では、三月二五日以降、春季休業中の部活動の可否については通知に含まれていなかった。そのため、春季休業中の部活動が実施できれば、四月から五月にかけて各地区で計画している春季地区演劇祭も開催できる可能性が残っていたため、②のような表現にした。また、同じ日に県内各地区の常任委員（地区運営の責任者）に「春季会場使用について」というメールを送信している。こちらでは、以下の二点について各会場に照会することを求めていた。

①会場のキャンセルが可能であるか、その期限について
②会場のキャンセルにあたりキャンセル料の発生する場合の金額

コロナ関係で取った最初の対応は以上のようなものであった。
この後、事態は悪化の一途を辿り、断続的に臨時休校期間が五月三一日まで延長された結果、春季地区演劇祭はすべての地区で中止となった。このときは各地区で使用する会場も臨時休館などをするところが多く、すべての会場でキャンセル料等は発生しなかった。

六月一日に学校は再開されたが、当初は分散登校が実施され、まずは学習環境を取り戻すことが優先されたため、県教育委員会の指示として部活動は再開されなかった。埼玉県内の学校で部活動の制限が解かれたのは六月下旬であり、ここから新入生の勧誘などが始まった学校が大多数であった。また、この時期の部活動はまだ週三日・九〇分までと大きな制約があったため、九月から一〇月に開催される秋季地区発表会（地区大会）に向けた各校演劇部の準備は大幅に遅れていた。

しかし、部活動そのものは再開できたため、演劇連盟事務局は秋季地区発表会を開催するための調整を始めた。六月に学校が再開されて早々、埼玉県高文連との打合せの場を設けた。この年は秋季地区発表会と一一月の中央発表会（県大会）に加えて、翌年一月の関東高等学校演劇研究大会（関東大会）を埼玉県と千葉県が主管して開催する年であった。つまり、埼玉県で関東大会を実施できるかの判断を早々にしなければならない状況にあった。また、当時、高文連加盟の各専門部会で舞台等での発表を伴う部会のうち発表会を実施する方針で動いていた部門はなかったため、発表会の開催に向けての話し合いは演劇専門部会が最初のケースとなった。まず、県高文連が主催する秋季地区発表会及び中央発表会の運営方針については、以下の四点を柱に説明した。

①感染症感染予防対策を講じた上で、各会場で上演する
②観客の入場範囲は上演校教職員・生徒・演劇部生徒保護者に限定する
③生徒・顧問が密集しないように、会場に留まる人数を最少限にするように努める
④感染症感染予防対策については、全国公立文化施設協会による『劇場、音楽堂等における新型コロナウイルス感染拡大予防ガイドライン』を参考に演劇連盟独自のガイドラインを策定し、それに則って万全を期す

この方針についてては概ね県高文連の理解を得ることができた。また、関東大会の開催にあたっては上記の四点に以下の点を加えて説明をおこなった。

⑤上演順及びリハーサル順を調整し、埼玉県内での泊を伴わないかたちで開催する

こちらも概ね理解を得ることができた。しかし、このときの状況としては県高文連に明確な判断材料があったわけではなく、むしろ「演劇連盟は無理なことはしないだろう」という信用による理解・了承という面が大きかったように思う。

県高文連との話し合いを受けて、演劇連盟では独自の「新型コロナウイルス感染症予防対策ガイドライン」（その後、状況の変化により五回の改訂を重ねた）を取りまとめた。そしてこれを携えて、中央発表会及び関東大会を開催する彩の国さいたま芸術劇場との話し合いの場を設けることとなった。演劇連盟が策定したガイドラインは彩の国さいたま芸術劇場の想定していたものよりも厳しい内容であったため、開催に向けての話し合いは順調に進んだ。話し合いの中で明確になった従来と大きく異なる主な点は、以下の七点であった。

①すべての関係者及び観客に検温を実施し、発熱のある場合には入場させない。また、入場にあたっては必ずマスクを着用する
②会場での密集を避けるため、土曜日五校上演、日曜日五校上演とし、各演劇部は上演しない日には会場に来館しない
③舞台上に出演できる人数は一四名まで。客席を利用した演出は不可
④観客の入場範囲は上演校教職員・生徒・演劇部生徒保護者に限定し、上演ごとに入れ替える。入れ替え時に客席の消毒を実施する
⑤舞台上の入れ替え時に、パンチカーペットの消毒をおこなう

⑥楽屋は定員の半分までで利用する。楽屋入れ替え時には消毒を実施する
⑦講評は各日ごとに、出場校と審査員が対面するかたちで実施する
⑧開閉会式・表彰式は実施しない。審査結果については顧問を通じて発表する

ここで確認された内容を新たに連盟のガイドラインに反映し、秋季地区発表会から中央発表会、関東大会の開催に向けた方針がまとまった。

九月から始まった秋季地区発表会では各地区が連盟のガイドラインに基づいて各会場と話し合いをおこない、運営方法や具体的な手順等を決定した。県内一一地区のうち、一地区が加盟校の上演準備が間に合わないということで発表会の開催を見送り、一地区は無観客（客席には審査講評委員のみ）での開催とした。また、この秋季発表会に参加できなかった加盟校を対象に、収録映像による「埼玉県高等学校演劇作品講評会」を開催した。初めての試みであったが八校が参加し、参加各校には審査結果と共に審査講評委員八名による講評文を贈った。

一一月の中央発表会では、各ブロックから推薦されたすべての学校が体調不良者等を出すことなく上演することができ、関東大会への推薦校を決定することができた。この中央発表会は関東大会のプレ大会でもあったため、慎重な運営が求められたが、簡単に「しない・できない」とはせずに、「する・できる」方法を捜すように努めた。例えば無観客にしてしまえば安全だし手間もかからないが、誘導や消毒などの対策の労を取っても観客を入れるための運営体制を整え、上演校関係者六〇名まで来場を認め、同じ日に上演する演劇部員が互いに観劇することもでき、概ねつねに一五〇名前後の観客の前で全校とも上演することができた。

他にも三名の審査講評委員について、一人ずつ個室を控室とすれば安全だし手間もかからな

いが、意見交換できる環境を確保するため、大きめの控室を用意し、同じ部屋で過してもらえるようにした。細かいことだが、審査講評委員や会館スタッフへのケータリングなども、従来のように多くの人間が触れるようなかたちでの提供はできなかったが、お一人ずつにパッケージしたものを用意するなどして提供した。このときはとにかく手間をかけて実現できることは実現させようというのが、連盟としての方向性であった。

一二月に入り、関東大会のヒヤリングが彩の国さいたま芸術劇場で開催された。例年はこのヒヤリング時に出場校が一堂に会して、上演順の調整などをおこなうのだが、この年は上演校が長時間滞在しなければならなくなる全体会は設けなかった。また、一二校の参加校のうち、二校が来場せずにオンラインでのヒヤリングとなった。さらに、この時点で事情により関東大会で上演することが困難と判断した学校があり、舞台での上演と収録映像の上映の混合審査となることが決まった。

同時に出場各校に上演困難になった場合に使用する収録映像の提出を求めることとなった。当時は収録映像のルールもなかったため、急遽関東事務局が中心となって、「画角は固定、映像や音声の編集はしない」ことを中心としたレギュレーションが取りまとめられた。

年末年始をまたいで、感性症を巡る情勢は悪化の一途を辿り、一月八日から埼玉県を含む一都三県に緊急事態措置が出された。しかし、この時点でも埼玉県は関東大会の受け入れは可能であると考えていた。会場となる彩の国さいたま芸術劇場も、主管となる県高文連も中央発表会方式での開催について変更の必要はないと判断していた。

だが、関東大会に参加する県の中には緊急事態宣言が出ている地域への生徒派遣を見送る判断が出始めた。これを受け、一月一〇日に関東大会さいたま会場の映像審査への移行が決まり、次いで柏会場も映像審査への移行が決まった。さいたま会場の映像審査は、彩の国さいたま芸術劇場の映像ホールで四名の審査員が上映を鑑賞するかたちでおこなわれた。

この緊急事態措置は二度延長されることとなり、三月二一日まで続いた。埼玉県では部活動が大きく制限された状況で新年度を迎えることとなった。

## 試行錯誤の時期――令和三年度／二〇二一年度

春季休業中は制限がありながらも、部活動を実施することができた。そのため、前年度とは異なり、各地区で春季地区演劇祭の準備も進み、今年は開催できる見通しが立っていた。しかし、四月二〇日に埼玉県にまん延防止等重点措置が発せられ、県教育委員会から関東・全国大会につながる大会以外の対外活動を禁止する旨の通知が出された。演劇連盟が主催する春季地区演劇祭は合同発表会であり、コンクールではないため、この通知によれば開催できないことになる。そこで連盟会長から県教育委員会に申し入れをおこない、一度は開催が認められたが、五月に入ってこの通知の厳格運用が決まり、五月後半に春季地区演劇祭を予定していた二地区が中止を余儀なくされた。

その後、まん延防止等重点措置は断続的に八月一日まで延長され、八月二日には三回目の緊急事態措置が発令された。八月一三日に県教育委員会から部活動については週二回二時間までという通知が発せられ、秋季発表会に向けた準備に大きなブレーキがかかった。また、八月下旬からは埼玉県内でも医療機関が逼迫するほどの感染者数の増加もあり、県教育委員会から九月以降の分散登校の実施の方針などが示されるに至った。

この段階で加盟校全体の秋季地区発表会に向けた準備の遅れは著しく、このまま秋季地区発表会を開催しても不参加となる加盟校が多く出る見通しとなった。このため八月二七日に、秋季地区発表会の会場での上演をすべて中止とし、映像による審査・講評への移行を決定した。

映像による審査・講評への移行にあたっては前年度に開催していた「埼玉県高等学校演劇作品講評会」の運営形式を参考にしながら、以下の点に留意した。

①映像審査も地区相当と中央相当の二段階の審査を実施する
②会場のキャンセル料等は連盟が補填する
③すでに地区・中央発表会の審査・講評を依頼していた一〇名の専門審査講評員には、キャンセル料として予定していた謝金全額を支払う。その上で、映像審査の審査講評にスライドしていただける方には若干の講評執筆料を上乗せした上で映像審査を依頼する
④すべての加盟校に十分な講評機会を用意し、すべての講評文を冊子としてまとめ、加盟校に配布する

ここまで上演機会を著しく失っている加盟校の部員に自分たちの作品の価値を感じてもらって、今後の活動の糧となるような十分な講評を確保することに務めた。特に講評に定評のある方に今後も継続的に安心して埼玉県の審査講評を引き受けていただくためには、一方的なキャンセルに伴う保証をしないという選択肢はないと考えていたからである。

幸いなことに、どうしても日程の都合がつかなかった一名を除き、九名の審査講評員がそのまま映像審査の任を引き受けてくださったことは、たいへん心強かった。

実際の映像審査は一一月一〇日を映像提出期限として開催し、地区相当の審査を一〇名の審

査講評員により一一月一三日〜二三日に、そこで選ばれた一〇校に対する中央相当の審査を五名の審査講評員により一一月二六日〜一二月五日の日程でおこなった。地区相当の審査は作品数も多い。よって、地区審査を担当する審査講評員が適時、話し合いの時間を設けて代表校を選出。中央相当の審査は一二月五日に事務局立ち会いの下、審査講評委員全員が参加するオンライン会議を開催し、審査会を実施した。明らかに準備が遅れている参加校に、映像提出までに十分な稽古期間を保障することと、中央相当の審査で次の関東大会の準備日程に間に合うように代表を選出することを両立するために、審査期間に非情に短い時間しか充てられず、審査講評委員にはご迷惑をお掛けしたが、全七五作品という膨大な数の映像審査を滞りなく実施することができた。

この年は、秋季地区発表会の時期に埼玉県の感染者数のピークが当たってしまった関係で、残念ながら秋季地区発表会から中央発表会をすべて映像審査とすることになった。この判断については当時から賛否両論が相半ばしている。当時の県教育委員会の通知によれば上位大会（関東大会や全国大会）に続く大会は、分散登校中であっても開催することは可能であった。活動日数と活動時間に大きな制約があったが、参加できる学校だけで開催するという選択肢もあったであろう。だが、連盟として可能な限り多くの学校が参加できるかたちでの開催を模索した結果が映像審査という形式であった。結果として、一月に東京都と新潟県で開催された関東大会は会場での上演が可能であったため、埼玉県代表は関東大会新潟会場で初めて発表会形式での上演をおこなうこととなった。しかし、この点については今後の連盟活動の在り方として、改めて考えてみる必要のある課題である。

## 演劇部員のコロナ感染が最多に――令和四年度／二〇二二年度

コロナ禍が始まって三年目。県内で開催される主要な発表会である春季地区演劇祭と秋季地区発表会は、三年ぶりにすべての地区で開催された。前年度は映像審査となった中央発表会も、二年ぶりに会場で上演するかたちで開催することができた。

しかし、その一方で部員がコロナに感染するケースはこの三年間で最多となった。そして、これに伴う発表会期間に入ってからの上演辞退や代役による上演が増加したのが特徴的であった。例えば演劇部員が感染した場合は比較的わかりやすいケースで、大会に参加する生徒に抗原検査を実施して学校が発表会への参加を判断することが多い。だが、それ以外にも部員の所属するクラスが学級閉鎖、学年閉鎖となった場合や家族が感染し部員が濃厚接触者となった場合など、様々なケースが発生した。これは予防対策がメインだった一年目、二年目と比較すると、三年目は実際に感染者が出ている状況での対処という新たな課題に直面したと言える。

埼玉県では、この年の秋季地区発表会には八五校が参加手続きをおこない、実際に発表会に参加できた学校は八一校であった。上演できなかった四校のうち、三校は発表会前の上演辞退、一校は発表会直前に部員が濃厚接触者となり、上演を辞退し、映像での参加となった。

中央発表会は彩の国さいたま芸術劇場が改装工事に入ったため、埼玉会館での開催となった。令和二年度の運営方法をベースに緩和された部分を反映した感染症予防対策を立てるかたちで実施した。各ブロックから推薦された一〇校のうち、一校がリハーサルの直前に部員が発熱し、上演を辞退することとなった。そのため、中央発表会も実際の上演と映像の上演による混合審査となった。

ちなみに秋季地区発表会で映像審査となった前述の学校は、ブロック審査で次点となった。

中央発表会で映像審査となった学校は、創作脚本奨励賞を受賞している。

　コロナ禍も三年目に入り、この間、断続的に審査講評を引き受けていただいている講師の方々には映像審査の知見が蓄積されつつあり、実際の上演に対して映像の上映が一方的に不利であるということもなくなっているように感じている。令和四年度の関東大会桐生会場では、映像での参加となった学校が優秀賞に選ばれた。もちろん、すべての学校が上演できることが本来の姿であることはいうまでもない。とはいえ、それができない状況下では部員たちの積み上げてきた成果が映像の上映というかたちであっても披露され、きちんと審査の俎上《そじょう》に上がり、講評を受ける機会が得られたことは、コロナ禍の中で工夫してきたことが一つの形として結実した出来事であった。


　コロナ禍の三年間を経ても、幸いなことに埼玉県においては連盟加盟校数の減少は起こっていない。しかし、発表会参加校数は大幅に減少している。これは活動が困難になっている演劇部が増加していることを示す指標であるため、予断を許さない状況にある。また、部員間で受け継がれてきた様々なスキルや活動上の伝統のようなものが、部活動の中断や活動日数の減少によって、断絶してしまった演劇部も多い。

　いずれにしても、コロナ禍が部活動に与えたダメージの後遺症的はこれから現れてくるであろうと考えられるので、演劇連盟としては加盟校演劇部をいかに支援していくかの検討を始めているところである。

## 2　コロナ禍三年間の演劇部の記録

郷原　玲
（長野県松本美須々ケ丘高校・演劇部顧問）

アルベール・カミュの『ペスト』を読んでいる。これまでにいくつもの文学作品を途中まで読んで投げ出してきたかわからない私であるから、これも読了できるかはわからない。が、「どんなに善良な人にでも、どんな信心深い人にでも、伝染病は不条理に襲い掛かってくる。その中でも人間が生きていくこと」について書かれた作品だと理解している。

コロナが世界をおかしくしてしまった最中に俄かに注目された作品であるが、この世界の不条理を目撃した我々には、このテーマの重大さをよく理解できる。コロナ時代を生きた高校生たちは、何か罪を犯したわけでもなく、神を冒瀆したわけでもなく、それに感染対策を怠ったわけでもない。しかし不運は不条理にやってくる。私は不条理な世の中でも、何とか高校生たちの夢を叶えてあげたいと思っていた。だがしかし、力の及ばないことも残念ながら多かった。『ペスト』は、オラン市の事件の記録というかたちで書かれているが、以下には松本美須々ケ丘高校の三年間の活動記録を残しておくこととする。

### 主流になった映像審査――二〇二〇年度

四月は、演劇部にとってもひとつのスタートを切る大きな画期である。新入部員を迎え入れてチームを再編成し、三年生にとっては最後の舞台をいかに迎えるかを考える時期でもある。しかし、この年の四月は、全国一斉休校から始まり、部員たちが稽古はおろか、顔を合わせることすらできない状況で始まった。実を言えば、三月に稽古を始めていた公演も早々に中止が決まっていた。部活動はすでに空中分解状態である。

それでも、お互いの繋がりを失ってはならない、と、当時の部長とオンラインでの部活を企画することとした。当時にはまだ目新しかったZOOMを活用したものであった。部長の企画した活動は、カードゲーム「はぁって言うゲーム」である。パーティゲームであるが、確かに演劇的である。画面を見ながら笑い合うことも、なんだか不思議に思えたものであった。

ようやく登校が許されたあとも、演劇部の活動は厳戒態勢の中でおこなわれた。三年生の最後の文化祭の舞台は、「密を避ける」ため、広い体育館に移され、換気のため暗幕を開放しているので、照明効果はほとんど意味をなさなかった。

三年生が引退して、次の代と創作した舞台が『愛を語らない』(作：郷原玲)であった。大会の参加時には、いわゆる「長野県ルール」が適用される。「キャストとキャストの距離は一メートル、向き合ってしゃべるときは二メートルの距離を取る」というものである。県外の関係者からは、「演劇にそんな窮屈な制約を設けるなんてナンセンスだ」と言われることもあったが、実際のところ、これはそれほどたいへんなことではなかった。考えてみれば、高校演劇などというものは、いつも「制約」の中でおこなわれてきた。部員が女子しかいない、なんなら一人しか舞台に出られない、活動費は八〇〇〇円だけ、という「制約」の中でやってきたのが演劇部だ。『愛を語らない』の創作現場はたいへん、楽しかった。

なお、この「長野県ルール」と長野県高校演劇連盟の取り組みについては、日下部英司先生の稿に詳しいと思われるので、そちらに譲ることにする。

しかし、つらかったのはむしろ上演の問題である。地区大会の上演では、会場にいた観客は、地区のわずかな演劇部員たちだけであった。否、それでもその状況はまだマシな方であった。

このとき、客席からかすかに聞こえた笑い声を最後に、部員たちはしばらく観客の声を聞くことはなくなった。

県大会では『愛を語らない』は、映像審査に。そして、彩の国さいたま芸術劇場での関東大会を夢見たが、こちらも映像審査となった。

大会の結果は、SNSで流れてきた情報で知ることになる。

## 無観客の舞台で――二〇二一年度

年が明けても、厳戒態勢は崩れることはなかった。校内での文化祭公演は、プロジェクションマッピングを取り入れた舞台であったが、ここで繰り広げられたのは、プロジェクターの映像をはっきり見せたい部員と、換気のために暗幕を開けようとする教員の攻防であった。いまにしてみれば不毛な戦いである。

大会に向けて取り組んだ主な舞台は『DOKUSAISHA』(原作：チャールズ・チャップリン　脚色：郷原玲)であった。しかし、地区大会もやはり映像審査となった。このあたりから、映像を撮影するノウハウは蓄積されてきていた。むしろ、苦しんだのは実際の上演となった県大会である。このときの県大会は、「完全無観客」。客席に観客はおらず、ただ三人の審査員だけが舞台を見ている。結果的には、コミカルな場面はすべて空回りし、しかも会館での舞台に全く不慣れであった部員たちの焦りが負の連鎖を生み、全く力を発揮することができない本番となってしまった。

徒労感に包まれていた部員たちに提案したのは、「もう、君たちの一番好きなことをしよう」ということであった。そこで、二〇二一年度、締めくくりの公演として企画したのが、彼らの憧れていた往年の名作『破壊ランナー』（作：西田シャトナー）であった。高校生には不可能に思えた舞台の実現に向けて、彼らは抑圧していた力を爆発させていた。

この舞台は、感染状況の悪化と、関係者の体調不良により、二度の公演延期を強いられたが、翌年度の春にようやく上演に至る。家族と学校関係者のみ入場が許可された。客席に生まれた小さな熱気に、演劇の力を少し思い出した瞬間であった（この公演はYouTubeにて公開されている）。

## 目の前のゴールが一瞬で消える——二〇二二年度

新しく取り組んだ舞台は『カラマーゾフの兄弟』（作：ドストエフスキー　脚本：郷原玲）であった。

正直に言えば、この舞台には確かな手ごたえを感じていた。部員たちとは、人間の業とか、宿命とか、時には神とか宗教とか、それにこの世界についてとか、話し合いながら創作をしてきた。もちろん、その過程でハプニングがなかったわけではない。しかし、それを乗り越える作品の力があったように思う（それは原作、ドストエフスキーの力であったのかもしれないが）。

だが、上演することは簡単なことではなかった。

地区大会では、本番の一週間前に私自身がコロナに罹患し、リハーサルから合流して何とか大会に参加をすることとなった。部員と引退したはずの三年生が手助けをしてくれて、上演にようやく辿り着いた。続く県大会では、またもや出演者の体調不良により、やむなく映像審査となった。このときの映像を評価していただき、関東大会への推薦を得たが、部員たちとはこのとき、「上演できなかった悔しさを必ず関東大会で晴らそう」と思いをひとつにしていた。

しかし、関東の舞台でも上演には至らなかった。

リハーサルを終え、前日の最終練習も終えてからのことだった。詳細をここで記すことを控えるが、目の前にあったはずのゴールが一瞬にして消え去ってしまった夜だった。

彼らに、何か罪があったわけではない。至極善良な高校生が、真摯に演劇に向き合い、健気に感染対策をし、観客の前で上演することだけを目標にしていたのに、世界の不条理の前にはなす術もなかった。

## コロナ時代を振り返って

「ショーマストゴーオン」などという言葉を引き合いに出すまでもなく、一度、走り始めた芝居は、何としてでも幕を上げ、そしてどんなことがあっても幕を下ろさなくてはならない、とずっと教えられてきた。けれど、コロナ時代に入ってから、幕を上げること、そして幕を下ろすことはじつにむずかしいものになってしまった。しかもそれは、本人たちの力ではどうしようもない、大きな力によって阻まれる。我々はその力の前に、ただただ無力感を味わうだけなのである。

さて、その不条理の前に人間はどう生きるべきか、カミュの『ペスト』に答えがあるかもと思って、できれば読み終えてみたいと思っている。飽きっぽい自分なので、自信はない。

関東大会から帰ってきて、上演できなかった『カラマーゾフの兄弟』を、何とか自主公演として上演できないか、と部員にもちかけてみたが、彼らはすぐに「やりたい」とは言わなかった。彼らも、このコロナとの戦いの中でいろいろと傷ついてきたのだと思う。

「やりたい、やりたくない」ではなく、「やるべきか」を考えないといけないのでは？　と話し、半ば尻を叩くようなかたちで、ようやく彼らは取り組みを始めた。

当日、一般客も含めて観客が集まったのは、どのくらいぶりだっただろうか。カーテンコールで彼らが受けた拍手は、彼らに相応しいものだったと、私は思っている。

〈参考資料〉

・長野県松本美須々ケ丘高校演劇部自主公演『破壊ランナー』（作／西田シャトナー　演出／市川みずき）二〇二二年五月八日@上土劇場（長野県松本市）https://youtu.be/diRvzrWkMME

・長野県松本美須々ケ丘高校演劇部公演『カラマーゾフの兄弟』（原作／ドストエフスキー　脚本／郷原　玲）二〇二三年三月五日@上土劇場（長野県松本市）https://youtu.be/fzA7iEOKWo4

## 3　コロナ禍の長野県ルール、アフターコロナのNAGANOスタイル

日下部英司（長野県松本県ヶ丘高校・演劇部顧問）

### はじめに

私が所属する長野県高校演劇連盟は、二〇二〇年のコロナの流行に際し、県内の大会の練習や発表での感染対策として県独自のルールを決定し、二〇二二年一一月の県大会までこれを継続した。以下は、この長野県ルールの成立経緯、項目の詳細、成果の総括である。

### それはどのようにして作られたか

現在（二〇二三年三月）でこそ多少の余裕を持って振り返ることができるが、最初期の

Covid-19は毒性も強く致死率も高く、ワクチンも治療法もなく、世界中を震撼させた。二〇二〇年五月は非常事態宣言で全国一斉休校だったときであり、行事や部活動の大会のとりやめが検討されていた。

しかし、私たち長野県の演劇連盟理事会では、それも今だから言えることだが、早い段階から次のような方針を決めていた。「大会の発表や練習でクラスター感染を出さないために厳しい自主規制を設ける。その方針を守って可能な限り大会を実施する」というものである。

部員の安全や健康を守ると同時に、活動を守るのも我々顧問の任務であるからだ。高校生の部活は短い。部員の多くは二年生の秋までの二回しか公式大会に出ない。二年続けて大会がなければ、演劇部の中にステージに立った部員はいなくなり、これまで培ってきた知恵や技術が受け継がれずに失われ、元に戻すのは容易ではない。

もちろん、そんなことをおおっぴらに言える状況ではなかったことは、ご存じのとおりである。全国の様々な業界と同様に、高校の部活動も困っていたのだと私は思っている。そこで、保護者や各学校から了解を得るには、厳しい規制をかけた上での計画であり、無観客でもやむを得ないが（実際二年間はそうなった）、できる範囲で実施したいと発信することが必須と考えていた。

かくして二〇二〇年五月七日、長野県高校演劇連盟の小川幸司部会長（当時）以下、「高校演劇の灯をどう守るか」という課題を共有した演劇の顧問が松本蟻ヶ崎高校に集まった。すでに「世の中が息を潜めて閉じこもっている情勢下に集会とは何ごとか」という雰囲気だったことが思い出される。批判やら通報やらに配慮して、人数も一〇人程度とした。そして、今後の練習や大会で集団感染が起きないように、十分な距離を取りながらも作品として通用する演出方法を、顧問たちが出演した制作映像で解説し、県内顧問に見てもらうべく配信したのである。そう書けば悲壮感が漂うが、その映像は至って楽しげで、企画編集を仕掛けた担当者の腕前が光っている。そんな顧問たちがいることが、長野県の大きな幸運だった。このルールは、長野県顧問の知恵と勇気と努力の結集なのである。

## それはどのようなルールか

こうして諸団体の規制方針を参考にして文面化された演技の感染対策が「全国的にみて最も厳しい制約」と言われた長野県ルールの項目である。その要点は以下のとおりである。

①いかなる場合も一メートル離れている（具体的には顔から顔の距離で判断する）。
②向かい合って話すときは二メートル離れる。
③接触は一切禁止とする。
④メガフォンなどの口をつけた小道具は使い回さない。
⑤マスク・フェイスガード・マウスガード・演者の間にアクリル板を使用しても、このルールは変えない。

他に大会の形態、日常的な練習方法、提出映像の注意点も明文化した。要点のみ掲載する。

a　大会は、感染レベルに応じて「観客の人数制限」から「無観客」や「映像審査」までを段階的に判断する。

b　日常の練習は、一五人程度なら教室以上、それ以上なら体育館や講堂などでおこなう。
c　二〇分間隔で換気もしくはつねに開放し、活動後に消毒。
d　発声練習は屋外や、窓を開けて屋外に向かっておこなう等の工夫をする。
e　基礎練習のストレッチや腹筋などでも、二人一組などの身体接触は避ける。
f　練習でも互いに向かって台詞を発する状況は避ける。また至近距離で演ずる状況を避ける。
g　必ずマスクを着用する。

また、映像審査になる場合に備えて早めに撮影することを促し、映像の撮り方の注意も周知徹底を図った。

h　画格はメインのアクティングエリアの広さが七メートル二〇センチを標準にする。最低で五メートル四〇センチを下回らない。
i　全体を見渡す固定カメラでのみ撮影する。カメラのパン、ズームなどは一切おこなわない。
j　提出映像は最初から最後まで通して撮影したものとし、事後にパソコンで部分的修正や編集でつなぐなどはできない。
k　外付けマイクは使用可能だが、パソコンの編集によって音量を修正することはできない。
l　大道具、照明、音響は使用してよい。ただし照明は所有機材や撮影場所の条件に差が大きいと思われるため、審査の対象とはしない。

この稿では、演出上の課題に限定したい。この時に配信された制作映像を紙上で再現すると、登場人物は実際には横にいる相手が自分の前にいるという前提で、「縦を意識」してアクションし、また受け取り、リアルで向かい合うことがない。役者は客席を向いて話すスタイルで終始する。これが長野県松本県ヶ丘高校が第六八回全国高等学校高校演劇大会田辺会場で発表した『忘れないよ、九官鳥』の基本的な演出方法である。

## それは何をもたらしたか

〈A　制約を条件とすること〉

ここまで読んだ方は、「こんな不自由極まりないルールで、演劇ができるわけがない」と思われるだろう。だが、そうしなくてはならず、そうすると決めた以上「制約とは条件でもある」とあえて申し上げたい。

考えてみていただきたい。自由にやっていいと言われても、それで何かが特別にできるわけではないのである。一方で、平凡でない前提条件から始めるからこそ、いままでと大きく違うものになる。それは新しい表現を探すきっかけである。皮肉な話だが、コロナによる制約が生んだ新しい様式という言い方もできる。

やってみてわかったことがいくつもある。まず、一メートル離れるという制約はそんなに支障がない。信じられないという方は、自分と他人との距離、「パーソナルスペース」を測ってみられるとよい。よほど親密な仲でなければ、顔と顔とは一メートル程度、あるいはそれ以上離れているのが普通である。

ただ問題になるのは、その親密さや本気で向かい合う瞬間を表現するときである。

『忘れないよ、九官鳥』も、各自が前を向きながらそこにいる相手と向かい合っているという設定である。この抽象的な舞台設定に合わせて、背景の装置のデザインに至るまで全体の抽象の度合いが上がる。その反面、人間関係の表現に切実さが不足すると感じられたときは、リアルに向かい合って話すやり方に切り替え「ハイブリッド方式」とした。

しかし、それには改めて二メートルの距離をあけることになる。それはルールによる動きであるが、そのために劇そのものが唐突で安易になっては意味がない。そこで、その場面にどんな必然性があってその人を動かしているのか、その人物が距離を取るのはどんな心の動きがあって、何をしたいからなのか、私たちはつねに考えることになった。部員から明確さを求められ、時には台本を直すように要請され、登場人物の存在理由が変わり、主題が変容することになった。

でも考えてみれば、それはどんな演劇でも同じではないだろうか。舞台の上でおこなわれることは、ひとつひとつに理由がなくてはならない。こうして抑制された動き一つひとつを大事にし、徹底して無駄や迷いがなくなった。私たちはこのルールを持ち込んだことで、改めて基本をブラッシュアップする機会となったわけである。

さらに、演出にも大きな意図を表現することになった。演技とは、心が動けば身体が動くことだ。前にいるという抽象的な約束を解除してリアルで向かい合う動きが、本気で向かい合おうとする二人の心理的な関係を象徴的に際立たせることになった。これは全国大会の講評で、畑澤聖悟氏から「あのラストの場面の、その一番いいところで、登場人物が距離をとってでも正面から向かい合おうとする、それはこのコロナ時代に人々がディスコミュニケーションを打ち破ろうとし、現実の部活ではコロナに負けないでステージを作ろうという意志の表れだ」と定義していただいた、まさにそのとおりである。

〈B　どのような限界があるか〉

そうは言うものの、いままでと違う様式には抵抗もあって、広まりにくかったことも否めない。実際、県内すべての高校が前を向いて演技していたわけではなく、ルールどおりに距離は取りながらも違和感なくストーリーを進行させようとするところも多かった。それでも「よそよそしくて自分たちには合わない」という顧問の意見もあった。

また、コロナ感染も二年目になると変異株の頻出や感染ルートの多様化もあって、そもそも部活だけ規制しても意味がないという意見もあった。それでも、ひとたび感染が起きれば多くが高熱になり、人によっては後遺症も長引き、本人も家族も自宅待機となり、支障が出ることは間違いない。「すべてに万能な規制などないのだ」としか言いようがない。

さらに「いかなる場合も接触は禁止とする」以上、当然ながら相手に触れることができない。私自身が一番ストレスだったのは、じつはこの点である。密度の濃い関係を表現しようとするほど距離は縮まる。演劇の中で、相手に触れるという動作は大きな力を持つのである。それを象徴的な表現だけでおこなうのはやはりむずかしい。従って、皮肉な成り行きだが、私たちは、できないことによって改めてその重さを実感することになったわけである。

**それはどのように深化したか**

コロナ禍で制約が多かったのは確かであり、「長野県ルール」はある意味でその典型である。それでも、その制約をルールとして逆手に取り、新しい様式を作り出したなら、結果としてコロナが新しい演出をもたらしたともいえる。同時に、その演出を考えることで、演技や演出とは何か、演劇とは何なのか、その普遍的な姿に自分たちなりに迫る機会となり、それは結果的に大きな収穫だった。それはまた、私たちなりにコロナに一矢報いる方法なのだ。

そのルールが生み出した演出方法はいわば出発点である。配信映像の最後でも、コロナ禍に対応して作られながらも新しい発想として応用、発展させることで演劇の可能性が広がることを呼びかけている。二〇二一、二〇二二年度の長野県のZOOMによる顧問研修会で、松本美須々ヶ丘高校顧問の郷原玲教諭や日下部から、ここまで私が述べてきた内容がレポートされ、より汎用性を持ったやり方が模索されて、県内顧問との共有課題となった。

例えば前記の松本美須々ヶ丘高校のステージでは、舞台を広く使い、勢いのある演技は距離を感じさせない。出番のないときは役者が後方に並ぶ椅子に座り、アクティングエリアに出てくると登場人物となるやり方をしばしば使う。それによって登退で混み合うこともなく、出番のないときも距離は確保され、しかも場面転換に時間短縮となり、さらに待機する役者がつねに見えているのも舞台の要素のひとつである。

私自身も、『忘れないよ、九官鳥』のステージの演出から、翌年には回転舞台、さらにその翌年には傾斜舞台など動きや変化が生み出す装置を取り入れることで、視線や動きにバリエーションを持たせることを心がけた。それによって劇全体の印象を大きく動きのあるものに変えることを企図している。

これらの工夫が、二〇二三年の関東大会桐生会場での松本美須々ヶ丘高校『カラマーゾフの兄弟』（作・郷原玲）、松本県ヶ丘高校「遠藤周作『深い河』より」などのステージ作りに結実している。

## おわりに

三年が経過し、感染もようやく落ち着いて、社会はコロナ以前に戻りつつある。冒頭に述べたように、コロナ禍の沈静化に伴って、長野県ルールは二〇二二年一一月の県大会で一区切りとされている。観客制限がなくなり、これまでできなかった「触れる芝居」もやってみたい。

それでも、世界は不可逆の時間の中にある。コロナ体験は私たちの部活動にそれまでになかった要素をもたらす契機でもあった。例えば私自身も、触れることの重たさや大きさを逆説的に理解してきたいま、無造作に「触れる」場面は、できないし、しない。それは私が「長野県ルール」に必要以上にこだわるからではない。そこで得た成果を自分たちの目指してきた芝居の一部として新たに組み込んで、そこからどう進化させるかを模索しているからだと私は感じている。

三年間で得た知恵や技術は、演技や演出だけではなく練習や部活のやり方まで多岐に及ぶ。それをどう活かし、価値あるものに換えて残していくかが、この経験を生きた私たちのミッションである。

残念ながら自分の学校の演劇部も、いくつかの機会や繋がりを失い、引き継がれるべき技術やノウハウを失った。まだしばらくはその後遺症に苦しむだろう。

それでも毎日が再スタートだ。昨日の経験を活かして今日のクオリティを上げることが部活というものだと、私は自分に言い聞かせている。

# 4 目の前で観てもらってこその演劇部だから

石田千晶（山口県立光高校・演劇部顧問）

二〇二一年から山口県で高校演劇協議会の事務局長をやっています。首相による突然の休校要請からインターハイが中止され、全国総文祭がネット配信になった二〇二〇年は、まだ常任理事として事務局長を支える立場にありました。

山口県の高校演劇協議会は、ボトムアップで現場の意見を大切に、何かがあるたびに顧問皆で知恵を出して解決してきました。しかし、コロナ感染拡大が伝えられた年、得体のしれないウイルスへの不安の中で、あっという間に会長校から八月のすべての地区大会の中止が告げられました。運動部のインターハイや吹奏楽連盟のコンクールが中止になって、演劇だけが地区大会を実施するなどあり得ないとの決断でした。

続く一〇月の県大会の開催方法についての会議で、出場校だけでもお互いの作品を鑑賞できるようにしてほしいと訴え続けましたが、願いは届きませんでした。「バスケットもバレーも自分の試合が済んだらさっと帰ってるんだから仕方ない」という意見を聞いて、演劇もそれに倣うのが正しいかのように錯覚しました。ですが、実際に観客のいない県大会を経験して、演劇は観客に見せてその反応を得て完結する芸術であることを重んじ、もう少し粘れなかったのかと悔いが残りました。

結果として、山口県を東西に分けて全加盟校が参加するかたちで開催された県大会は、各会場から一校ずつ中国大会推薦校を選ぶため、三人の審査員だけを観客として上演することになりました。県知事の発案で、「やまぐち高校生二〇二〇メモリアル文化発表会」と銘打って、その上演の様子をプロのカメラマンに録画してもらい、数カ月後ネットで配信してもらうことにはなっていました。しかし、上演校は反応のない寂しいホールで上演した後、帰途、あるいは学校に戻ってから結果を知らされることになりました。

部員たちは自分たちの創り上げた作品でどんな反応がもらえるかを楽しみに、厳しい練習を重ねてきました。なのに、観客のリアクションも、幕が下りる瞬間の達成感も感じられない。なぜ自分たちの作品でなく、他校の作品が中国大会に推薦されたのかもわからない。そんなかたちで大会を終えました。

## 演劇部の相互鑑賞を熱望

私が当時勤務していた光丘高校(二〇二二年三月閉校)は、統合先の光高校と合同チームで出場していました。コロナ禍中の同世代の仲間たちを勇気づけようと、ダンスや歌を本格的に取り入れ、アイドルグループの葛藤を描いた作品を創作しました。しかし、観客席に高校生は皆無で、一緒に盛り上がりたかったダンスナンバーは、ホールに空しく響きました。

この年、新入部員が少なかったり、多くの部員が演劇部を去ったりしました。このことは、大声や身体接触が禁じられ、本番以外はマスクを常時着用しなくてはならなかったことに加えて、大会での達成感の無さも影響していると思えてなりません。

観客のいないホールでの上演がどれほど辛いものかを痛感した私は、二〇二一年山口県の事務局長になって、まず、大会での演劇部員同士の相互鑑賞を死守したいと思いました。コロナの特徴や対応策もわかってきて、感染防止のためには、換気が何より大切であり、劇場はその面でかなり優れていると周知されたことも心強かったです。和歌山でおこなわれた全国大会も、関係者と宿泊を伴わない近畿地区の演劇部員たちの鑑賞が許されました。その様子をこの目で確認して、さらに勇気づけられました。

けれども、結局、県下で一地区だけ、演劇部の相互鑑賞が許されませんでした。それが自分の所属する地区でしたが、主管校の校長がトップダウンで決定しました。地区大会は八月、オリンピックのあとでした。当該地区は県内最後に地区大会を開催したため、全国的にデルタ株による感染拡大が心配されていたのでやむを得なかったとも思えます。

しかし、換気が十分な劇場で、どちらにせよ、電車待ちなどで部員たちはどこかで待たなければならないことを考えても、「どうせ待つならホールの中で！　体調に全く問題のない演劇部員たち同士の相互鑑賞を！」と訴えたかったのですが、力及びませんでした。今後またトップダウンで大会の形態が変えられたり、突然中止にされたりすることがあり得るのだと、不吉な予感でいっぱいになりました。

## 合同練習を禁止されて

二〇二一年度は、七月に文科省から感染症対策を講じながらできる限り中高生の部活動の大会の開催や練習の継続を求める通知もあって、県大会も中国大会も無事開催でき、関係者や演劇部員相互の鑑賞が叶いました。県の事務局長としては、相互鑑賞を可能にするという第一の目標を達成できた満足な年になるはずでした。

しかし、不吉な予感が現実となって襲ってきました。私は七年間光丘高校の演劇部顧問をしていましたが、その前年の二〇二〇年度末の人事異動で、光丘高校が統合される光高校に異動になりました。光丘高校の三年生と光高校の一〜二年生で構成される光丘・光高校演劇部の指導に、光丘高校の教員と共に携わる状況にありました。

光丘・光高校演劇部は二〇二一年度一二月の中国大会で優秀賞第一席を受賞し、二〇二二年三月に実施される春フェス（春季全国高等学校演劇研究大会）に推薦されていました。けれども、一月、岩国の米軍基地から県内に群発的に感染が拡がったことで、他校との交流を制限する学校が出てきたのです。ずっと練習を共にしてきた光丘高と光高の演劇部も合同練習を禁じると言い渡されました。山口県も含めて全国各地でまん延防止等重点措置が発出された時期で、管理者側の判断として仕方なかったのだろうと理解はしましたが、ケースに応じた判断ができないのか、あまりにも思考停止していないか⁉と哀しくなりました。

光丘高校の校舎を稽古場としていた光高校の演劇部員たちは練習場所をなくしました。春フェスで上演する作品は、光丘と光の両校の部員がそろわないと練習にならず。辛い日々でした。全国の優れた作品がそろう舞台で、恥ずかしい上演はできないと、二月、制限が解かれてから必死で練習をしました。しかし、それからも校内から複数の感染者が出たと部活動が制限されたり、考査をはさんだり、練習時間確保に苦しんだ日々でした。

現在のように抗原検査やＰＣＲ検査で陰性であることを証明しさえすれば活動できる状況であれば、どんなによかったか。当時を思い出して胸が痛みます。

### 顧問の代役上演か、通し稽古の記録映像上映か

春フェスは、「演劇は観客がいてこそ成立するもの」という大阪府の先生方の強い信念のもと、まん延防止等重点措置の続く大阪府富田林市で盛大におこなわれました。関係者や出場校同士の鑑賞に加えて、数十席ですが、一般の観客まで開かれたものであったことも、勇気をも

らいました。光丘・光高校の部員たちも、閉校する光丘の名前を刻みたいという強い思いから、精一杯の上演をしてくれました。

二〇二二年度は、前年度末の春フェスに勇気を得て、感染症対策を講じながら、すべての大会に一般の観客を入れることを目指しました。ところが、今度は、部員や顧問の中から陽性者がぽつぽつと出始めました。七月の演劇講習会は参加辞退の学校が出たり、地区大会では急遽代役が脚本を持って上演することになったり、一〇月の県大会では主顧問不在で参加する学校が出たりと、コロナ感染の影響はまだ小さくないことを思い知った一年でした。

光高校演劇部も、県内の演劇部がこれまでの悔しさをぶつけるように素晴らしい作品を創ってきた一〇月の県大会を何とか突破して推薦を得た使命感から、一一月、一二月と冷たい体育館でストイックに練習を重ねて中国大会を目指してきました。ところが、中国大会直前に校内で感染が急激に拡大し、全校一八クラス中六クラスが学級閉鎖となる中、中国大会出発の朝、ついに一人の部員に陽性反応が出てしまいました。

それまで「全員野球」ならぬ「全員演劇」で、すべての部員が個性を生かして出演できる作品創りを目指してきましたが、それが仇になりました。たった一人欠けても、代役に入れる部員がいなくて、上演できないのです。「顧問の先生が演じれば良い」と薦めてくださる他校の先生方もいらっしゃいましたが、部長が「自分たちの世界観を壊したくない」と言ったのももっともであり、実行できませんでした。何しろ部員たちはそれぞれの役に誇りを持っていましたから。

部員たちは、直近の通し稽古の動画を上映することを決めました。ホールスタッフさんは、「県大会の映像の方が見栄えがするんじゃない?」と言ってくださいました。それでも部長は、

「この二カ月間の私たちの練習がなかったことになるので」と毅然としていました。顧問の私は卑しくも、上位大会推薦の切符を得られる可能性があるのは県大会の映像かもしれない？ それとも私が代役に入って生の上演にすべき？ とずっと揺れていました。恥ずかしいことです。しかし、部員たちは堂々と舞台に立ち、「この動画の向こうにある私たちの思いを受け取ってください」と挨拶をして、暗くて表情もよく見えないうえに、バスケットゴールや非常口のサインの目立つ通し稽古の録画映像を上映しました。

## 演劇がライブであることの意味

私からは、悟りきって爽やかにさえ見えていた部員たちですが、後で聞くと「他校の上演を観るたびに胃が出てきそうなほど気持ちが悪くなった」「上演できない悔しさで涙が止まらなかった」といった思いが次々に出てきました。陽性になった部員が復帰してから、彼女の吐露も部員みんなでしっかり受け止めて、思いっきり愚痴り合い、泣き合いました。

同じように感染者が出て出演をあきらめた学校が全国各地にあったことを知り、演劇がライブであることの貴重さと儚さを痛感しています。すべての部員がそろって無事に上演できることは、ある意味奇跡なのだと。コロナ禍でなくても、突然の病や事故で出演者を失うこともあり得ます。その切なさを扱った『アルプススタンドのはしの方』という名作もありました。

私たち光高校演劇部は、その後の話し合いで、二度とこの辛さを繰り返さないために、代役を用意できる体制づくりをすることにしました。「誰一人として欠けたら成立しない」全員演劇には、自己有用感と責任感を育むすごい教育力がありましたが、上演辞退による不完全燃焼の苦しみだけは、何としても避けなければなりません。

また、自主公演や合同公演などの企画の大切さも実感しています。光高校は、上演をあきらめた中国大会の後、三月、広島県福山市で開催された合同公演「ふくやま高校生春の演劇フェスティバル」に招待していただき、全国各地から招待されてきた他の演劇部と同じ舞台を踏むことができました。また、「私たちの春フェス」と銘打った自主公演を地元でおこないました。コロナに負けないためには、積み重ねてきたかけがえのないものをお蔵入りさせない強い思いと、知恵と努力が必要不可欠だと感じています。

二〇二三年度が始まりました。マスクの着用も個人の判断となり、本番前に初めて部員の顔や表情を知って、驚くなんてことは避けられそうです。しかし、そのときそこに集った人たちによって醸し出されるもので初めて完成する芸術である演劇が、簡単に台無しにされたり、排除されたりしないように、このコロナ禍の三年間の経験を生かさなくてはと思っています。

## 5　高校演劇とその上演映像についての私見

村端賢志（徳島県立小松島高校放送・演劇部顧問）

緊急事態宣言が発令され、すべての教育活動がストップした二〇二〇年三月。徳島市立高校演劇部は、春のイベントでの上演に向けて、新作の立ち稽古の最中だったが、並行して制作していた卒業生の出演する公演も含め、上演の中止を余儀なくされた。憤懣遣る方ない気持ちになった僕は、学校で上演できないならばと、仲のよい他校の演劇部顧問・よしだあきひろ氏と二人芝居公演を企画・上演したり、それまで溜めに溜め込んでいた演劇部の上演映像の編集をおこなったりした。

そもそも僕は、演劇の上演映像にあまり関心がない。この頃、プロの劇団を含め、様々な演劇団体がウェブでの発表に着手し始めたが、正直あまり興味を持てなかった。もちろん、二〇二〇年に企画されていた数多ある公演のほとんどは、上演そのものだけでなく、その収益をも失ったことを理解しているし、その損失を補うためにも、ウェブでの発表は不可避であったことも想像できる。しかし、僕個人としては、どうしても触手が伸びなかった。

演劇部の上演映像を溜め込んでいたのも、そこに理由があった。卒業生にＤＶＤにして渡してやろうと毎年思うが、毎年やらずに新年度を迎える。これを毎年やっている顧問もいるというが、もう尊敬しかない。けれど、本当に価値があるかないか、自身で判断できないものに対して、どうしても時間を割くことができなかった。

しかし、一斉休校となり、教員生活初のゆったりとした年度始めを過ごすこととなる。もちろん部活動なんて二の次の情勢ではあったが、これは溜め込んだ映像を編集するチャンスかもしれない。できないであろう新入生歓迎公演の代わりにと、重い腰を上げて過去の映像を編集、そしてウェブでの公開に着手した。

## ウェブ公開のメリットとデメリット

公開したのは過去に大会で上演した四作品。中でも『どうしても縦の蝶々結び』は二〇一七年の宮城での全国大会（みやぎ総文）に出場した際の作品で、当時より映像公開のご要望を多くいただいていた。先の理由で各所にお断りしていたのだが、ありがたいことに、まだご興味を持っておられる方がいらっしゃるということと、生徒からの要望もあり、二〇二〇年のＧＷ期間限定で配信することとなった（公開延長、二〇二三年四月現在も配信中）。

編集しながら改めて感じたのは、演劇の上演映像は、かなりの技術（演者・撮影両方の）やそれなりの機材で撮影されたものでなければ正視に耐えないということ。プロの劇団が販売している上演ＤＶＤで満足が得られるのは、やはりその技術によるところが大きい。自校の上演映像は、外部に公開することを前提に撮影していないため、画質も悪いし音声も聞き取りにくい。『どうしても縦の蝶々結び』は顧問として初の全国大会出場であったため、気合いを入れて二カメで撮影、何とか視聴に耐えうるものになっていると思う一方、引きの画で一カメ撮影の他三作品は、やはり非常に見づらいと言わざるを得ない。

さらに誤解を恐れずに言うと、高校演劇は生で観るから粗が見えづらくなっている部分が大きい。自校の上演でさえ、生での観劇でひときわ上手に感じることがある（これは生徒の成長を肌で感じるからでもあるが）。高校演劇を何本か映像で拝見したことはあるが、ＮＨＫで放送されている「青春舞台」のように、しっかりと手間をかけられた映像でない限り、視聴には骨が折れることが多いし、正直、演技も装置もチープに見えてしまいがちである。映像で正当な評価ができず、出演している生徒に申し訳なさを感じることもしばしば。

この疫禍に乗じて、多くの演劇部が上演映像を公開したり、さらには春の全国大会（春フェス）の上演映像も全国高等学校演劇協議会（以下、全国高演協）が主導して公開したりしているが、果たしてこれは、本当に高校演劇のためになっているのかと、憂慮してしまう。高校演劇を見慣れている人にとっては、その劇場体験を脳内補完して観ることができるが、初めて上演映像で観劇した人には、高校演劇の持つよさは伝わっているのだろうか。ウェブでの体験が、逆に生で高校演劇を観る体験を奪ってはいないか。

## 舞台を映画化するという選択

劇場に来て、初めて演劇体験ができる。この、これまで当たり前だったことが覆されてしまい、高校演劇の行く先を憂いていた二〇二〇年五月。そんな僕たちを試すような出来事が起こる。全国高校総合文化祭（こうち総文）が、コロナの影響により、「生徒の移動を伴わないウェブでの発表や交流による開催」に変更されたのだ。

徳島市立高校演劇部は、『水深ゼロメートルから』という作品で二〇一九年の四国大会において文部科学大臣賞（最優秀賞）を受賞、二〇二〇年の全国大会（こうち総文）出場を決めていた。創部初の完全生徒創作での受賞に生徒共々たいへん喜び、厄災により部活動はままならずとも、八月には上演機会があると信じていた。

だが僕は、去る二〇二〇年三月、新潟の春フェスが中止になって以降、嫌な予感はしていた。八月になってもまともに上演できるような状況にないのではないか。そして、その予想は最悪のかたちで裏切られる。全国大会が〝中止〟ではなく、ウェブでの発表や交流による〝開催〟となってしまったからだ。

「ウェブ開催」という表現は非常に厄介だ。これはこの頃、演劇の発表の場がウェブ中心となりつつあったことが原因に他ならない。しかし、プロの劇団と高校演劇では置かれている状況がまるで違う。演劇の発表の場が映像配信になった時点で、僕の感覚としては〝中止〟に等しく、「ウェブ開催」という言葉で〝開催した〟と結論づけてほしくなかった。この大会形式が全国大会規模で実行されれば、今後予定されている地区・都道府県・ブロック大会等も、安易に映像発表に代えられてしまうのではないか。上演映像はあくまでもアーカイブとしての意義はあっても、ウェブでの配信が上演発表の場には代替できないはずだ。

「ウェブ開催」の報を受け、生徒たちとZOOMを用いたミーティングをおこなった。概ね生徒たちも同意してくれ、「上演を伴う開催」にこだわってほしいと、全国高演協にも申し入れた。しかし、思いも虚しく、決定は覆ることはなかった。ホール等を貸し切り、無観客で新撮した上演映像、もしくは、ブロック大会等で撮影した過去の上演映像の提出、そしてYouTubeでの公開を課されることとなった。

そこで、僕たちが下した決断は、感染リスクの低い野外で、舞台を映画化することだった。このアイデアは、前出のよしだあきひろ氏の母校・徳島県立阿波高校に所用で訪れた際、彼の冗談から生まれた。彼が顧問を務める徳島県立城東高校演劇部は、二〇二〇年三月の春フェスへ推薦されたが、大会中止の憂き目に遭っている。他の出場校がブロック大会の上演映像をウェブで配信する中、城東高校は上演映像を公開しなかった。「全国大会が中止になったら、阿波高校のプールに観客を呼んで上演したら？」と彼は言った。僕たちが全国大会で上演する予定であった『水深ゼロメートルから』は、屋外のプールが舞台の一幕物。阿波高校にある使われていない野外プールは、偶然舞台装置と全く同じ配置だったのだ。

チームとしてまだ発表の機会がある（と信じたい）舞台作品を、映像にして配信したくない。上演映像を配信するときは、それは最終上演のものでありたい。その気持ちは生徒も同じであった。いつか再演できることを願って、友人である映画監督・川原康臣氏に映画化をお願いすることにした。途中、東京に住む川原氏を徳島に迎えてはならないと県からお達しがあり、カット割りをリモートで相談しながら僕がカメラを回すことになる等、予期し得ないトラブルも多くあったが、できあがった作品は各方面からもご好評をいただいた。

相田冬二・著『舞台上の青春 高校演劇の世界』（辰巳出版、二〇二〇年）では、「同じ脚本を映画化したのではなく、映画が演劇を体現していた」と評され、二〇二一年一一月には、プロの演出・演者がリメイク、東京・下北沢で上演された。

## 「上演を第一義にしたい」という思い

二〇二一年三月、念願の全国大会代替上演会が愛知で開催され、オリジナルキャストではなかったが、『水深ゼロメートルから』は無事に最終上演を終えた。上演映像での発表ではなく、生での上演にこだわりきることができたのだ。また二〇二〇年度内は、徳島高演協事務局として、有観客かつ生での上演機会を担保するため、コンクールを前倒しにしたり、一二月におこなわれる四国大会を翌年の四月に開催したりと、例年とは違ったイレギュラーな運営をおこなった。

各方面にご迷惑をかけ、ご批判の声もいただくこともあったが、それもこれも、「上演を第一義にしたい」という思いからである。正直、上演さえできれば、コンクールの結果や順位はどうだっていい。コンクールを成立させるための無観客上演や上演映像の審査はナンセンスだと、演劇を愛するおとなならば生徒に教えてやらなければ。生徒と共に過ごした二〇二〇年の経験から、今後もこの考えは揺らぐことはないだろう。

二〇二二年四月、徳島市立高校から小松島高校に転任し、現在、放送・演劇部の顧問を務めている。生徒と相談し、本校は二〇二二年度のコンクールに出場しないことを決めた。罹患が理由でコンクール辞退ともなれば、目も当てられないからだ。生徒の精神的負担を無視してまで出場する価値があるとは思えない。実際、上演映像での発表となった高校も目にした。自主公演なら日程をずらすことで上演の機会を確保できるが、コンクールとなってはそうはいかない。そこで、これからは上演機会を待つのではなく、自分たちで上演する機会をいつでも作れるようにと、校内に小劇場を特設した。小さな劇場ではあるが、ここから生の上演にこだわり続け、生徒と純粋に演劇を楽しんでいきたい。二〇二三年四月現在、この小劇場で六校が集まる演劇祭を準備中である。

上演映像に価値があるのか。そもそも映像にしてまで演劇を必要としている人は、どれほどいるのか。その疑問に対する答えは、未だ見出せてはいない。しかし、僕たちを試すようなことは決まって突然やってくる。今後、演劇観を根幹から揺るがすような事態が起こったとしても、しっかり自身の立ち位置を確認し、つねに自分らしい表現を探し続けたいと思う。

〈参考資料〉
『水深ゼロメートルから』出演：出島こころ　吉成美玖　奥田千絃　水口結依　山賀祐奈／監督：川原康臣／脚本：中田夢花　https://youtu.be/EWg2WNDWPSA

## 6 「高校演劇サミット2022」報告

林　成彦（高校演劇サミットプロデューサー）

「高校演劇サミット」は、青年団演出部に所属する西村和宏、林成彦により、二〇一〇年一二月にアトリエ春風舎（東京都板橋区）で第一回を開催しました。二〇一三年度からは会場をこまばアゴラ劇場に移しました。二〇一二年度に開催した「高校演劇サミット２０１２」からは、プロデューサー林成彦とディレクター田中圭介の二人三脚の運営が続いています。おとなの観客が高校演劇と出会う場を創出することを第一のねらいとしています。
二〇二二年一二月二七日から一二月二九日まで開催された「高校演劇サミット2022」には、以下の三校が出場しました。

芸術総合高校（埼玉県）『Midnight Girlfriend』原作：モリエール　翻訳・翻案：稲葉智己
都立千早高校（東京都）『フワフワに未熟』作：櫻井ひなた・髙森美羽・樋口璃媛
都立駒場高校（東京都）『明後日ドロー』作：後明巧太郎

募集要項の冒頭のご挨拶とコロナ対策のお願いを再掲し、報告に代えさせてもらいます。

「高校演劇サミット2022」出場校募集要項
二〇二二年一二月におこなう「高校演劇サミット2022」の出場校を募集します。高校演劇サミットというのは、東京のこまばアゴラ劇場を会場として、三校の高校に出場していただき、毎日三校が一ステージずつ計三作品を上演、それを三日続けておこなう、という小さな高校演劇フェスティバルです。二〇一〇年に第一回をおこない、二〇一九年まで毎年開催してきました。コロナのため二〇二〇年と二〇二一年は開催を見送りましたが、今年三年ぶりに開催します。
高校演劇サミットの願いは、一般の演劇ファンに高校演劇を観ていただくことです。そして、これをきっかけとして一般の演劇ファンが高校演劇の会場に足を運んでくださるようになることです。

私は高校演劇が大好きで、毎年二〇〇作品以上を観ています。私は大学に入ってから演劇を始めたので、自分では高校演劇の経験がありません。二〇〇三年、三四歳のときに東京の都立小川高校で演劇部のコーチを務めることになり、それをきっかけに高校演劇の作品をたくさん観るようになりました。それまでは東京で一〇年以上も演劇活動をしていたのに、高校演劇に触れる機会はありませんでした。劇団の仲間と話していても高校演劇の話題が出ることはなかったし、劇場の折り込みチラシのなかに高校演劇のチラシはなかったし、演劇雑誌に高校演劇の公演情報が載ることもなかったからです。私の周りに「高校演劇はなかった」のです。そんな当時の私のような人たちに「高校演劇があるよ」とおしえてあげたいというのが、サミットを続けている理由です。

当時と違っていまはインターネットやＳＮＳで情報を見つけることができます。映画の『幕が上がる』を観て、高校演劇の存在を知ったり、観てみたいなと思ったりした人も多いと思います。そういう人たちにとっての、高校演劇という世界の入り口になりたいです。そして、観てくれた方に「どうです、高校演劇っておもしろいでしょ？」とちょっと自慢げに言ってみたいです。

コロナの感染拡大がおさまらないなかで、できるやり方を模索しながらの開催にはなりますが、今回も素敵な作品との出会いを楽しみにしています。ご応募をお待ちしています。

高校演劇サミットプロデューサー：林成彦
主催　：(有)アゴラ企画・こまばアゴラ劇場

※新型コロナウイルス感染対策として以下のことをお願いします。
・本番中を含めつねにマスクを外さないでください。
（ノーマスク・マウスシールド・フェイスシールドでの上演はNGとさせてください）
・劇場入りの二週間前から健康観察をお願いします。
（健康観察シートを用意します）
・楽屋や劇場ロビーなどでお客様と面会することはできません。
・三密を避ける、手洗い・手指消毒を励行するなど、普段から感染防止に努めてください。

# 第四章　それでもドラマは生まれる
## ──演劇部顧問が語る「明日の行方」──

### 1　大型クルーズ船でモーリシャスへ行ったよ

原澤毅一（群馬県立伊勢崎清明高校・演劇部顧問）

令和二（二〇二〇）年の二月、関東大会茅野会場に出場した本校は、その一週間後、地元で定例となっていた第五回高校演劇れんが祭（運営と出場）を何とかやり終え、翌日から入試と考査による長い休み期間に突入した。息を止めての全力疾走からエンジンOFFの急停止で、多忙を極めた数カ月をようやくゆっくりと反芻しながら充実感を味わっていたのだった。

そこへ突然、同月二七日の夕、安倍総理による「三月二日〜春休みいっぱいまでの全国一斉休校」の会見があった。週明けの月曜日三月二日には卒業生を送り出し、GWにおこなわれる春季大会の台本の選定に入るという毎年の予定はこれでフリーズした。しかしこのときは、まさか六月までの長期にわたることになろうとは思ってもみなかった。

感染は収まらず休校期間はズルズルと延期され、四月、新入生に対する部活紹介もできず、先述の春季大会も中止となり新三年生はそのまま区切りもなく引退するかたちとなった。一方、皮肉なことに県高文連の対応ははやく、六月の段階で秋の「県総文祭」の中止を決断する。これはつまり、大会開催についての予算の後ろ盾が失われたことを意味した。ただ不思議なことに、専門部大会をおこなうか否かは各専門部に委ねられた。つまり自己負担・自己責任でどうぞという意味だった。この頃、我々教員も在宅勤務の中メーリングリストを駆使して対応を協議し、地区大会はビデオ審査とすることを決定した。前後して分散登校で再開した学校では、何の勧誘活動もなかったところへ新入部員が七名も入部してきた（しかし卒業までに五名が脱落してゆくことになる）。

## コロナだからがんばる／コロナでもがんばる

このあまりの状況に、自分はむしろハイだったかもしれない。どうせビデオならば思いきったことをやろうと考えた。そこで副顧問との共作に挑戦、二人の異質なコンテクストを無理やり合体させた。サザエさん的な標準家族がコロナ禍でステイホームする怠惰な日常に、変異するウイルスを擬人化した愛国テロリストたちが侵入し、やがて共存していくさまを、当時話題のリアリティ番組『テラスハウス』的なヤラセ構造にはめ込んだ。タイトルは当時のニュースからいただいた『大型クルーズ船でモーリシャスへ行ったよ』。音声はダイナミックマイク三本、コンデンサーマイク一本、さらにバウンダリーマイク、BGMを併せて音声をミキシングした。また画角固定と決められたビデオのフレームを駆使して、上下左右に役者がフレームアウトすることで舞台袖と同じ機能とした。審査員にはルール違反じゃないかと指摘されたが、そんなルールは決めてなかったはずだ。最初からグレーゾーンはギリギリまで攻めるつもりでやった。

かように、コロナ初期の高校演劇が過剰反応といえる自主的規制の中、自分にはむしろ新しい可能性のチャンスとさえ思われたが、結果的には地区大会で敗退した。ビデオで敗退ということはこの世で審査員の三人にしか観てもらえなかったわけで、まさに徒労だった。力不足と言えばそのとおりだが、県内の上位作品は精巧に作った舞台美術を背景に高校生の友人関係や進路の悩みを活写したものなど旧来的なスタイルの作品が多く選ばれたことを考えると、そもそもの自分の作戦（方向性）が思いきりハズしていたようだ。「コロナだからがんばる」ではなく「コロナでもがんばる」が正解ということか。世間の一部劇団では「ZOOM演劇」などの実験も試みられていたが、コロナ禍においては高校演劇の保守性をむしろ強く感じた。

この年の県大会は無観客で上演し代表が選ばれたが、続く関東大会は結局ビデオ審査になった。ここでは「講評文」をどのタイミングで出場校にオープンにするかでモメていたようだ。その後、感染状況は悪化と沈静化を繰り返してゆき、高校演劇の行事はそれに翻弄される。翌年の春季大会は感染対策を施した上で開催されたが、秋のコンクールは夏休みの終わりからの感染状況悪化を受けて延期、再延期となり通常九月のところを一〇月開催となった。再延期の理由は「練習不足で芝居がまだできていない」という学校が多かったためだが、開催日に合わせて芝居づくりを計画するのが常識の世界で、これは異常な判断だったと思う。三地区のうちビデオ審査がふたつ、上演できたのは一地区だった。県大会は保護者のみ観劇可などの制限をかけて上演した。

令和四（二〇二二）年度は秋からのコンクールはほぼ正常化したが、なんらかの観客制限はアリバイとして継続された。ここに至って学校によっては二年連続ビデオ審査どまりというところも多く、最上級生ですら舞台での大会経験が皆無という学校が半数になった。そこで夏休み中に「大会のリハーサルの進め方　基礎編」という内容で県内部員を集めて技術講習会を開かざるを得なかった。

また、この年は自分の学校が県大会においてリハーサルの翌日に主役を含む役者二名が発熱してしまい、上演を急遽辞退することになった。本校演劇部が直接コロナの影響を受けたのは初めてであった。このときの徒労感は骨身に沁みた。またこの年は関東大会が本県の開催ということで、コロナ対応が非常にむずかしいだろうと気をもんでいたが、結局は過去最悪の感染状況にもかかわらず、ほぼ平常どおりの開催となった。勢いで顧問研修会も「弁当をつつく会」として不本意ながらも復活させた。

## 我々は何に翻弄されたのか

この三年間を振り返るに、山と谷を繰り返すウイルスの感染状況に翻弄されたというよりも、それに翻弄された人間（社会）に翻弄されたという印象である。結局は大会の可否はウイルスそのものよりも、人間（社会）の側の意識や覚悟によって決定していた。また、三密の状況がデフォルトの「演劇」に対する世間の風当たりは厳しいものであったが、本当に三密がデフォルトなのか、それ以外は本当の演劇ではないのか？　また「生徒がかわいそう」と皆言うが、コロナ後に入部した生徒らはコロナ前の活動を知らないのであるから、そんなこと感じようもないはずだ。「かわいそう」なのは詰まるところ顧問自身のことではないか？　そもそも部活動って何だ？　学校ってなんだ？　などなど、いままで考えたこともないテーマに高校演劇としても向き合わざるを得なかった。前代未聞の「全国一斉休校」がまかり通ったのだから、自分は部活をデフォルトのカタチでやらせろなどという気持ちにはならなかった。最初の頃は、授業や勤務のことよりも「食料」が気にかかり、こっそりパスタの乾麵を買いだめしたりしたくらいだから、自分の中の部活の優先順位は低かったというのが本音だ。

もちろん、人間による「全国一斉休校」の判断が間違っていたことは論をまたない。しかし、一方でいつもの部活動のスタイルに固執するのはこれぞ「正常性バイアス」と感じていた。異常な事態に異常な判断、異常な対応を繰り返してきた三年間だったが、活動場所が保証され人員が安定的に供給される高校演劇の世界が安穏と乗っかっていた軌道が破壊され、どこへどう進むべきか、立ち止まってゼロベースで考え直す機会を得たことは、我々高校演劇の指導者にとって無駄ではなかったように思う。

## 2 繋ぐこと

柳 雅之（岡山学芸館高校・演劇部顧問）

二〇二三年三月二五日。大分市のJ：COMホルトホールで開催された第一七回春季全国高等学校演劇研究大会に出場した。高校時代から役者へのアテ書きで台本を書き続けて三四年。現役時代から夢だった全国大会。コロナ禍の三年間、必死に部活を〝繋いで〟くれた部員たちが連れてきてくれた舞台だった。特に、演出を務めた三年生の古井栞音《しおん》さんは奇跡の演劇部員である。卒業式後も部活を続けた三年生たちから「中国大会で役者が一人欠場になって終わる可能性があったけど、栞音が代役として最高の演技をしてくれて、全国大会に出られた。そして、最後はオリジナルフルメンバーで上演できた。みんなは、後輩を支えられるような先輩になってほしい」「伸び伸びしていて、緩急の波もできていた。大きな舞台に負けないくらい、よい演技だった」との言葉。私は演劇部の三年間を振り返らずにはいられなかった。

二〇二〇年二月二七日。政府による突然の休校発表。三月末は岡山県の裏の県大会と称される春の発表会があるが、その日のうちに中止連絡が回ってきた。地区大会と春の発表会の台本はアテ書きで顧問の私が執筆している。エチュードで箱やシーンを決め、数ページずつ書きながら稽古も同時に進めていく。まさに脱稿寸前、芝居の完成寸前にお披露目の機会が消失した。当時の部長東範那《はんな》さんが「先生、どうするんですか……?」と慌てふためいて連絡してきた。「大丈夫。六月の実験劇場で上演すればよい」と楽観的な展望で答えた。

新学期には一段落するかと思いきや、四月七日、緊急事態宣言が発せられる。準備していた入学式は急遽中止。休校が継続し、無理矢理ぶっつけでオンライン授業を導入することに。眼精疲労やぎっくり腰の再発に悩まされながらも、一七時に職場から解放されるという不思議な状況に陥った。二〇年来の教員人生で、定時に上がる、という感覚がおかしくてしょうがない。休校は六月まで続き、公共ホールの休館や様々な自粛運動が加わっていった。演劇のイベントも次々中止。無論、六月の実験劇場も中止が決まった。先行きが見通せない中で、政府による九月入学の検討が始まった。

東さんから「実験劇場も中止なら、私たち、引き継ぎもないまま、引退ですか?」と沈痛なメッセージが届く。例年、多くの部員が三年生六月の実験劇場を引退の舞台としていた。「入試制度がはっきりするまで、現役続行。新入部員の顔は見たくないのか?」と伝えると、「見たいです!とりあえず、オンラインで部活したいです!」との返答。

オープンスクールで演劇部の講座に参加してくれていた中学生が複数入学していた。連絡を取り、オンライン部活に参加してもらう。基礎練習やリーディング形式の稽古。古井さんの姿も画面越しに見える。みんな家に閉じこもっているので、誰かとコミュニケーションできることに喜びを感じていた。

六月から学校が再開し、検温、消毒、マスク着用、ソーシャルディスタンス対策で驚天動地の騒ぎ。六月一〇日、検討されていた九月入学は見送るとの政府発表。三年生の入試日程もほぼ従来どおり。一年生のときに中国ブロック大会入賞を経験した三年生、それぞれの進路。部長の東さんが卒業まで現役を続行することを選択した。ただし役者を退き、演出に徹する。音響と役者をしていた原田菜穂《なお》さんも舞台監督として引退しない道を選んだ。お披露目の機会が失われていた新作『ナナコ・イン・ワンダーランド』を地区大会演目としてアテ書きし直すことに。中間管理職的立場で首の回らない私に代わって、東さんがミザンスを決め、原田さんがスケジューリング。後輩の古井さんは三年生の背中を見てチームの大切さを学んだ。

九月、県北の地区大会審査員として四校を観劇する。ほぼ無観客。緞帳が下りるときに拍手をためらうような空気。すべての高校がシーリングライトを使っておらず、顔明かりがない。シーリングライトという言葉を知っていても、自分たちの芝居でどう使うか主体的に考える力。高校によって代々受け継いできた流れもあるだろう。様々な芝居を観る中で培うこともできるだろう。しかし、地方の高校生にとって、そのチャンスは限られており、コロナ禍で断ち切られそうになっている。

高校演劇の大会は、基本的に部員と顧問の関係者のみの観劇となっていた。『ナナコ・イン・ワンダーランド』は地区大会を抜け、県大会優良賞で終わった。部員たちは自分の親や友人に観てもらう機会がない。代替わり。春の発表会は二年連続の中止。感染者の増減に振り回されつつ、ＧｏＴｏトラベルも。コロナが日常になり始める。

二〇二一年、コロナ禍二年目。六月の実験劇場も二年連続中止。デルタ株による第五波の中、地区大会、県大会は覚悟を決めて開催することに。本校は地区大会次点。県大会には生徒講評委員として参加。二年生の古井さんと宮地涼野《すずの》さんが優秀生徒講評委員として中国大会に推薦される。さらに中国大会で古井さんはとうきょう総文へ推薦された。中国大会が開催された広島県呉の地で、古井さんと宮地さんは「来年、出場校としてブロック大会に戻ってこよう！」と誓っていた。

二〇二二年三月、三年ぶりに春の発表会、開催。ただし、関係者のみ。東さんと同じように、卒業まで現役を続行した坪内悦儀《えつぎ》くんの引退舞台『ハリコン』。坪内くんの巨大なハリボテに客席、湧く。坪内くんは芸術文化観光専門職大学に進んだ。代替わり。コロナ禍三年目。六月の実験劇場の復活。そして、三年生になった古井さんが演出、宮地さんが役者として現役続行を決意。か細い糸を必死に紡ぐように繋がれていく伝統。

七月四日、私の父が急逝する。海洋学者として里海『ＳＡＴＯＵＭＩ』を国際標準語にした父、柳哲雄。出棺、お骨拾い。コロナ禍で増える家族葬。本来ならば壮大なお葬式をせねばならなかったのか。古井さんに「父の葬儀をモチーフとしたい」と話すと、「それはおもしろそうですね。やりがいがあります」と。役者には、柳哲雄の架空の孫たちになってもらおう。家族葬のロールプレイや孫たちの会話から親や祖父を浮かび上がらせた。とうきょう総文を体験し、「スイッチが入りました」と言う古井さんの演出と三学年そろった役者の演技で、拙作『骨を蒔く』は地区大会を抜け、県大会では初の最優秀賞に輝いた。呉での誓いを果たした古井さんと宮地さん。

一二月二五日、山口県で開催された中国ブロック大会。父の郷里も山口県。本番朝、役者の一人が発熱。上演辞退の言葉が頭をよぎる中、古井さんが代役で舞台に立った。宮地さんとまさかの競演。会場には私の叔父や劇中に登場している叔母さんのモデルである妹も駆けつけてくれていた。上演後、叔父から「涙が止まらない」とメールをもらった。二位となり、春季全国大会で上演できることになった。古井さん、宮地さんだけでなく、進路決定後に裏方として支えてくれた三年生部員たちも三月末まで現役が続くことに。何より古井さんは全国の生徒講評委員を経験し、そして、その年度のうちに全国大会出場を果たしたのだ。奇跡の演劇部員である。

コロナ世代と称されるかもしれない高校生たち。マスクで表情を隠さざるを得なかった青春の中で、素顔で演じ合った舞台での経験が生き延びる力になることを切に願う。そして、ウィズコロナの社会の中で、定時に退勤するスキルを身につけた上で部活のあり方や高校演劇の価値について考えていきたい。

## 3　ポストコロナが垣間見える中で思う

山崎公博
（北海道大麻高校・演劇部顧問／北海道高文連演劇専門部専門委員長）

二〇二〇年二月、北海道では全国に先駆けて小中学校の臨時休校が始まり、三月に入ると小中高すべてが休校となった。

春休み、娘の引っ越しのため、車に荷物を積み込んでフェリーに乗ろうとしていたときに、携帯電話が鳴った。内容は、支部主催の春の合同公演をやっていいだろうかという相談だった。その合同公演は、五月だったこともあり、むずかしいのではないだろうかと何の根拠もなく答えた。数日後、引っ越し先の町のホームセンターの店内で、再び、携帯が鳴った。一一月の全道大会は実施するのか？というものだった。今度は、やりますよと答えた。半年先だ、その頃には改善しているのでは、と、何の根拠もなかったが、そう答えた。

新年度が始まり、入学式は行ったものの、再び、先の見えない休校に突入。少しして、最悪のニュースが入る。高校総体の中止である。全国大会が中止になった結果、県大会は中止となり、地区大会も連動して、中止になった。高体連が中止になったんだから、高文連も中止になるだろう、そんな空気が立ち込めていた。

慌てて、いろんなことを調べ始めた。劇場、音楽堂のコロナガイドライン。演芸場、公民館、映画館のコロナガイドライン。劇場の換気システムのデータ。続けて、出場校が他校と接触しないで、上演だけでもやって帰ることができる日程。ホテルはシングルの部屋で、公共交通機関を使わないで会場まで来る方法を模索した。一方、舞台上のソーシャルディスタンスは、手強かった。一メートル、二メートルという距離が、途方もなく遠く感じた。舞台上に横になってはいけないというルールを突きつけられもした。大会さえおこなえたら、ある程度の要求は飲もうと覚悟した。

一一月、全道大会の代表校顧問会議の日、午前中に無事抽選を終えて、ご飯を食べに入った店で、北海道の感染者が一〇〇人に迫っているというTVニュースを見て、再び根拠のないラインを探し始めた。そのラインを越えなければ実施、越えたら中止。

## もし全道大会がおこなわれていたら……

顧問として、毎年、台本を書いてきたが、二〇二〇年は全くと言っていいほど、書けなかった。運営する側で葛藤しながら作ったガイドラインに、上演する側として向き合わなければならなかったからだと思われる。舞台上で役者同士は一定の距離を取らなければならない。マスクを外すには、演出上の必然がなければいけない。『睡蓮』というタイトルだけは決めていたものの、その制約を前にして、筆が止まってしまった。それでも、紆余曲折があった中、全道大会に出場する権利をもらえた。しかし、みんなで喜び合い、さあ作品をきちんと練り直して、全道大会に向かおうとした矢先に、主役を演じた部員が学校に来られなくなってしまった（コロナの三年間は多くの生徒が、不安定になり、学校に来られない状況が見られた）。原因はわからないが、来られない以上、作品作りは中断することになった。代役を立てることも考えたが、その部員から全道大会の舞台に立ちたいという言葉も聞いていたので、戻ってくることを信じて、待つことにしていた。責任感の強い部員だったから、全道大会には必ず来るはずだし、それが契機になって、日常に戻れるのではないかと期待をしていた。

しかし、二〇二〇年の全道大会はおこなわれなかった。

抽選会のあと、コロナの感染は拡大し、感染者数は設定したラインをはるかに越えてしまい、皮肉にも自ら中止（映像審査）を決断することになった。

いまでも、もしあの年の全道大会がきちんとおこなわれていたら、あの部員が学校に戻ってくることができたのではないかと思うときがある。もちろん、中止を決めたあとに、北海道高文連より正式に中止要請が出たのだから、もしもがないのはわかっている。ただ、守ってあげることはできなかったのだろうかと、思わずにはいられない。

## アフター・コロナという設定

時は進み、二〇二二年のとうきょう総文に『Ｔｉｐ－Ｏｆｆ』という作品で出場させていただいた。マスクをしないでコロナを描くことはできないだろうかと考えて、コロナが終わったあとの設定に辿り着いた。いつなら、コロナは終わっているのだろうか……願いを込めて、二〇二三年の夏とした。コロナでインターハイが中止になった生徒たちが、卒業してから二年ぶりに学校にやって来る。この作品を中心となって作っていた部員たちは、一年生のときに、全道大会が中止になり涙を流した生徒たち。そして、入学式から卒業式までの三年間、高校生活すべてをマスクをしたまま過ごした生徒たちだ。卒業に際して、「舞台の上だけは、マスクをしないで過ごすことができた」と、泣かせることを言ってくれたが、本当に苦しい三年間だったと思う。おとなの三年間と、高校生のそれは全く密度が違う。失ったものは大きい。だからこそ、本当の人生はこれから始まるのだという気持ちを込めて、『Ｔｉｐ－Ｏｆｆ』を書いた。ファンタジーだと思われても、コロナで暗い気持ちでいる人たちの背中を押す作品にしたいねと、部員たちと何度も話をしながら作り上げた。

進路変更をした『睡蓮』の主役を演じた部員も、今年から東京の大学に通い始めた。新しく始まる人生に幸多かれと願っている。

さて、『Ｔ・ｉｐ－Ｏｆｆ』で描いた二〇二三年がやってきた。しかも、本当にコロナが終息する雰囲気を見せている。昨年の全道大会は北海道で過去最高の一万人の感染者を出している最中におこなわれたのに、たった半年でこんなに違うのかと驚いている（ちなみに二〇二〇年の中止の際は三〇四人）。たとえ、コロナが完全に終息しマスクをしない生活が普通になっても、ワクチンで体内に抗体ができたように、我々の心の中に、コロナの三年間は刻まれているはずだ。演劇は、コロナでかなりのダメージを受けた。だからこそ、コロナで露見した人間の本性をも取り込んで、さらに深いものにしていけるはずだし、そういう作品を、切らさずに発表できる場を、守っていきたいと思っている。

ポストコロナが垣間見える中、そんなことを決意している。

## 4　コロナ禍におけるドラマ創り

上田美和
（鹿児島県立伊集院高校・演劇部顧問）

マスクをしながらの発声練習も、互いに距離を取りながらの立ち稽古も、神経質な稽古場のアルコール消毒も、当初こそ不便であり異常事態であり、（こんなの演劇じゃない、人と人とがぶつかり合う化学変化こそ演劇なのに、これでは部活どころではない）と嘆きもしたが、三年も経つとみんなで慣れてしまって、いまや部員たちは、誰一人文句も言わない。

しかし、当初はたいへんであった。高校では、朝晩、すべての学校施設の消毒が徹底的におこなわれた。学校で初めて感染が確認された生徒に対しては、感染経路の洗い出しのために居住する部屋の間取りまで書かせて尋問をおこない、まるで罪人のそれであった。その生徒は防護服を着た職員らによって、檻のような隔離ベッドに入れられて病院に搬送された。かわいそうに思ったが、仕方ないとも感じた。それほど、見えないウイルスは怖かった。観光客に向かって帰れ帰れと叫ぶ老人もいたくらいであった。

## 演劇でコロナを描けない

さて、そんなコロナ真っ只中の当時、私には演劇でコロナを描くことができなかった。理由がある。

あの頃、あちこちの演劇大会で上演された作品は、当然ながら、我々を襲ったこの未曾有の災厄であるコロナとの戦いのもとでの人間ドラマを描くものが多かった。筋立てとしては、コロナ感染防止対策下での学校行事や各種大会の中止、行動の制限やリモート授業一切を晴天の霹靂と捉え、これまで屈託なく仲間と共にやってきた主人公が、コロナ禍において学校生活での目標（勉強だったり部活だったり趣味だったり）を、嘆きながらも何とかあきらめずに全うさせようと努力するドラマ仕立てが多かった。コロナ禍の中で、リアルタイムのコロナをテーマに、悩みながら必死にこれらの作品を発表した学校に、心から敬意を表したい。

しかしながら私には当時、このようにコロナによって周囲との関わりを妨げられた悲劇を描くことが、コロナ禍が地球上の皆に均等に降り注いだ災厄であるがために、相当にむずかしかった。改めてそのつらさを主人公が舞台上で訴えても、いささか皮肉にも、筋立てが凡庸に思えたのであった。全員が当事者だけに、特別な感動が生まれづらいと感じた。

全世界を大きく変えた新型ウイルスが、その影響の大きさゆえに、テーマでは弱く、背景では強すぎる、といったところだろうか。私には手に負えず、一側面からしか捉えていないインスタントな物語になってしまいそうな気がした。従って当時、コロナを避けたのであった。

全世界がマスクで顔を覆っているのにそれを見ぬふりで現代を描くわけにもいかないから、この三年間は、舞台背景を、マスクのいらない過去と未来に据えて臨んだ。舞台上のマスクでの演技を避けたかったという理由もある。

## 『See you tomorrow』で描いたこと

本年度、本校が取り組んだ作品は、太平洋戦争中の特攻兵の物語である。実話を基にしている。鹿児島県の三島村にある小さな島「黒島」に、昭和二〇年四月に知覧から飛び立った特攻兵が、大やけどを負って不時着した。島の若い娘たちが献身的に介護をし、その重傷の負傷兵、柴田少尉を助けた。柴田少尉は生涯その恩を忘れず、東京に住みながら心はいつも黒島にあったという。その、黒島での柴田少尉と、島の人々とのドラマを創作したのである。

役者は五名。戦時中の黒島のたった一箇所に焦点を絞るために、大けがで動けない柴田少尉を中心に据えようと考えた。場面転換がいらず、彼が寝ている八畳間を舞台にすればよいからである。彼が勇ましく特攻機に乗り込み、墜落するシーンは、舞台中央に高く上げた木製の椅子に座るだけにした。椅子を特攻機に見立てて、飛行機の爆音に合わせて身体を震わせれば、ちゃんと観客は想像力で補完して、特攻機内部だと認識してくれるだろうと考えた。

太平洋戦争中に、一〇代後半から二〇歳前後であった青年たちはなんと不幸であったことだろう。まさに高校生の役者が演じると、いたいけな少年が軍国主義のマインドコントロールによって勇ましく出陣していく哀れさが際立った。柴田少尉の瀕死の重傷の演技は真に迫り、傷口の蛆を箸で取る島の姉妹役も、鹿児島弁がとても上手で、古風な島の娘役にぴったりであった。姉の方が言う。「兵隊さん。私は島に特攻の兵隊さんの遺体の一部が流れ着いたとき、本当に本当に腹が立ちました。一体誰がこんな人たちに、こんなひどいことをさせたのだと」これが、作品の中で唯一台詞としてある、明確な反戦メッセージである。審査員の畑澤聖悟先生が、講評で、「わずか八畳で戦争を描いた」とおっしゃってくださった。

さて、私がなぜあえてこの黒島の物語を描いたかといえば、戦争によって特攻死という運命を定められることも、目に見えぬコロナによって生活が制限されることも、なす術なく翻弄されるという点で、重なって見えたからでもあった。個人の意志とは関係なく、誰かからそうせよと強要される。それに疑いを持たぬ怖さ。目に見えぬ対象から植え付けられる恐怖。植え付けられた恐怖は狂気を孕《はら》む。先の作品の中では娘たちが、会ったこともない米兵に乱暴されるのではとおののく。コロナもそうであった。感染したら終わりだと戦々恐々とした日々は、規制緩和のいまになると行きすぎに見える。しかし当時は、それが日常だったのだ。特攻の物語もそうである。非常事態の中で人はどうなるか。それを、コロナを題材にしないかたちで私なりに伝えたいと思った。傷ついた相手の身体に直接触り、いたわり、癒やす姿も、人との距離感を元に戻したい私の願望でもあった。

そういう意味では、渦中にあえてコロナを描かなかったといっても、やはり根強く、コロナ禍における全体主義っぽさに端を発して、私は特攻の物語を創ったもののようである。してみれば、やはり現代の情勢と創った作品とは、密接に関わっている。コロナ禍におけるドラマ創りは、私にとってはそのようなものであった。

規制緩和を受け、また世の中も変わる。

マスクとソーシャルディスタンスによって分断された人同士の距離感は、今後どうなるだろうか。高校演劇におけるウィズコロナ・アフターコロナのドラマ作りは、役者と観客の共感力を、双方に育み直すという、新しい使命というか、役割を担うように思う。コロナ前の社会に戻ったように見えても、私たちの社会は、似て非なるものに変容しているだろうと思う。いまこそ高校演劇の中で、三年にわたるコロナ禍の中で我々にふりかかったもの、我々が失ったもの、変化したものを、一方向からだけではなく描いた、真のコロナのドラマが求められている気がする。

## 5 つめたくなるまでだきしめて
### ——震災とコロナと高校演劇——

西田直人
（福島県立福島南高校・演劇部顧問／筆名　矢野青史）

### 新型コロナで春フェスを失くす

二〇一九年一二月に中国で確認された新型コロナ。日本では一月一六日に初の感染者が確認されたあと、次第に広がりを見せ、私が顧問を務める福島県立福島南高校演劇部が東北ブロック代表として出場予定だった「第一四回春季全国高等学校演劇研究大会」（以後、「春フェス新潟」）が中止となった。これにより上演作『放課後のヘラクレイトス』は、「最後の大舞台」を失くしてしまった。そこから始まる「顧問から見た」コロナ禍での高校演劇創りについて振り返ります。

## 福島南高校演劇部と『放課後のヘラクレイトス』

まず始めに、それまでの福島南高校演劇部について。二〇一八年に赴任した福島南高校の演劇部は、私が書いた一作目『夜空より暗い、あの河をこえて』で三年連続となる県大会出場を果たした。しかし部員たちはと言うと、どこか遠慮がちで自分を開放できず、同時に各自のペースで行動しており、必ずしも全員が一生懸命、演劇部活動に取り組む部ではなかった。二年目に入った私は、現役の三二期・三三期生に演劇部活動を通して、自分への肯定感（自信）と仲間意識（社会性）を伸ばすきっかけを摑んでくれたら、と考えていた。そんな部だった。

二〇一九年に書いた作品が『放課後のヘラクレイトス』だ。実際に南高で起こった出来事を元にしており、美術部がなくなったあとも美術室で一人絵を描いていた女子生徒が主人公ルミカのモデルだ。

県教委からのクラス減の通達に伴い、二〇一八年秋の職員会議で、二名の部員がいるにもかかわらず美術部が年度末に廃部になると決まった（運動部三つは部員が引退するまでの活動が許可された）。「いいのかそれで？」と思いつつ赴任一年目でもあり、私は決定に沈黙した。二〇一九年一月のある日の放課後、廊下を歩いていると、美術室で一人絵を描く「元」美術部員の姿を見かけた。心に大きく引っかかるものがあり、職員会議で意見を言わなかった自分への後悔もあり「この子を書こう」と決めた（ちなみにその女子生徒は美大進学希望で許可を受けて居残っていて、ルミカのように無理矢理残ろうとしたわけではない）。

書き進めるうちに、美術室に残り続ける主人公ルミカと、原発事故による放射能汚染の中、ふるさとに帰ろうとする人々の姿が重なった。放射能汚染からの避難によって生まれた福島県立相馬農業高校飯舘校サテライト校舎[1]から福島県立福島南高校という「普通の」高校に転勤した私は、時に苦しみを伴う震災に関する作品作りから逃げたいという気持ちがあった。しかし、ふとテレビで、故郷のため政府の規制や放射能汚染に抗う人々を見ると胸が疼いた。「目をそらしていいのか？」「忘れていいのか？」という感情を登場人物に重ねて、美術室の問題から、震災と原発事故で故郷を奪われた人をも想起させる作品に育っていった。

地区大会は二位だったが福島県大会では最優秀賞・創作脚本賞・演技奨励賞をいただき、南高初の東北大会出場が決まる中、部員たちにも少しずつ自信や仲間意識のようなものが育っていった。日々逞しくなる部員たちの姿。私にとってそれが一番うれしかった。東北大会上演前日、仙台のホテルのシングル・ルームでぎゅうぎゅうになっておこなった最後の通し稽古（台詞、キューのみの……）を終え、翌日の上演への想いを語る部員たちの、覚悟と自信に満ちた美しさ清々しさは、今も僕の胸に深く深く刻まれている。

「どうだい？　がんばってみるっていいもんだろう？　たくさんのお客さんに観てもらえるって素敵なことだろう？」と話した。東北大会での上演はうまくいき、なんと年度末におこなわれる春フェス新潟への推薦が決まった。春季全国大会出場！　部員たちは結果を聞き叫ぶように歓声を上げた。南高の部員たちが大きく成長し、加えて学校や周囲からもその存在が認められた。私にとって『放課後のヘラクレイトス』は、そんな作品だった。

年が明けて副顧問が「新型コロナ、心配ですよね」と言った。私は「でも先生、全国大会ですよ？　たとえ日本に来ても、全国大会の中止なんてあり得ないです」と笑いながら答えた。実際、中止など全く頭になく、七月にケラリーノ・サンドロヴィッチさんの『キネマと恋人』を観に行った新潟「りゅーとぴあ」の舞台で、自分たちの芝居が上演できる喜びを噛み締め、準備を進めていた。大会事務局から「はじめまして」のメールが来たのは、一月一一日だった。

## 春フェスをなくす

しかし二月に入ると日本でも感染が少しずつ広がり死者も出た。そんな中で二月二五日に、三月七日開催予定の壮行公演を中止にした。福島県文化センターに校長先生と一緒に売り込みにおこなって実現した公演で、春フェス版の試演、そして新潟までは来られないけれど興味を持ってくれた福島市の方々のための公演だった。

県文化センターの担当者は「コロナが心配だからやめてくれ」とは言わなかった。でも「できれば中止してほしい」と思っていることは伝わってきた。私たちとしても、壮行公演で万が一感染者が出たら、春フェス新潟に出られなくなるリスクがあったため辞退することにした。知人や学校の友人たちに彼女たちの晴れ姿を見せる機会は失われた。「仕方がない、春フェスのためだ」と自分と部員たちに言い聞かせた。

二月二七日、全国事務局長から各校の現状報告依頼メールが来た。「絶対に参加します」「絶対やってほしい」という出場校顧問の声の中、「うちの県は大会参加ができなくなった」「春休み中の部活動がすべて禁止になった」という回答も交ざっていた。もはや完全な形での春フェスはあきらめなければならないんだな、と覚悟した。そして、二〇二〇年二月二九日土曜日、新潟で感染者一名が確認されたその日の一四時五二分に、そのメールは来た。その日は稽古日で、ちょうど終わる頃だった。春フェス関係のメールのやり取りが頻繁だったため、部員たちに断ってiPhoneを稽古場に持ち込んでいた。全国事務局からのメールが来たから、と言ってそのまま部員たちの前で音読した。

「開催を断念せざるを得ない」「大会を中止とします」という文が見えた。読みながら知る決定内容に涙が出た。部員たちも静かに泣き始めた。部員たちの人生で、おそらく初めての「晴れ舞台」は失くなった。でも私たちの部はまだよかった。みんな「一緒に」中止を知れたから。学校によっては、その日、稽古はなく（あるいは活動が禁止されていて）、顧問が部員一人一人に中止の電話をしたそうだ。みんなで一緒に泣けたのだからまだよかった。私たちはどうすることもできずに稽古を切って、静かに帰宅した。翌日の卒業式は一、二年生は休み、その後も三月中は臨時休業となっており、次にいつ会えるのかもわからなかった。

## バーチャル春フェス

前代未聞の状況が進む中で、全国事務局と大会事務局は開催の道を最大限模索してくれた。そして、中止決定翌日、三月一日のメールで上演映像の動画配信、すなわち「オンライン春フェス」の実施が連絡されている。出場校がこれまでの映像を持ち寄り、配信サービスのサイトで当初の春フェスでの上演時間に合わせて、各校の上演映像を配信開始するというものだ。少しだけ光が差し込んだ。

南高は東北大会映像（下位機種のビデオカメラで撮ったもので低画質だったが）をアップした。感想チャットなども読めた。同時にTwitterでは自然発生的に「会場に行った体《てい》」でツイートをする人々が、出場校、観客ともに現れた。それはいつのまにか「バーチャル春フェス」と呼ばれ、私も部員と新潟に行ったことを想像してツイートした。ホテル、会場練習、ミーティング、袖待機。上演が前後する山口高校演劇部さんとは、バーチャル（Twitter上）ではあるが、お互いに袖で声をかけ合った。三日間、Macにかじりつき、上演映像を観てはツイートをした。「参加者」たちは「そこ」にいた。不思議な感覚だった（僕のツイートを発見した同僚は真面目な顔で「新潟で全国大会やったんですか？　中止になったんですよね？」と聞いてきたものだった）。

また、出場校の大谷高校さんからは、大会で各校にプレゼントするつもりで用意してくださった幟が届けられた。各校のHPなどを調べ配色を決めたそうだ。新篠津高等養護さんからは上演DVDと生徒たちが作ったキーホルダーが送られてきた。春フェス中止で落ち込み、部員たちのケアと教務主任としての校務で精一杯だった私は、この「非常時」に他校にまで想いを寄せるこれらの学校からのご厚意に心から感動した。自分もそうありたいと強く願った。

大会事務局からは大会プログラムと「上演校」に渡される杉の額縁に入った感謝状、出演料が送られてきた。感謝状と幟は、部室に高々と掲げた。

## 春フェスの喪失に向き合う

南高演劇部の引退は早い。例年三年生の四月におこなう自主公演が最後だ。この年は、壮行公演と春フェスがあるため自主公演は予定していなかった。四月四日、約一カ月ぶりに部室に集まり、通し稽古を一度した。この芝居を「しまう」ための通しだった。「五月か、さもなければ七月に自主公演をやって終わろう」と希望的な約束をして別れた（当時「GW頃にはコロナは収まるだろう」と考えている者も多かったのだ）。こうして三二期生はいったん引退した。

ご存じのように、感染状況はその後、悪化の一途を辿った。時差登校、分散登校、部活動の禁止。しばらくは新入部員（三四期生）とも対面できず、ライン・グループでの自己紹介やズームでの読み稽古をおこなって気持ちを維持した。『放課後のヘラクレイトス』の再演の目処は全く立たなかった。

そんな中、部長が学校をやめ転校した。

詳細は書けないが、コロナがなければ、この子にもまた違った運命があったはずだった。こうして「最後の」上演機会は完全に失われた。三二期生は「一旦」のはずだった四月四日の稽古が、振り返れば「最後」の稽古、引退日となった。

そんな形で残された三三期生と、対面で会ったのは一度きりだった三四期生のために、演劇部の活動をどうすべきなのか悩んでいた。春フェス中止の悔しさ悲しさを「なかったこと」にして、「日常」を取り戻すべく「普通に」芝居創りをするか、今回の中止と別れにあえて向き合って、そこから「次」を見つけるか。部長の転校を知り決心がついた。

春フェス（と先輩）の喪失を「なかったこと」にして演劇部活動を続けても、三三期生の演劇部での思い出には大きな「留保」がついてしまうだろう。それを心の底に押し込めても、やがて黒いマグマとなって「演劇部での思い出」の下で脈動を続けるのではないか。この状況をどう受け止め、その上でこれからどう活動するか（大げさに言えばどう生きていくか）。そこから目をそらしたら、彼女らにとっての演劇部活動は、苦味を含んで深くは思い出さないものになってしまうのではないか。大きな喪失に部員を向き合わせることに異論も批判もあるだろう。でも、やらないといけないのではないか、と部員たちを前に思った。（もちろん意図や想いをていねいに説明し、部員の意見を聴いた上で、である）

## 『paradise lost――つめたくなるまでだきしめて――』

こうして、まさに我々自身を題材にした作品が二〇二〇年大会作品『paradise lost ――つめたくなるまでだきしめて――』だった。登場人物は全国大会を失くし「忘れるか向き合うか」を悩み考えていく物語だ。執筆当初、〝結論〟はなかった。終盤部は当初、コロナによる春フェス中止にどう向き合うかを思索しつつ終わっていた。

しかし地区大会、県大会と上演をしていくうち、部員たちと稽古を重ねていくうち、部員たちの稽古や上演の感想を聞いていくうちに、脳内で主人公が「またやろう」と言い始めた。「だっていま、私たち、演劇しているじゃないですか」そんな声が聞こえてきた。こうして稽古と上演を重ねるうち、終盤主人公たちは喪失を抱きしめながら「またやろう」と言って幕を下ろす芝居になった。

## 東日本大震災時のOGから届いたDM

話は少し戻るが、春フェス新潟がおこなわれるはずだった二〇二〇年三月二一日、東日本大震災当時に南高演劇部の部長をしていたAさんから演劇部Twitterアカウントに DMが届いた。そこには、自分たちは東日本大震災で自主公演が中止になったが、一年後に無事おこなえた当時の様子が、慰めと励ましと共に書かれていた。ありがたかった。そして気づいた。Aさんは東日本大震災で自主公演を失った経験があるからこそ、面識のない今の南高演劇部の部員たちの春フェス喪失に想いを寄せてくれたのだ、と。[2]

私はそこに大きな希望を見た。大きな苦しみの経験は、誰かを思いやる力を与えてくれるのだ、と。震災での経験がコロナによる悲しみを思いやる心を育んだのだとしたら、このコロナの苦しみを受けた私たちは次に何ができるだろう？ こんな経験をした私たちだからこそ何かできることがあるかもしれない。これが翌年、二〇二一年大会作品『ふりつもるそこで』の素材となった。

**観客の反応**

話を『paradise lost』に戻す。苦しい経験を芝居にして部員にやらせること、観客に提示することに対する嫌悪や批判が来ることは、覚悟していた（部員の精神面での配慮は十分したつもりだ）。しかし『paradise lost』の観客から寄せられたメッセージは「あたしも同じ想いです」「やってくれてありがとう」という内容が圧倒的に多かった（感想用紙にあえて批判的な内容を書かない、という最近の傾向を差し引いても）。次から次へと「私が失ったもの」が私たちの元に届けられた。「私たちの芝居が喪失を語るきっかけになる」。それは、私たちには、大きな励みになった。私たちの苦しみにもできることがある、と知った。特に岩手県北上市での東北大会上演では、対面で「私は震災のときにね……」「私は今回のコロナでね……」「オレも」「私も」と、その人の苦しかった想いを話してくださる方に多く出会えた。舞台裏では上演後の撤去の際、岩手の顧問が二〇一一年の福島全国大会を失くし、共に香川へ行った話を部員に語ってくださるうち、不覚にも二人して涙を流し合った。

**『ふりつもるそこで』**

『paradise lost』上演後の経験と、AさんのDMから「これを書かなくてはならない」と創った作品が、二〇二一年『ふりつもるそこで』だ。この二つの出来事から到達した「願わくば、私たちの受けた厄災が、この先の誰かの救いに、救けに、なりますように」という想いが乗るように、と書いた。構想段階から、展開がやや平板になることは予想できた。それでも春フェス中止から『paradise lost』までの一連の経験から、脚本家のハシクレとして「これを書かないわけにはいかない」と思った。加えて三三期・三四期生は二〇二一年三月に工藤千夏氏から震災戯曲リーディングの機会をいただき『―サテライト仮想劇―いつか、その日に』に取り組み、東日本大震災やサテライト校について学んだ経験がある。そんな三四期生にとって大きな意味のある上演だと考えた。

稽古はコロナの妨害やコロナ対応による多忙もあり難航した。脚本も終盤がどうなるか、つまり「結論」が見えず理屈の多いものになってしまった。けれども、この芝居創りを通して、大げさに言うと私たちに与えられた「使命」のようなものをみんなで考え、感じ、見つける機会となった。

「願わくば、私たちの受けた厄災が、この先の誰かの救いに、救けに、なりますように」

## 『放課後のヘラクレイトス――ながれゆくそこで――』

春フェスの中止と、そこから呼び覚まされた東日本大震災による福島全国大会の香川移転への向き合い方を、演劇創りを通じて模索し、道筋らしきものが見えた。次は部員たちと何をやろうか、と考えていたある朝、夢とも現《うつつ》ともつかない中で「ヘラクレイトスやろう!」という声が降りてきた。ふと見れば三五期はキャスト・スタッフとも充実していた。二〇一九年版でやり残したのが、ルミカとユキナの対立の手直しと、舞台をより抽象化しつつパネルを大きなキャンバス（額縁）に見立てる演出だ。上演のむずかしい作品だが、三五期生ならできる、という見込みもあった。

ふと目の前を見れば、春フェス中止から三年。「あの経験」を知る部員はいなくなり、東日本大震災時は幼児だった部員たちと「喪失」について考えてみたい、と改稿に取り組んだ。コンクールの結果は一二月の県大会で終わったが、観客からは好評をいただき、その後、一月のテルサ演劇祭、四月の自主公演二〇二三と精度と深みを増し幕を下ろした。三五期・三六期と共に学びを深めた作品となった。

二〇一九年八月に稽古が始まり二〇二〇年三月の春フェスの舞台を失くした『放課後のヘラクレイトス』は、三五期・三六期生のおかげで、二〇二三年四月九日、『放課後のヘラクレイトス―ながれゆくそこで―』として、心地よいつめたさをもって昇天していった。

**最後に**

運命の巡り合わせにより、福島明成高校勤務時に東日本大震災で福島全国大会を失くした。相馬農業高校飯舘校サテライトでは放射能被害で飯舘村から避難したプレハブ校舎の学校に勤務した。福島南高校ではコロナ禍で春フェス新潟での上演を失くした。私はそれ以前から「学校で見えたもの」を題材に脚本を書き部員と演劇を創ってきた。そのため、震災やコロナに関わる作品を書くことになった。

長く生きれば失うものは多く、そうした題材を多く手がけてきた。けれども忘れてはならないのは、部員にとっては一度きりの、最初で最後の高校演劇部での活動であるということ。彼ら彼女らは、震災後やコロナ禍であっても、日々の活動を楽しみ感謝し、成長の糧と感動を得て前に進んでいる。そうした部員たちの気持ちに寄り添うことを忘れずに、これからも「学校から見えたもの」を題材に、部員たちと演劇を創っていきたい。

［この文章は顧問の想いを中心に書きましたが、部活での芝居創りにおいては、その都度部員と話し合い、私の考えを修正しながら進めてきたことを申し添えます］

1　東日本大震災における東京電力福島第一原子力発電所の事故により、飯舘村から福島市にある福島明成高校敷地にプレハブ作りで建てられた「サテライト校」。筆者はここで演劇部を創部、サテライト校舎や飯舘村に関する作品『ファントム・オブ・サテライト〜飯舘校の怪人〜』『戦え！I2T2！』『―サテライト仮想劇―いつか、その日に』を書き、全国大会出場や東京公演を経験させていただいた。さらにその前の福島明成高校では『そこで、咲く花』『Our School〜そよ風はモモのかおり〜』という、学校から見えた震災を書いてきた。

2　『paradise lost』には、新聞記者が東日本大震災でできなかった福島全国大会（福島総文演劇部門）の喪失を語るが、これは、私が舞台係として参加するはずだった、地元、福島県文化センターでの全国大会が東日本大震災とその余震でできなかった悔しさの経験を援用している。

# 6 メイキングオブ「きょうは塾に行くふりをして」
## ――コロナ禍の三年間――

横川　節
（愛媛県立松山東高校・演劇部顧問、ペンネームは曽我部マコト）

二〇二〇年年明けに「それ」はやってきた。二月に定期公演を中止にし、それからまもなくあの突然の休校が始まった。中国で、イタリアで、また日本でも著名人が、バタバタと死んでいると聞こえてきた。高齢の者は重症化して死ぬのらしい。では学校で最初に死ぬのは自分ではないかと怯えたりもしていたのだが、「教員が死ぬのは全然かまわないが生徒に感染させたらただではおかない」と世間は脅してくるのだった。全くやっていられない。私はこれまで十分にがんばってきたので、あと二年を残して退職しようかとも真剣に考えた。

五月に学校が分散登校で再開した。部活動は「三密を避けて実施せよ」とのことである。「三密」とは、当時、「閉ざされた空間に」「多くの人が集まって」「近距離で会話や発声がある」状況をそう呼んだのだが、それはまさに「演劇」を指しているとしか思われなかったから、演劇部を再開することはできなかった。世界で最初に始まったのであろうこの芸術が終わる時代に行き遭わせてしまったのかしらとも思った。あの頃、未来は我々の前に黙って大きく黒い口を開いていた。

だから新入生勧誘はおこなわなかった。「この状況をのりこえて一緒に活動してくれる熱意のある人待ってます」というポスターだけを貼り出した。密を避けるため「新入部員は五、六名までとさせていただきます」などと勝手なことを書いたのだが、六月初めの部登録当日、果たして男子三名女子三名、新入部員と思しき生徒たちがきっかり六名で現れたではないか。ミナト。いぶき。マルハシ。アイ。チカゲ。イッセイ。二年後、二〇二二年夏の全国総文祭で私たちは最優秀賞を受賞することになるのだが、そのキャスト九名の大半が、この日、練習場所であるこの視聴覚室に自らやってきたのである。

座付でコーチの越智優が少人数ずつ基礎訓練を施してくれた。六月が終わり、三年生が引退する。練習自体ができないのだから引退公演など不可能に決まっていたが、定演中止の報に涙ぐみながら黙って勧誘動画を創ってくれていた部長を、そのまま引退させることはできなかった。「ほぼ無言で掃除をする」設定とし、でもラストには部長の「大声」のセリフを入れた。本番。ラストシーン。彼女の渾身の呼びかけに、三〇人の部員たちは次々と平台に乗り込んで「ぎゅうぎゅう詰め」になった。

生徒を感染させたりしたらどうする気だ。そしてまた、こんな「三密」極まるところを誰かに見られたりしたらどうするのだ。あの頃、頭の後ろ半分は常にそんな心配で占められていた。こんな世界の片隅の田舎の視聴覚室にまで見えない圧力は充満していた。もっともこの時、実際は誰かに見られる心配はほぼ無用だった。「無観客」だった。この頃から無観客上演が当たり前となっていく。

夏、オリンピックが延期となり、演劇部も地区大会が中止になった。秋、「マルハシ」の友人「カズキ」が、バスケ部を辞めて入部してきた。県大会は越智優が『ふぶきのあした』を書いてくれて出場、しかし四国大会は年度をまたいでの延期が決まった。マスクをつけて練習を続けた。部員を半分に割ってそれぞれに別演目を練習させた。せめても片方のチームに観てもらって芝居を上演させるためだった。

## マスクをつけた芝居なんて観たくない！

二〇二一年四月、延期されていた四国大会が観客制限つきで開催され、七月、これも延期を重ねていた定期公演を制限つきで実施した。しかし感染は再び拡大して凶悪なデルタ株に移行、オリンピックは強硬開催されたが、演劇の地区大会は中止となった。私は六〇歳になっていた。あと半年、どうやって演劇と折り合いをつけていこうか。こんなにもたいへんな中で活動して、それなのに演劇をやることなんて誰も歓迎していないのだ。ばかばかしくって泣きたかった。

「俺はもう、マスクをつけた芝居なんて観たくないんですよ！」

叫ぶように、そう越智が言ったのは、県大会の脚本をどうしようかと相談したときだったと思う。大会が迫っても全く書く気配が見受けられなかったので尋ねたのだが、しかし私はその言葉を聞いて、何かパーッと、霧が晴れていくような気持ちがしたのを覚えている。ああこんな状況でも、この人は書くつもりでいる。そしてそれはなにか非常に明るい、よくわからないがとにかくマスクをつけてない芝居だ。私はそれがやりたい。それがやりたい。でもどうやって？　現代では誰もが必ずマスクをしていて、現代劇でマスクをつけないとすればそれはひとつの「嘘」になってしまうのではないか。

「リハーサルの芝居にしようと思うんです」

とまた越智は言った。私たちはずっとマスクをつけて練習するが、本番前のリハーサルでだけ、マスクを外して声量を調整する。そうだ、リハーサルならマスクを外せる。リハーサルの芝居だ。明るい芝居だ。演劇部のリハーサルの、明るい芝居を創るんだ。私はなんだか泣きたかった。タイトル候補に「きょうは塾に行くふりをして」とあった。塾に行くふりをしてリハーサルに、そうだ、なにか、どこか「こうではない」世界に、「彼」はふらりと出かけるのだ。そこで何かに出会うのだ。後で聞いた話だが、越智はその時、「リハーサルの話」にするか「塾をサボった生徒の話」にするかを決めあぐねて書けずにいたのだそうである。

「ひとつの話だとは思いませんでした」

信じられないことに、彼はそれから一晩で脚本の三分の二を書き上げ、翌々日には第一稿を完成させた。県大会の五日前だった。

何とか県大会を抜けると、台本の書き直しに私も参入した。悩んだのは終盤のリハーサルが止まるシーンである。何があっても「ショウ・マスト・ゴーオン」で走り抜けて来た登場人物たちが、そうも簡単に本番を諦めようとするだろうか。限られたリハーサル時間中にステージ上で各自の思いを吐露し合ったりするだろうか。芝居とはもともと「嘘」ではあるが、それを「嘘」と知られぬように、うまく「嘘」をつきたいものだ、うまい「嘘」でごまかしたいものだ、と私は考え込んでいた。

そうして頭を抱えてパソコンに向かっていたある夜のこと、台本の中の「カズキ」が突然、「俺が演劇部に入ってからまともに客入れて芝居打てたことなんて一度もねえ!」と叫んだのだ。いや、実際はもちろん叫んだのではなくふとした流れでそんなセリフを打ち込んだのだろうが、私は驚いていた。これは「嘘」ではなくて、「本当」ではないのか? 彼らはいつも底抜けに明るくて前向きで、だから忘れていたのだが、考えてみればなんと残酷な高校生活を送ってきたことだろうか。それを叫びたいと思うことは、果たしてごまかさねばならない「嘘」だろうか。

台本は越智から私、私から越智へと受け渡ししながら作っていく。こうして練り直し、また演出を変え、大道具に赤い鳥居を足して個々の場面を作り直していると、あっという間に四国大会は来た。だから私たちは大会本番の舞台で初めてこの芝居の全容を知ったようなものだ。観客の反応は予想以上だった。私は基本ギャグにはノータッチなのだが、いったいここまでクリーンヒットするものだろうか（越智優おそるべし……）。そうしていったん無防備に大きな笑い声を上げてしまった会場は、その後の展開の「嘘」までも非常に寛容に、ふところ深く受け入れたのである。結果は八年ぶりの最優秀で全国出場を決め、行きがかり上、私は定年退職後も学校に残ることになるのだった。

## ドラマのような東京全国大会

二〇二二年四月、延期していた定期公演を実施した。感染はとうとう学校に入ってきた。オミクロン株である。弱毒化してはいるらしいが、もちろん練習にはさらに制限がかかった。七月、四国高等学校演劇祭を終えると、全国は目前である。絶対に罹患するなと言い渡した。罹患すればその者だけでは済まされず、いずれ「濃厚接触者」なる者が出現し続けて練習が何週間も止まることになるからだ。最悪それは大会まで続くからだ。

本当に、よくぞ、そうはならなかった。自発的に消毒係を作り、熱風の入る窓を対角線上に開け、それでも楽しそうにいつも大笑いしていた。「抜群の仲のよさとうるささを誇る」と自分たちで何かに書いていたが、事実そのとおりのメンバーだった。一方、肝心の芝居は直前にして行き詰まり、試行錯誤してきたことをいったん白紙に戻した。ホテル入りしても前々日まで台本を直し続けた。

全国の会場はびっしりと観客で埋め尽くされていた。我々にとってはそれまでに見慣れた光景だが、後に部長の「イッセイ」が、それが嬉しかった、初めてだったとインタビューに答えている。幕が上がると、最初から好意的な笑いがいくつか起こり、それは「いぶき」の「音楽出ませんかー？」のセリフで爆発した。序盤で緞帳を下ろし始めると、どよめきと共に会場は爆笑と大きな拍手に包まれた。観客は喜んだ。そしてさらに喜ぼうとしていた。なんという明るい芝居だ。ずっと、こんな芝居を観たかったのだ。私はいつから泣き始めていたかわからない。

「何カ月練習してきたんだよ俺たち！」「なんか思いどおりになったことあんのかよこの一年！」愚直に失敗を乗り越え続けてきた登場人物たちが、最後の障壁にリハーサルを止めてしまったとき、これらのセリフは「嘘」ではなく、彼らだけの「本当」ですらなく、観ていた一人一人がこれまで胸の内に抑えてきたそれぞれの「苦しみ」に違いなかった。そうして部外者の「ミナト」が、照明が、音響が、この世界の外にある我々の思ってもいなかった人々が、我々の苦しみを静かに理解しエールを送ってくれている、それが観客に伝わるのだ。それも会場を埋め尽くす、彼らにとって初めての、この全国の満員の観客に。

結果は最優秀、私にとっては全く思ってもみなかった三度目の全国最優秀だった。生徒たちは抱き合って喜んだ。感染対策としてずっと弁当を配布されてはホテルの一室でそれぞれに夕食を摂っていた彼らは、この夜はじめてケーキを買い、二、三年生でひとつの部屋に集まってささやかなお祝いをしたのだと言う。そのくらい許されてよいのではなかろうかと、翌朝それを聞いた私は思った。

しかし冗談のような話だが、なんということだろう、その夜その部屋に集まったなんとほぼ全員が、とうとう「それ」に罹患、それから一〇日間を寝込んだのである。教頭にはだいぶ絞られた（全国優勝は褒めてくれなかった）。症状は侮れず、隔離期間が明けてようやく練習に出てきた彼らは皆ガラガラ声で、「カズキ」などはすっかり痩せてしまっていた。それでも優秀校公演までには徐々に声も体も本調子となり、彼らはあの国立劇場の満員の観客の前で、また終わらない拍手を浴びることになるのである。

**今、思うこと**

二〇二三年春。気がつけば、私は早期退職どころか定年を終えてもまだ非常勤講師として学校に残っている。そうしてときどきふと考えるのだ。なぜ彼らはあの日、視聴覚室に来たのだろうかと。また定期公演が、大会が、中止になり延期になり、なのになぜ、あの芝居は最後まで走りきれたのだろうかと。あの頃、何もないところからこの物語は生み出され、多くの人の知るところとなった。また感染が拡大する中、彼らはピンポイントにあのタイミングでのみ罹患して、全国でも国立でも彼らに成しうる最高の舞台を披露することができた。なにかデザインされたような、特別な出来事の数々を思うのだ。

あの時、国立劇場の拍手は鳴り止まなかった。終演し、インタビューが終わり、最後の音楽が流れ始めてもなおしばらくそれは続いていた。おそらく観客は、もう一度舞台の上に彼らを見たかったのだと思う。この暗い現実を闘い抜いて、また希望へとがむしゃらに駆け出して行った彼らの姿を。私はこの間を彼らと共にあった。幸せの定義は人それぞれだが、私は今これを幸せと思う。

# 第五章　コロナ禍に演劇部員だった私たち

## 1　銀杏《いちょう》の下で

原　康輔
（埼玉県立川越高校演劇部／二〇二一年三月卒業）

このタイトルはちょうど三年前のあの日演じた『いてふノ精蟲《せいちゅう》』（作：阿部哲也）の後日談を描いた作品のタイトル『公孫樹《いちょう》ノ下ニ』（作：阿部哲也）を拝借した。私が初めて長編の役者として出演させていただいた作品である。

気づけば成人を迎え、大学生活も三年目に入ろうとしている。私の通う学部は銀杏並木の目の前にある。彼らは夏の碧《みどり》から秋には一斉にその葉を黄金に染める。あのとき、照明に照らされていた葉のように。私は何の縁か、いまも銀杏の下で生活していた。生活している場所は、あのときの「池野成一郎」と変わっていないのだ。もちろん、私は「池野成一郎」ではないし、あの二人も「平瀬作五郎」でも「牧野富太郎」でもない。だからほかの部員も含めて、それぞれの場所で、それぞれの生活を送っていることだと思う。ときどき会うことはあるが、詳細は知らない。それでも、何となく、想像できてしまうのがおもしろいところである。

## ずいぶん昔に演劇部があったらしい

さて、この度、我々埼玉の小江戸の端で活動した川越高校演劇部が県大会で『いてふノ精蟲』を上演した際の審査員を務めてくださっていた工藤千夏先生にお声がけいただき、このようなかたちで当時のことを書く機会をいただくことになった。この場をお借りして工藤先生に御礼申し上げます。

その川越高校演劇部は昨秋、終《つい》に休部することになった。（少なくとも）二度目の休部。ずいぶん昔に演劇部があったらしいという記録だけ残っている。それから数十年、いまから一二年前に『いてふノ精蟲』の作者でもある阿部哲也先生によって演劇部は再出発を切ることになり、そしていまに至る。

私がそれを知ったのはTwitterを何となくスクロールしていたときのことだった。母校の演劇部のアカウント名が目に入ったと思ったら休部のお知らせだった。全国大会が中止になったあのときと同じ感覚に陥った。告げられた瞬間は実感がわかないのか妙に冷静なのだ。ただ、「ああ、そうか」と思うだけであった。

それでいて、もう過ぎ去って後戻りできないと知るや、初めてそれは実感を伴って物悲しく、得も言われぬ悔しさに気づく。早々にあきらめられたのに、いまになってあきらめきれない。私がどうにかできる問題でも、誰かが悪いわけでもない。ただ、それも縁だと受け入れるしかない。不完全燃焼のまま、高校演劇生活は幕を閉じ、演劇部もまた幕間に入ったまま幕は上がらない。

## いまある縁を大切にしたい

コロナによって、多くの人が多くのものを失い、多くの時間を奪われてきた。我々も、活動場所や公演の機会を失い、もちろんそれ以外の高校生活もいままでのかたちで送ることはできず、そのまま卒業せざるを得なかった。そして、コロナのせいだけとは言えないのは重々承知だが、演劇部もいまは誰もいない。

失ったもの、奪われた時間、その大きさは人それぞれだろう。我々が失った、奪われたと言っているものが小さいと思う人もいるだろうし、それは実際、その人たちにとってそうなのだろう。心の穴程度では片付かないほどの穴を作ってしまった方もいるかもしれない。そして、その穴を埋めるように、新しい曲や小説が生まれるわけだ。あくまで私の知る限りであるが、多くがコロナありきのエピソードである。

それが悪いとか批判するつもりはない。むしろコロナの脅威・実際を知った上で紡がれた言葉はより実感を伴って人々に届くものも多いだろう。何より、いま書いているこの拙文がまさに、コロナの流行を経て書かれているのであるから。しかし、私がいま胸に止めている言葉は、コロナを知る前に書かれた『いてふノ精蟲』の一節だ。

——努力すると報われるのかい?

人生、うまくいくこといかないことを繰り返しながら進んでいくわけで、努力したからといって「泉」が見つかるわけではない。コロナの影響か、どんどん消極的な考えばかりが頭を巡っている気もするし、あるいはコロナのせいではないかもしれない。いずれにしろ、胸を張って誰よりも努力したといえるものを見つけられていない。自分を卑下するだけして、結局変えられずにいる気がする。報われるかはわからない、「泉」が見つかるかわからない、それでも自分がこれだと思ったものを見つけたとき、努力できる人間になりたい。失われたものは取り返せないが、新しく創り出すことはできるはずだから。

話の中に何度か「縁」という言葉を使っているが、私はこの「縁」を大切にしたいと思っている。ある漫画で「人との縁は銭では買えぬもの」という言葉に出会ってから、この縁を深く意識するようになった。コロナによって直接会うこともむずかしくなり、疎遠になった人もいる。それでも、新しい場所で新しいご縁をいただくこともできている。ただし、その縁も自身で繋ぎ留めておかなければ切れてしまうことになる。

私の中で、縁というのは一種決まった運命のような意味合いも持つ。だから、このコロナの流行もひとつの縁だと思っている。コロナによって生まれた縁もあるはずである。だからいまある縁を大切にしたい。高校演劇生活という縁とは突然切られてしまったわけだが、それによって新たな縁が生まれたのだと思えば、まだ少しだけ報われる気もする。いずれにしろ、縁は何かしらの意味があるのでは、と考えざるを得ない。

## 演劇部を守った三年間

最近、高校演劇部時代の友人（母校の同期と、とある高校の演劇部の同期）ととある高校——ここにも公孫樹《いちょう》の木が植わっている——の演劇部の卒業公演を見に行く機会があった。自分のふたつ下の、まして高校も違うため、当然それまで一度もお目にかかる機会はなかった。それでもその日、久方ぶりに高校演劇に触れて、あの頃の懐かしさを感じるきっかけになった。

そして、その公演の唯一の主人公は、それまで三年間、コロナ禍で思ったように活動することもできず、一人で抱え込まざるを得なかった。それでも、三年間その演劇部を守ってきた。そして、それを涙ながらに舞台上で、誰よりも強い言葉で語ってくれた。いかに私自身は恵まれていたのか、それと同時に、自分がいま、何も見つけられずにいることに焦りを覚えた。しかし、それ以上に主人公の言葉、思いの強さに胸を打つものがあった。

それを、言葉として残したところ、その方から直接ご連絡いただき、新しい縁をいただくこととなった。不思議で仕方がない。この公演に行こうといったのも、私が軽い気持ちで言っただけであった。しかし、それが気づけば自分の意識を変えるきっかけになり、新たな出会いをいただく場になった。本当に何があるかわからない。どこに縁があるかわからない。

だから、いまある縁に、今日こうやって自分の胸の内を話す機会を得られたことにも、その機会をくださった工藤先生や、阿部先生にも、そして、こんな私でも一緒に話して笑ってくれる人々にも、あるいはこんな拙文を読んでくださっている方にも、この場を借りて感謝申し上げます。

## あのときの一二人で集まりたい

最後になりますが、この原稿のお話をくださった工藤先生が、メールで、「『いてふノ精蟲』は最後の夜空にどーんと打ちあがったすばらしい打ち上げ花火」とおっしゃってくださいました。そんな花火の一部になれたのであればそれほどの僥倖《ぎょうこう》はないわけで、しかし、最後の花火は不完全燃焼で綺麗なフィナーレを迎えられなかったのも、またそれも縁というものかもしれない。

ただ、ひとつ願うことがあるとすれば、もう一度だけでいいので、あのときのメンバーが集まり、各々が火薬となり、あのとき打ち上げられずに残ったままの花火を上げたいということだ。そう簡単に叶う願いごとではないのも事実だ。いまはそれぞれがそれぞれの場所で暮らしているわけで、それぞれの生活ややりたいことがある。それをたった一発だけの花火のために、ましてや少なくともいまは私一人の感情でしかない花火を打ち上げるために止めることはできない。

それでも、もし、またあのときの一二人が、顧問の阿部先生、金子先生が、いまはきっとまだ屋根裏部屋で陽光を待つ公孫樹《いちょう》の下で集まることができたら……そう、ふと思うことがある。

原　康輔……二〇二一年三月卒業。元・川越高校演劇部の第九代部長。『いてふノ精蟲』（作／阿部哲也）で池野成一郎役。二〇二〇年こうちウェブ総文・第六六回全国高等学校演劇大会にて映像配信。映像は前年度の関東大会での上演の際の記録映像を提出した。

## 2　あるがままからはじめる

山田淳也

（三重高校演劇部／二〇二一年三月卒業）

僕には高校演劇に対して一言で語りきれない複雑な思いがある。そういう思いがあったことを今回の原稿依頼を受けて思い出した。そして、その原因はコロナ禍にも少なからず関係している。

いま僕は芸術文化観光専門職大学という日本初の演劇が学べる公立大学で作品制作を継続しているが、実感するのは、コロナ禍は僕の高校時代と現在の活動に貫通して影響を与えてきたということだ。この出来事がなければ、僕はいまの僕としての活動をしていないとさえ思う。

この文章では高校演劇時代の活動やその原点を振り返りつつ、現在の活動まで繋がる過程を、コロナ禍というビックイベントから受けた影響を絡めて書いていこうと思う。

この災禍が演劇、とりわけ規制のひどかった高校演劇にもたらした影響の功罪をきちんと精査し、残していくことが今後の演劇文化にとって必要なことだという思いを持ってこの文章を書きたい。

## 高校演劇に抱く複雑な感情

僕は高校三年間演劇部に所属し、主に劇作と演出を務めていた。一年時には、『マナちゃんの真夜中の約束イン・ブルー』という中村勉先生の既成脚本を演出し、中部ブロック大会まで進んだ。この成功体験と仲間との連帯の意識が、僕を高校演劇の虜《とりこ》にさせた。

「来年こそは全国大会へ」という目標を掲げて、それまで以上に真剣に演劇と向き合い、演劇論集などの本を読んで知識を身に着けていく。同じ頃、僕はその頃志望していた東京藝術大学の受験のために地元にあった美大予備校に通って、様々なアートのあり方を実践面と知識面の双方から学んでいた。そして、行き着いた結論は、高校演劇は窮屈であるということだった。

美術史が好きだった僕にとって、既成の価値観を塗り替えていく現代美術の心意気は憧れの対象であり、「こんなふうに自由を表現したい！」と強く思った。特に日本現代美術史の中では有名な具体美術協会やもの派といった運動体に強いあこがれを持っていた。

僕は現代美術との比較によって、高校演劇の表現形式としての窮屈さを敏感に捉えてしまっていた。しかし実際に演劇を始めたきっかけは父親が同演劇部顧問であり、小さい頃からよく高校演劇を見に連れて行ってもらっていたことだった。高校演劇は僕にとって演劇を始めたきっかけであり、なおかつ破壊すべき規制の枠組みとなっていた。これが僕が高校演劇に対して抱く複雑な心情だ。

そして、二〇二〇年二月、日本でも本格的にコロナが流行し始め、学校がなくなり、部活動もできなくなった三月から五月。仲間とも会えず、話すこともできない中で、仲間がどんどん部活をやめていった。これはまだ自分の思いどおりに現実が動くと盲目に信じていた頃の自分にとって大きなショックだった。

その後、部活動が再開したはいいものの、大会が開かれるかどうかすらわからない。開かれたとしても無観客かもしれない。その事実がつらかった。いまでも、コロナ禍における高校演劇の無観客上演や大会の中止は、本当に正しい判断だったのかと疑わしい。

その頃は、まだコロナのリスクも正しく認知されておらずパニック状態だったから仕方なかったともいえる。だが、リスクを避けることによって失うものの正確な検討もされていなかったように思う。三年しかない高校演劇で一回の大会がなくなったり、誰もいない会場で上演したりする虚しさを味わうこととの文化的な精神的な損失は計り知れない。

それなのに、そのときの判断は本当に正しかったのか、次同じことを起こさないための精査をいまになっても誰もしようとしない。一回の上演が、一個の作品が、創り手の、観客の人生を大きく動かすことなどよくある話なのだ。失われたそれらの奇跡に思いを馳せて、少なくともどうしたらそのような芸術文化の起こす作用を継続させることができたかを考える必要があるだろう。

幸い三重県は顧問の先生方の尽力により、最低限の規制だけで済み、大会もおこなうことができた。本当にこのパニックの中で冷静な判断をしていただいた先生方には感謝したい。そのおかげで僕は演劇を続け、いまの活動も成り立っている。

## あるがままを創る

何はともあれ、コロナは決定的に、僕の演劇に向かう動機を変えた。「来年こそ全国大会へ」という意気込みは、大会の開催が危ぶまれる中で不確かな目標となったからだ。僕は改めて演劇に対するモチベーションを探す必要があった。それが「いまここに集まった人に、演劇やってよかったと思ってもらうこと」だった。

とにかく誰か一人でもいいからこの作品が必要な人に届ける。そして、仲間を絶対に守る。それまでのマーケット的・成り上がり的な思考から、コミュニティ主義的な思考になったと言える。でも、完全に移り変わったかと言われればそうではなく、このふたつの価値観の間で引き裂かれそうになる瞬間も多かった。

愛と強制力、そこからの自由とその孤独について描いた『ねこの子ね』は、そうしたバックグラウンドの中で生まれた作品だった。やめていった部員、彼ら彼女らに無意識に寄せていた僕の期待という勝手な鎖に自覚的になった。それでも僕は作品を作って認められたいという思いを捨てられない。だから、また勝手な期待で相手を規定して（というか人はみんなそうやって生きていかなくてはいけないと思う）、コントロールしようとして拒絶されたり、拒絶したりして生きていくんだということに絶望していた。

コミュニケーションは最初から崩壊していて、あるがままの僕たちが出会う瞬間なんてあるのかと疑ってしまう。だからこそ、その絶望を十分に受け入れたあと、演劇の上では「あるがままの出会い」を描くことに希望を見出したのだ。そんなものあるかわからないけど僕たちのあるがままのいのちのあり方を、生きることに制限をかけられるようなコロナ禍の状況において真剣に考えた。

どのようにコロナ対策をした演劇、コロナを題材にした劇を作るかでもちきりだった演劇、そして高校演劇の世界を、僕は冷ややかな目で見ていた。いまこそ芸術が、あるがままを肯定するものを創って示さなくてはいけないと思っていた。

『ねこの子ね』は、猫にされてしまう妹と猫にしてしまう兄が「あるがまま出会い、別れる」話だった。僕はそこに目いっぱいの希望を込めていた。しかし、それを全国大会の審査では「閉鎖的」「絶望的」と言われてしまったこと、そして、（僕的には）コロナ禍や生きづらさをファッショナブルにシンボル的にしか描いていないように見えた作品が最優秀賞をとってしまったことも、審査員への激しい落胆に繋がった。

それでも様々な人が『ねこの子ね』を評価してくれる声を聞いてとてもうれしかった（工藤千夏さんもその一人）。同時に、やはり芸術の評価基準はひとつではなく、自分が感じる一番を正直に曇りなく創っていればいいのだと思えた。

## コロナ禍が産んだ世代？

大学に入学し、僕はようやく高校演劇の世界を終えて、より自由な表現の世界へ足を踏み入れたつもりでいた。だが、結局は大学も同じことだった。大学の劇場で上演をおこなうということは、大学側の敷いたルールに従うということだ。公立大学のコロナ対策ルールは厳しく、高校演劇時代よりも表現に制限がかけられているような感覚があった。

そのころ衝撃を受けた出来事がある。そのような規制に対して、これは「演劇界が世間の目という荒波を乗り越えるために必要な我慢なのかもしれない」と半ば自分に言い聞かせて、悔しくても我慢しなくてはいけないのかと思っていたときのことだ。僕の師匠的なアーティストでダンサーの手塚夏子さんが、正確な言葉ではないが「その違和感を持ち続けてここまでやってきたことが本当にすごいことだと思う。制限を受け入れず、したいことに向き合って戦うアーティストが少なくなっている。アーティストが世間に忖度して表現が抑圧される時代になっている。真剣に芸術と向き合うなら、表現の欲求を貫き通してほしい」というような言葉をかけてくれた（自分がやるべきだと純粋に思ったことは身勝手なことではなく自由だ、という意味として捉えた。生半可にやってみたいことと好き勝手にやることとは、ぜんぜん違うことだと思う）。

自分よりも二倍以上長く生きている人が、そのような精神性を保ち続けていることも衝撃だったが、自分の真剣な思いを曲げなくてもいいと言われたことで、本当に救われた。

人との「あるがままの出会い」を大切に思う僕は、根本的にコロナ禍との相性が悪かった。だが、その表現の欲求は、コロナ禍だからこそ湧いて出てきたものに違いないとも思う。僕は自分の信念の方を信じて表現をしていくことを決めた。そこからは大学を離れ、自分たちのやりたいことができる小規模な場所を巡って表現活動を続けている。「あるがままの出会い」を劇としてレプリゼンテーションするだけでなく、実際に人と人との出会いを創作するようなコミュニティのかたちを取った上演形態を開発し、実践している。

「ぱへやンマーケット」や「Anima〈とばりと母型〉」など最近の作品も、そのような実践に連なっている。これは演劇の枠組みを破壊し、再構成するための取り組みでもあり、活動初期から感じていた演劇の窮屈さに対する回答になっている。

「集団ぱく」という創作集団を立ち上げ、現在は七人で活動しているが、継続した実験のおかげでかなりおもしろい実践になってきている。演劇においてだけではなく、現代芸術においても最先端の活動をもっと多くの人に見てもらい、批評をもらいたいので、気になる方はぜひ山田淳也で検索してみてほしい。同姓同名の演出家の方がいますが、そっちではありません。

現在の活動の詳しい内容なども知ってほしいが、今回はコロナ禍の高校演劇というテーマでの執筆なので、ここまでにしておく。だが、明らかに高校時代から現在にかけて感じてきた、コロナ禍の「世間の束縛」や「情報操作」などへの警戒と抵抗のスタンス、そして「自然への畏敬」は、僕の活動に大きな影響をもたらした。

いつか、コロナ禍が産んだ世代と言われてカテゴライズされる日が来るかもしれないと思っている。

山田淳也……二〇二二年三月卒業。元・三重高等学校演劇部。『ねこの子ね』作・演出・出演。二〇二一年三月四日～六日、紀南文化会館で開催されたわかやま総文・第六七回全国高等学校演劇大会にて上演。優良賞受賞。

## 3　コロナ禍における三年間の演劇部生活

奥竜之介（精華高校演劇部／二〇二三年三月卒業）

僕の高校演劇生活は、緊急事態宣言と全国一斉休校で始まった。というか、入学式も中止になってしまい、始まったのかどうかもよくわからない、ふわっとした状態でスタートした。

そもそも精華高校には、中二のときからオープンスクールやクラブ体験会に参加し、優遇制度を利用したかたち（部活動推薦のようなもの）で演劇部入部は決まっていた。ところが、始まってみると、いや始まらなかったのだが、部活動が一切ない。同じ制度を利用して入部が決定していた同期は自分を含めて四人いたが、入学式なし、分散登校、部活動禁止。同期はおろか、先輩にも会えない日々が続いた。

演劇をするために精華高校を選んだと言っても過言ではない。なのに、全く演劇ができなかった。一年生のクラスは荒れていて、授業はおもしろくない。同期は学校には来ない。どんどんモチベーションは下がっていった。正直、高一のときはクラブどころか学校も辞めたくなった。実際、同期の一人は三回ほど来て学校を辞めてしまった（半年ほどで）。

## 同期で残ったのは二人だけだった

夏頃に入試広報のサマーフェスティバルが学校で企画され、公演が可能になった。だが、マスク着用だったし、初めて取り組んだ作品がものすごく抽象的で、あまり意味もわからず、しんどかった記憶がある。その頃の演劇部は、真ん中の学年が一人もおらず、三年生が怖かったこともあり、どうにかクラブ活動ができるようになっても馴染めない空気感で、片道約二〇キロを自転車登校していた自分はすっかりやる気をなくしていた。

僕はとうとうアルバイトを始めた。コロナ禍で人手が足りなかった近所の牛丼屋で、金を稼いでいる方が楽しかった。初めての公演は無観客で、正直あまり楽しくはなかった。

先生が連れてきた二年生の未経験者男子部員が増えた。減ったら増える、変な演劇部だなと思った。裏方が増えたので、ちょっと期待もしたが、僕は結局地区大会にもキャスティングしてもらえず、一年生の大半を裏方として過ごした。裏方が嫌いなわけではないが、役者がやりたかった。怖い先輩たちの中でも、よくしてくれた裏方専属の瑞稀先輩には、技術をたくさん教わった。

『ルサルカ―大阪、ミナミの高校生4―』ではキャストとして参加した。この作品を最後に、中学演劇の頃から知っていた三年の先輩が学校に来なくなった。ミナミシリーズに参加したのは初めてだったが、モノローグの台詞が一ページ以上なんかざら。先輩たちがその長台詞を一日できっちり入れてくるので、違う意味で怖かったのを覚えている。

秋頃の地区大会で個人演技賞までもらった同期が部活を辞めていった。中学演劇と高校演劇の違いなのかわからないのだが、ただでさえコロナであんまりみんなに会えないし、ゆっくり交流できないわけで（会食とかカラオケとか）。本当に稽古だけ。稽古したら解散。その稽古も厳しめ。先輩も先生も怖い。そういうのが耐えられない人たちが、辞めていったのかもしれない。ただ、自分的には耐えられないほどではなかったし、厳しいのはお客さんに楽しんでもらうことを一番に考えてるからで、無駄に厳しいわけじゃない。

同期で出演していた部員が辞めたあとに近畿総文（奈良大会）の『屋根裏部屋の子どもたち』（作／オノマリコ）映像上演が決まったり、地区大会はマスク上演（マウスシールド着用）とはいえ、できたのに上位大会が映像上演ってなんだよとか、しっくりこないことが多すぎた一年だった。

結局、同期で残ったのは僕と、拓人の二人だけだった。コロナもせいなのか、みんなわかり合う前に辞めるって判断してしまう。同じ空気を吸う時間が少なすぎる、そんな気がした。

## 解熱剤を飲みながら舞台に立った

旅する演劇部と言われる精華高校演劇部は、三月に大規模遠征をおこなうことが多い。

一年生のときの三月、ＯＢやＯＧも含めて、佐賀遠征と北海道遠征がおこなわれた。これがめちゃくちゃ楽しかった。行き帰りの車内や一緒に食べたご飯、全部が思い出だ。

佐賀遠征は自動車二台で往復する強行軍で、それぞれの車を運転する先生二人はかなりたいへんだったと思う。居眠りをしないために、帰りの自動車では全員でライン通話を繋ぎっぱなしにしてしゃべっていたのだが、眠くて意識が朦朧としているためか、何を言ってもおもしろくて全員が爆笑していた。結局、先生の車が最後の一人を送り届けたのは夜中の三時過ぎ。先生たちは、そのまま出勤していった。おとなってたいへんだなぁ、と思った瞬間だった。

このときは、他人との接触を極力避けるために自動車で遠征したのだが、普通ならば電車かフェリーを使う。移動中にコロナをもらわないために、全員が抗原検査をして車で移動するという、そのときに考えられる最善の手段だった。

初めての遠征でとても緊張したが、なにせこの遠征を求めて入学したので、やっと高校生活が始まったような感覚だった。北海道遠征は人生で初めての飛行機だった。

先輩が卒業して、残ったメンバーは二年生一人と一年生二人という極小メンバーになってしまった。推薦が一人決まっていたが、その子は女の子で、男子ばかりだった僕らはどう接すればいいのか正直わからなかった。初めての新入生勧誘も、コロナということもあり、ぜんぜんうまくいかない。印刷会社に頼んだ勧誘フライヤーも全く効果がなく、入った新入生は最終的に三人。合計六人の部員で精華高校演劇部の二年目が始まった。

夏頃にｈｐｆ（ハイスクール・プレイ・フェスティバル）というイベントがあった。大阪独自の夏休みの高校演劇イベントで、大阪府内の小劇場を数カ所借りきり、一〇日以上かけて単独乗り打ち公演をおこなう。プロのスタッフが高校生のサポートを全面的におこない、演技だけでなくスタッフワークを学ぶ機会としても貴重なものである。

先生たちは、さも当然のごとくそのイベントの情報を伝えてきた。だが、なにせ去年の前半は何もなかった（イベントはすべて中止になっていた）のでとてもびっくりした。その頃は、まだソーシャルディスタンスを保っての観劇が推奨されていたので、客席数は約半分。しかも、無観客の方がマシなくらいに観客が入らず、いたく傷ついた。

そんなこんなで二度目のコンクールのシーズンになった。『鵲の橋で二度と会わない』（作／鳥頭三歩）という三人芝居に取り組んだ。その頃、少し体調が崩れ、高熱が出ていた。自分は「コロナじゃない」と解熱剤を飲みながら練習に参加し、病み上がりの状態で舞台に立っていた。僕は、演技や演出を本番で少し盛ってしまう癖があったので、元気が出ないのが逆に作用して、無事に地区大会を突破できた。

一週間後の大阪府大会でも体調不良は続き、後輩が個人演劇賞を受賞した以外の記憶が曖昧なのは、会場が地区大会と府大会がホームである富田林《とんだばやし》のすばるホールだったからだ。

翌週の近畿大会は滋賀県。手指の消毒やマスクの着用などはあったが、あまりコロナの影響を感じる暇もなく、そこから瞬く間に春フェスまで突っ走った。やっとたくさんの知り合いや友人ができて、加速度的に人間関係が広がり始めた。演劇部はたくさんの学校と交流があるとか、いろいろな場所に行って上演するといった、入学当初に聞いていた情報がやっと現実になった。

## 時間は量じゃなくて質

三年になると、新入生が八人も入ってきて、なかなかの大所帯になった。ｈｐｆは例年どおりに開催されて、地区大会もおこなわれた。『[henri]!』（原作／ジョージ＝バーナード＝ショー、翻案／稲葉智己）は、残念ながら府大会で止まってしまった。だが、なかなか評判で、その後の公演はほぼ満席だった。座席を間引いたり、半減したりということはなくなり、満席の劇場で自分たちが上演できるなんて、高校演劇生活の中でこれほどまでにうれしいときはなかった。

そして、二〇二二年三月、劇作家のオノマリコさんによって、自分たち三年生二人の卒業を題材にして作られた劇『ファウスト～大阪、ミナミの高校生5』を東京と広島で公演させていただくことができた。

公演が始まるたび、終わるたびに、部員たちも僕ら三年も泣いた。演劇を学びに四国学院大学に行くにあたって、先生方から激励の言葉をいただいて、また泣いて。

とても、とても、満ち満ちた三年間だった。

コロナによって奪われた時間はあるかもしれない。でも、時間は量じゃなくて質だと思う。そう学んだのは奪われた時間があっても、たくさんの仲間に恵まれたからだ。この場を借りて僕の高校生活を支えてくれた先生方、先生方、劇作家の方、後輩たち、そして同期、何よりも父と母へ感謝を伝えさせてください。

ありがとうございました。

奥　竜之介……二〇二三年三月卒業。元・精華高等学校演劇部。『鵲の橋で二度と会わない』（作／鳥頭三歩）で田中兵十役。二〇二二年三月一九～二一日、すばるホールで開催された第一六回春季全国演劇研究大会（春フェス富田林大会）で上演。

## 4 一生残る一瞬

松尾 秀
（長崎南山高校生徒会表現班／二〇二三年三月卒業）

### 考え続けたコロナ禍の日々

二〇二一年七月、演劇のえの字も知らない生徒会役員八人が集まり、突然結成された「生徒会表現班」。私が生徒会に入ったのは、学校行事の企画や運営をやりたかったからだ。自分たちの力でイベントを成功させることを夢に見ていた。

しかし、そんな私の期待に反し、学校内外で行事の中止や規模縮小が相次いだ。黙食やマスクの着用を強いられるのにも慣れ、味気ない毎日を日常として受け入れていた頃、先生から演劇へのお誘いをいただいた。私は舞台上で他人を演じる自分を想像し、このチャンスを逃したくないと考え、ふたつ返事で引き受けた。言ってしまえば高校生活での思い出作りとして、演劇に取り組むことを決めたのである。このようにして、ど素人八人と先生との高校演劇活動が幕を開けた。

演目『ぶたのしっぽ』は、ラグビー部三年の猪熊愛司と、神学生で一年留年した三年生の永井隆介を中心とした、学校のカウンセラー室での出来事を描いた物語である。熱心なカトリック信者である永井を演じた私自身は神を信仰していない。そのため、役を演じることがたいへんむずかしかった。

姿かたちもなく、音もない神という存在。そして、それを幼い頃から信仰し、幸せを願う永井という架空の人間。体験していない被爆。世間知らずな一七歳の私は、これらに想いを巡らすことで精一杯だった。役を演じながら、永井という人間が自分でも他人でもないような不思議な感覚だった。頭では理解しているが心に寄り添えず、自分の言葉として表現できない歯痒さを感じていた。その上で、自分以外の登場人物の心情はもちろん、原爆で被害に遭われた方の心情や神の存在に思いを馳せながら役を演じなければいけなかった。

考えても、誰かに聞いても、答えなど存在しない。にもかかわらず答えを求め、考え続けなければいけなかった。自分は演劇には向いていないとさえ感じることもあった。しかし、いま思えば、この考え続けたことこそが高校で演劇をする意味であったと思う。当時の自分は、そんなことを考える余裕などあるはずもなかった。だが、代わり映えのない退屈な日常で、必死に心を巡らせ表現しようとした経験は、コロナ禍を生きる私たちの青春であった。

## 役者と共に台本も成長する

コロナ禍によって、思い描いていた三年間とは大きく違った高校生活。願っても、訴えても、何も変わらない。それに苦しんだ三年間。それは、原爆の被害に心を痛め、神に心の平穏を訴える永井と、その思いに反して争いが起こり続ける世界に、どことなく似ていた。あれほど永井の気持ちに寄り添うのに苦しみ、多くの時間を費やしたが、コロナ禍を生きた私と重ね合わせると、一瞬でやっと永井の心に寄り添えた気がする。

このように役と心を通わせたとき、役者として、そして人間としての成長を実感するのだろう。他者を理解し、自分と重ね合わせ、自分の心として表現する。時が経ち、成長と共に「彼はこんな気持ちだったのか」「あのときの彼はこんなことを言っていたのか」と自分の心の中で台本が更新されていく。そしてその都度、あのときの自分と向き合い、いまの自分が彼を演じていたら……なんて思うのだろう。きっと役者と共に台本も一生成長していくのだろう。活動歴が半年も満たない分際であるが、これこそが私なりに見出した高校演劇ならではの魅力だと思う。

### 厳しい時期をメンバーと乗りこえたことを糧に

私は今年の四月から上智大学で神学を専攻するが、自分の進路選択においても『ぶたのしっぽ』を演じたことが大きなきっかけとなった。神であったり、他人や自分自身の心であったり、目に見えないものを見つめようとするキリスト教に魅力を感じた。時代が変わっても、国境を超えても、いまも人の心の支えとして存在し現代社会でも役立っているのである。

私が演劇活動を通して見つめようと努力していたものは、変幻自在で奥深く、考えようによってはむずかしくも簡単にもなりうる。これからの大学生活でよりキリスト教について学ぶことにより、さらに永井という人間への理解を深められるだろう。

最後に、これらを踏まえた上で考えると、もし『ぶたのしっぽ』に出会うのが一年早かったら、遅かったら、コロナ終息後だったら、違うメンバーだったら……また違った作品になっていただろう。

あの時期に、あのメンバーで、あの台本で、演劇ができたことが奇跡であり運命だった。この運命のような巡り合わせに感謝し、演劇活動、そしてコロナ禍を生きた三年間の高校生活を糧にしながら、今後の人生を歩んでいきたい。

松尾　秀……二〇二三年三月卒業。元・長崎南山高校生徒会表現班。『ぶたのしっぽ』(作／毎熊義幸) で永井隆介役。二〇二一年一二月一八～一九日、J：COMホルトホール大分で開催された第六三回九州高等学校演劇研究大会で上演。

## 5　この経験をした私たちは強いです

鬼頭すみれ
（東京都立小石川中等教育学校演劇部／二〇二三年三月卒業）

中学に入学したての頃、差し入れでお菓子がたくさんもらえるという噂を聞きつけて入った演劇部は想像以上に楽しく、やがて私の大切な居場所となりました。年に五回ほどの公演は、小規模ではありましたが、自分たちで一から舞台を組んで演劇をおこなうことは、私にとってとても特別なワクワクすることでした。そして、家族や友人、卒業した先輩方がたくさん観客としてやってきて、公演をお祭りのように感じていました。

そんな演劇部をコロナが襲ったのは、私がいよいよ高校生になるというタイミングでした。二〇二〇年三月から学校は休校となり、部活どころではありません。学年末の定期考査も中止となったために、課題が終わっていなかった私は「ラッキー」だなんて不謹慎なことを思いましたが、たいへんなのはここからでした。

### 変わる日常

中高一貫校に通っていたため、大きく環境が変わることはありませんでしたが、四月からはオンライン授業が始まり、外出しない夏休みのような生活を二カ月ほど送りました。その間、みんなで集まって劇の練習をすることはできません。でも、もしかしたら急速に収まって、五月には元の生活に戻っているかもしれない。そうしたら春の公演には間に合わない。何より劇がしたい、ということで私たちはグループ通話を利用しながら、台本決めをし、劇の練習を始めました。

オンラインでの劇の練習は新鮮でしたが、音声のみで、しかも近くに家族がいると思うと少し恥ずかしくてやりにくい。それでも何回か読みでの練習を重ね、皆で実際に動いて演じてみたら楽しいだろうなと私はワクワクしていました。しかし、実際には、学校から無観客であっても劇の公演はできないと言われました。そんなわけで、春公演は中止となりました（春公演のために練習していた劇は地区大会で発表できたので、そこはよかったです）。

## 味気ない演劇

六月に入り、学校に登校するようになってからも、部活は時間短縮で一七時までしか活動できないため、そもそも練習量が確保できません。秋の文化祭も完全オンラインでの実施となり、劇を映像で撮って提出。画角を変えるなど工夫の仕方はいろいろありました。とはいえ、演劇は生で観てこそと思っていた私は、なんだか味気ないなあと思っていました。

その後も、第何波が来たとかで休校や部活が禁止になることが、翌年の春頃まで続きました。これだけ長く公演ができないと、舞台設営や照明音響など、裏方の仕事の引き継ぎがむずかしくなる。口頭説明や紙面上での説明では限度があり、本当にたいへんでした。

ようやく人数制限はありながらも有観客の公演をおこなえたのは、高校二年生の秋の文化祭からでした。しかし、この春まで役者もマスクをしなければならないという制約はありました。いまでも舞台と観客の距離や客席同士の距離を保つなど、完全に元どおりとはいかないところが多いと思います。

そういえば、この文章を書くにあたって、当時の自分が書いたブログを読み返したところ、コロナ禍の演劇について言及している文章があったので、要約して載せます。二〇二一年夏のブログです。

コロナ禍での舞台は本当にむずかしいということをここ最近すごく実感しておりまして。やっぱり演劇は、会社やスーパーみたいに、なきゃ生きていけないものではないじゃないですか。いまは緊急事態宣言かけられてても、上演してる劇団とかはたくさんあって、それは私的にはすごくうれしいことなんですけど、いざ自分たちに置き換えたときに、どこまで制約が付きまとうのか、どこまで自由に作れるのかがすごく悩ましいというか、知りたいというか……。アクリル板を置いたら演出上の制限が付きまとうだろうし、フェイスシールドもめっちゃ動いたら飛沫しまくるだろうし、お金ないし、かといって何もないとやっぱり怖いんですよね。

特に高校演劇は、高校という枠組みの中での活動なわけだから、それは制約は付きまとうし、公演期間中に万が一集団感染にでもなったら、感染した人も学校側としてもたいへんだということはわかります。あの頃は、絶対に感染者を出さない、集団感染を起こさないという雰囲気がどこにでもありました。実際に学校の先生もテレビの中のアナウンサーも、人と距離を取る、マスクを取って人と話さない、と何度も注意喚起していました。

でも、この未知のウイルスから絶対に身を守る方法なんて誰にもわからない。どうすれば絶対に感染者を出さないように公演ができるのかは、誰も知らない。だから、一番の安全策をとって公演中止の事態になるのかなって。私はずっとそんなことを考えていました。わからないことに悩んでいました。

## 講評委員が泣きながら話し合った

話が変わりますが、私はとうきょう総文の全国大会で、講評委員会（高校演劇の大会で、出場校の劇を観て感じたこと考えたことを話し合う委員会）の活動に参加したことがあり、その中でも新型コロナについても触れようと思います。

まず、新型コロナの影響を感じる場面があったので、そのことについても触れようと思います。コロナ禍の高校生活をテーマに挙げたり、台詞の中に織り交ぜたり、形式は様々でありながらも多くの演劇部員がコロナの影響を受け、そのことについて考えていることがわかりました。例えば、今年の優勝校の愛媛県立松山東高校さんの『今日は塾に行くふりをして』でも、コロナワクチンの副反応により演劇の大会直前に体調を崩す部員が出てしまって、部員全員で出場できるかわからない、というシーンがありました。

副反応に限らず、新型コロナにより公演の代役を余儀なくされた演劇部は、きっと全国にたくさんあったことだろうと思います。感染や副反応は誰にでも起こりうることで、どうしようもなくて、仕方がないことでもある。でも、やっぱり悔しい。皆で出たかったという思いが伝わってきて、実際に観た人は共感したのではないかと思います。

また、北海道大麻高校さんの『Ｔｉｐ‐Ｏｆｆ』という作品ですが、コロナで制限された部活を取り上げた劇の講評では、講評委員一同、その話を自分たちの高校生活と重ね、皆で泣きながら話し合いました。

じつは、私は高校時代に文化祭の実行委員をやっていました。先が見えない中、どんどん変わっていく社会情勢や教育委員会のガイドライン、学校からの指示にてんやわんやしながら、最良のものを作ろうとがんばっていたので、そのときのたいへんだった思いやつらかったことが思い出されて、号泣してしまいました。

他の講評委員も、思うように公演が打てなかったり練習ができなかったりしたことが思い出されたようで、涙ぐんでいました。全国津々浦々から私たち講評委員は集まりましたが、どこであっても皆が同じ思いをしてきたんだなと実感しました。

でも、救われたことがあります。それは、新型コロナを扱ったほとんどの高校の劇が、この状況を少しでも前向きに捉えようとしていたことです。できないと嘆くばかりではなくて、コロナ禍だからこそできることに目を向けていこう、自分たちでできることを増やしていこうと考えながら劇を作ったのかなと思い、ハッとさせられました。

コロナを直接には扱っていない高校も、おそらく同じ思いで大会に向けて劇を作っていったのだろうと感じられました。全国大会のとき、すでに私は高校三年生で部活は引退していましたが、秋の文化祭のクラス劇に向けてできる限りやってみようと勇気づけられました。

## コロナ禍を経験した私たちは強い

考えてみれば、コロナで部活が制限されてたいへんな思いをしてきたのに、コロナがなければ私が大会で観てきた多くの劇は存在しなかったとは皮肉ですね。公演の重みや有観客の喜びも、ある意味ではコロナのおかげで知れました。実際に感染して大切な人を亡くした方や苦しい思いをした方が大勢いるわけで、コロナがあってよかったなんて絶対に思いませんが、得たものがあるのも事実だと思います。

また、私と同じ歳の人は、高校三年間、丸々コロナにさらされて、まさにコロナ禍の高校演劇を経験したわけですが、演劇には年齢制限がありません。確かに高校演劇は高校時代のたった三年間しかありませんが、大学での演劇も社会人になってからの演劇も演劇であることに変わりありません。それに、どうにかして高校演劇に関わりたいと思ったら、教員免許をとり演劇部の顧問になれば叶います。

いきなりぶっ飛んだことを言っていると思うかもしれませんが、コロナ禍という経験をした私たちは強いです。だからどうか、コロナ禍の演劇部じゃ何もできなかったと悲観的にならずに、みんなが新たな道を歩めたらいいなと思いますし、私もできることを増やしながら演劇を続けていきたいと思います。そして後輩たちには、新しい高校演劇を思うように作っていってほしいなと思います。

拙い文章ですが、お付き合いいただき、ありがとうございました。

鬼頭すみれ……二〇二三年三月卒業。元・小石川中等教育学校演劇部。二〇二二年七月三一日〜八月二日、なかのZEROで開催されたとうきょう総文・第六七八回全国高等学校演劇大会にて生徒講評委員会委員長を務めた。

# 6　言いたいことはたくさんある！――コロナ禍を経験した演劇部の生徒たちの声

編者より……Twitterや顧問を通じて、コロナ下で高校演劇に打ち込んだ演劇部員からのコメントを募集しました。福島県立福島南高校演劇部、山口県立光高校演劇部、島根県立三刀屋《みとや》高等学校掛合《かけや》分校演劇同好会、岡山学芸館高校演劇部、長崎市立長崎北高校学芸部演劇班の皆さん、ご協力ありがとうございました。学年は二〇二三年四月一日現在のものです。記名は本人の希望に基づきます。

＊　＊　＊

山田　晴　三年

私たちはコロナと共に活動してきました。コロナがなければ、と考えることもたくさんありましたが、「いまよりも不便のない稽古」というものがうまくイメージできないというのが本音です。もしかしたらそれは、コロナ禍でも戦いながら全力で活動できたという事実の表れなのかもしれません。

私たちはコロナ禍に入部し、そしてコロナ禍から抜け出せないまま引退しそうです。なのになぜか充実感でいっぱいです。これを糧にしてがんばる！ことはないかもしれませんが、人生に幅を持たせてくれた期間ではあった気がします。

毎日の稽古のひとつひとつがとても大切な思い出です。いろいろな行事の規模が縮小したりする中だったからこそ、何も特別なことはないけれど、その毎日の部活の稽古がとてもとても大事に感じて……とてもいい思い出です。

＊　＊　＊

コロナが流行る前までのような経験（合宿など）は、できないものも少なくはなかったけど、その限られた中だからこそ、同じつらい思いをしているからこそ、部員同士の仲を深めることはできたと思います。これはコロナ禍だからこそのことなのかなぁと思います。

コロナがなかったらもっともっと自由に部活に取り組みたかったです。夜遅くまで稽古をして、部員と「暗いね～」なんて言いながら帰りたかったです。お昼ご飯もみんなでワイワイしゃべりながら食べたかったし、舞台のあとに打ち上げとかできたら楽しそうだったな……とは思います。

つらいこともたくさんあったけど、その中で楽しいことも、つらいことを超えるくらいたくさんあったし、なんならコロナ禍だからこそできたこともあったなぁと思うので、逆によかったなぁと思ったりすることもあります。部員のみんな、そして顧問の先生方、みんな本当にありがとう！！！

無記名

コロナ禍のため、初めはリモートでの読み合わせでした。演劇自体が初めてだった上に、慣れないリモートということでとても緊張しました。また、発声中のマスク着用や昼食時の黙食・孤食など、部室での活動にも制限がありました。しかし、そんな中でも部の仲間と助け合い、たくさんの思い出を作ることができました。もし、コロナがなかったら、私も先輩方のように他校さんとの交流を深めたかったです。

コロナと隣り合わせだった部活動でしたが、一生忘れることのできない経験となりました。

いちこ　二〇二三年三月卒業

＊　＊　＊

＊　＊　＊

私は、コロナ禍以前の演劇部を知らないし、完全無観客や公演中止を経験していないので、コロナ禍での演劇部の活動を正直そこまで窮屈に感じたことはありません。一年生の頃は、関係者以外の一般の方には自主公演以外、見ていただく機会がありませんでしたが、二年生になってからは比較的規制も緩和されて、いろいろな活動ができるようになったと思います。地区、県と、一般の方々に見ていただくことができましたし、とても充実していました。

失ったものも当然あります。ただ、このコロナ禍になって、いろいろなものを失い、失うことに慣れてしまっているのかもしれません。でも、その中で芝居を創ることができる幸せを倍以上に感じています。制限がある中でどう活動するか、みんなの結団力が試されますし、この先の自信となり糧になると思っています。

この時代でなければ出会えなかった仲間に出会えたことがキセキだと思っています！

羽田海凪　三年

＊＊＊

コロナにより活動が制限され、思うように活動ができない場面はありましたが、ひとつひとつの活動が、記憶に残り、密度の高い大切な思い出となりました。それは、いままでと変わらない日常を過ごしていたら、感じないことだと思うので、よかったと思います。
荒明凪香　二年

＊＊＊

私の中学時代の部活の大会は、コロナを理由に中止になりました。大きな後悔と共に卒業したのを、いまも覚えています。そんな経験もあり、演劇部入部当初もコロナの影響を受けながら活動していくんだろうな、という若干の不安がありました。

私たちの代では研修会の中止や発表会、大会での入場を規制する、といった影響があり、コロナさえなければ、と何度も思いました。私たちの先輩の代は四月からリモートでの部活動、大会の中止など、私たち以上に不自由な思いがあったと思います。その思いを晴らすためにもと思い、活動に励みました。

また、普段の練習ではマスクを外せずに表情の演出ができず、部員に濃厚接触者がいれば、リモートでの参加となり十分な確認が取れないなど、思い出してもキリがないほどコロナでの影響を受けました。一番ハラハラしたのは、地区大会前に部員の家族が陽性となり、参加できない可能性が出てきたことでした。ここで終わりか、と軽く絶望しました。しかし、その部員は（念のためマスクをつけながらですが）大会に出ることができ、大会に出られることのありがたみを改めて感じました。

佐藤仁美　二年

＊＊＊

コロナ禍での部活の思い出としては、やはりマスク生活ですかね。稽古のときはマスクが主だったので、表情の変化だったり声の出し方だったりでかなり苦戦しました。また、濃厚接触者で部活に来ないときは、リモート参加という音ズレと戦いながらの部活もすごく記憶に残っています。あとは、コロナがない方がよかったと思うことが多かった。

あってよかったと思ったことは、演劇関連の研修でリモート参加のとき、普段なら距離の関係で来れないような人たちも参加することができ、さらに幅広い人たちと交流を持てたことです。また、コロナによって大会の棄権や中止など、いつ失くなってもおかしくないという体験をしたことによって、自分が演じる役の気持ちの理解度が高まったというのもあってよかった。

コロナのせいで制限されることもあったけど、でも、あったからこその掛け替えのない体験もすることができたので、演劇部に入ってよかったと思いました。

＊　＊　＊

ゆら　二年

コロナがなければ春フェスに行けた。コロナがなければ皆と離れ離れにならなかった、はず。コロナ禍により、開催直前での中止が発表されたとき、目の前の道が失われていく感じがしました。私にとって演劇部での活動は、初めて誰かとひとつの作品を作り上げる楽しさを知るきっかけになりました。

私たちの高校では、三年生の四月に引退が決まっています。ちょうど春フェスの時期が引退の時期と重なっていたため、春休みにたくさん稽古を重ね、悔いのない最高の作品に仕上げようと意気込んでいました。その矢先に、コロナの流行が起こりました。私は世界に広まる未知なるウイルスの脅威以上に、ずっと共にしていた部活の皆と離ればなれになる感覚に恐怖を感じました。

情勢を考慮した結果、自主公演もおこなえなかったため、私たちの学年は何もできずひっそりと引退をし、それぞれの進路へと歩みを進めました。

「大切なものがどんどん失われていく。誰かが継がなきゃ消えてしまう」。私はそんな思いを込めた舞台をずっと作り続けてきました。コロナ禍に直面したいま、この舞台に込められた思いをより実感することになりました。

私たちが作り続けた『放課後のヘラクレイトス』は、いまも後輩たちが受け継いでくれています。たとえ私のことは知らなくても、私が舞台に込めた思いを未来へと繋げてくれたら本望です。

なるみ　二〇二一年三月卒業

＊　＊　＊

僕は、コロナで始まりコロナで終わった高校生活でした。いわば、最悪の世代とでも言いましょうか。三年間、何もできなかったですけど、唯一、演劇で高校生活を楽しめました。演劇部での思い出は仲間と芝居を作ること、仲間がいることのありがたさに気づきました。ですけど、それを上演するにも無観客が続き、本当の演劇の楽しさに気づけませんでした。だからこそ、お客さんが入り仲間と作ったものを見てもらう。本来の演劇の楽しさに気づきました。

もし、コロナがなくても演劇をしていたかったです。現実はどうなっているかわかりませんが、お芝居が好きなので演劇部でいたいです。コロナでよかったと思うことは、さきほども言ったように、お客さんが入ったときの本当の楽しさに気づけたことです。それ以外はコロナが憎くて仕方がありません。

そたしょうご　二〇二三年三月卒業

＊　＊　＊

私は、地区大会前の猛練習中にコロナにかかりました。ただでさえ体調が悪いのに、みんなに迷惑をかけてしまった申し訳なさと、罪悪感で押しつぶされました。あのときは、すごく病んでいました。みんなが汗水垂らしてがんばっている動画や写真を見ているのも、先生からのLINEも、ぜんぶぜんぶ胸が苦しくて怖くて、何も手がつかない状態でした。

そんなとき、同じクラスで演劇部でもある男の子もコロナにかかったという報告が届きました。その男の子は私と同じタイミングで体調を崩しましたが、次の日の部活には出ていました。なので、それを知らない部員や先生から、私がその男の子にうつしたみたいな言い方をされ、もっと病んでしまい、挙句の果てに部活を辞めたいとまで追い込まれていきました。同じ頃に体調を崩したんだから私がうつせるわけないのに、なんでみんなして私のせいにするのか、と永遠に思い、毎日泣いていました。体調が悪いときって、どんどんダメなほうに考えてしまいます。

でも誰も悪くない。どんなに人を恨んだとしても、悪いのは誰でもないんだから。そんなことは、すごくわかっていました。だけど、つらいときは誰かのせいにしたくなるのは、私だけではないと思います。自粛期間中は、誰かのせいにして自分の気持ちをやわらげることで精一杯でした。

辞めたいと毎日思い、泣いた日々が、いまでは懐かしいです。結局、辞めずに一年が経ちましたが、あのとき止めてくれた先輩や先生にはすごく感謝しています。

この先、コロナに苦しむ人たちがいなくなり、これからも演劇を不自由なく続けられる未来が訪れますよう願っています！！！

なみ　二年

＊　＊　＊

私は、高校入試前にコロナにかかってしまい、ワクチンを受けることができずにいました。おかげで、演劇部に入って、大会参加のために宿泊をするたび、ワクチン接種をした人にだけもらえる旅割を使用できず、経済的に苦しい思いをしてきました。

また、コロナでマスク生活があたり前になってしまったいま、演劇をする際、マスクを外すときに、初めて他人の顔を見たりするのが私は少し苦手でした。私の顔を初めて見る人は、どう思うのだろうかと思ってしまって、マスクを取るのが怖いことが多かったです。

演劇は、表情をたくさん動かすことができて、それが楽しい活動のはずです。しかし、本番ギリギリまでマスクを取ることができず、直前になってマスクを取る勇気がものすごく必要でした。さらに、予定していた表情と違うとギリギリにダメ出しがあったりで、つらかったです。

ブロック大会でも、当日、コロナ感染者が出て、ギリギリの出演者でやってるうちの部は、稽古動画の上映になってしまい、なんのためにがんばってきたのだろうと号泣しました。

コロナも、コロナのための決めごとも、つらいことばかりでした。はやくコロナが完全になくなった世界になってほしいと願うばかりです。

かっちゃん　二年

＊　＊　＊

私は、ブロック大会当日にコロナ陽性者になりました。いままでがんばってきて、やっと感情を込めて演技できるようになったときに陽性になってしまい、とてもショックでした。検査キットを使ったら陰性だったから、「ワンチャン大丈夫⁉」とか思って、神様にお願いしたけどダメでした。

何よりショックだったのは、部員みんなの努力、友だちや家族、先輩などまわりの方々からの応援を水の泡にしてしまったということ。それと、もう一人の陽性者ばかりが、せめられてしまったことです。私は陽性とわかるのがその子より少し遅くて、二番目に報告したから、一番目に報告したその子が何か言われるたびに、「私もなのに、どうしよう」と罪悪感がすごかったです。でも、何も言えなくて、そんな自分も嫌でした。もっと自分の意見を言える人になりたいと思いました。

そんな私も、コロナのおかげで自分の現状やこれからどうするべきかということを、見つけることができました。一刻も早く、コロナに悩まされる人が減って、自由に楽しく演劇をできる日が訪れますように。そう思う日々です。

みるく　二年

＊　＊　＊

こんなに悔しい思いをしたのは、人生で初めてでした。

私は、ブロック大会に出発する当日にコロナにかかってしまい、みんなのブロック大会出場の夢を壊してしまいました。

涙が止まらない。

悔しさ。虚しさ。悲しさ。苦しさ。

そんなのが一気に押し寄せる感覚でした。

みんなでがんばってきたこれまでの記憶が蘇ってきて。また悲しくなっての繰り返しでした。

みんなからの励ましや、メッセージが届いて。みんなが一番つらいはずなのに。悔しいはずなのに。

あのとき、みんなの優しい言葉が、逆に責められている気にもなりました。だけど、必死で、自分がすべきことは、とにかく前向きに考えて、仲間を信頼することだと思いました。しかし、心の底から、コロナのある世界に嫌気がさしました。

これ以上、被害が出ませんように。そして、これ以上、みんなの大切な思い出が奪われませんように。

これが私の願いです……!!

ただ、悲劇のヒロインたちとして終わってしまうのではなく、これらの経験を活かし、前向きに行動していきたい。コロナ感染の経験を生かして、代役をつねに立てられる練習をするなど、病気に負けない対策をしたいと思っています!!

ぽこ　二年

＊　＊　＊

演劇部でコロナが二人以上出たら活動停止だと宣告されて、不安に感じながら活動をしていました。マスクを厳重にしての活動でしたが、クラスでコロナをもらってきた人が二人出て、地区大会前の練習は大打撃でした。

以降、地区大会、県大会と細心の注意をしましたが、ブロック大会出発の朝、部内から感染者が出て、上演できなくなりました。演劇は、みんなの言葉と身体を使って作る芸術なので、一人でも感染者が出たらアウトだとわかっていた。けれど、実際にそうなって、そのショックは立ち直れないほど大きなものでした。

感染してしまった部員も、そうじゃない部員も、正直な思いを口にできなくなりました。うちの演劇部は、誰一人としていらない人はいない全員演劇を目指してきました。しかし、来年度からは代役に入れる人をつねに用意する危機管理をすることになりました。

みんなが活躍できるかたちが変わってしまったことがちょっと残念だけど、あのショックはふたたび味わいたくありません。

えむV　三年

＊　＊　＊

昨年、開催された春フェスの少し前から、私の住む県と開催県である大阪府などにまん延防止等重点措置が発令されました。感染リスクが高まる中、県外に出て、感染して家族に感染したら親の仕事や兄弟の周囲に迷惑をかけてしまうと、不安で仕方ありませんでした。

しかし、私ひとりでも辞退すれば劇は成立せず、ほかの部員も大会へ出場できなくなる。でも、県内で感染が広がっていることを考えれば、県外に出るからといって感染するわけじゃないとも思いました。また、部員や先生たちの「せっかくの全国大会、挑戦しないと悔いが残る。最大限、感染防止をがんばりながら、出場しよう」との言葉に背中を押されて、出場しました。

結果、自分たちの全力の上演ができただけではなく、なかなか関わる機会がない、遠方の学校とも交流できました。他校は演技のレベルが高いだけでなく、照明や音響の使い方も工夫されていて、ワクワクドキドキが止まらない時間が過ごせてとても幸せでした。

一歩踏み出す勇気から生まれた幸せを味わいました。

ツネ　三年

＊　＊　＊

私は、入部した頃、顔下半分が見えない状態のコミュニケーションに壁を感じ、ものすごく気を遣っていました。そして、関係が深くなることがつらくて、浅くてお互い傷つけ合わない関係を築いていました。

演劇を演じるには、心を開いて相手を信頼しないとできないし、自分以外の誰かになりきるために自分をさらけ出さなくてはいけないのに、なかなか心を開くことも、相手の心に一歩踏み込むこともできませんでした。そんな浅い関係に終始していたので、相談相手も見つかりませんでした。

部活動が許され、練習を重ね、大会に出る際には、マスクを外してやり取りができるようになり、ようやく心を開いてやり取りができるようになってきました。しかし、感染は突然襲って来て、せっかく繋がった関係に大きな亀裂を入れます。大会の朝の陽性発覚にゴールを見失ったり、自分も感染してるのではないかと不安になり、夢を奪われたのを誰かのせいにしたくなりました。
　コロナ禍の閉塞感の中、コミュニケーションや人との関係について深く考えることができて、私自身強くなったと思います。このつらさは二度と味わいたくないけど、貴重な体験でした。

さほ　三年

＊　＊　＊

　入部してからの二年間は、自粛の影響で無観客の中、上演することが多かったです。文化祭でも多くの制限がありました。しかし、高校生活最後の年には有観客の中で大会がおこなわれ、観客がいる演劇のよさを知ることができました。最初で最後でしたが、演じる姿を親に観せることもできました。
　満足いく活動ができなかったからこその感動だと思います。もしもコロナがなかったら、もっと多く観劇に行ったり、劇を上演して多くの人と交流したかったです。

無記名　二〇二三年三月卒業

＊　＊　＊

　私は昨年の夏、演劇の猛練習をしている中、コロナにかかってしまった。部活の練習途中に、いままでにない喉の痛み、倦怠感、熱っぽいという症状が見られた。一緒に練習していた部員にうつしたらどうしようとか、これからみんなとどう接していこうといった不安でいっぱいだった。

隔離生活は人生で一番つらく、LINEで送られてくる演劇の練習の動画を見るのもつらかった。人とコミュニケーションができない毎日。一番苦痛だったのは、演劇ができないことだった。演劇は、人と人とが台詞や身体表現といったコミュニケーションを取ることによって成り立つものだ。

隔離されていたのでストレスが溜まり、部活を辞めたいと思った時期もあった。それを止めてくれた先生には本当に感謝しています。一年間演劇をやって、成長できたと思います！

この先、コロナもなくなり、全世界の人々が自由な生活ができたらと願うばかりです。

Kn　二年

＊　＊　＊

コロナ禍と演劇の関わりと言うと……何から話すか悩むんですけれども（笑）
ちょうど僕たちの学年がいわゆる〃コロナ世代〃と呼ばれる、コロナ一年目の高校生だったので、高校から演劇を始めた僕からすると「演劇 ウィズコロナ」が当然だったため、演劇とコロナはつねに隣り合わせでしたね。部員の数も少なかったですし、コロナで部活停止になるときには「同じ部屋に五人以上が密になるのを防ぐ」なんて言われても、「部員五人もいないですけど⁉」なんて日もありました（笑）
そんなコロナですが、コロナを題材にした作品に取り組むことができたり、コロナならではのリモートによって遠方の高校の演劇も見ることができるようになったりと、皮肉にも少なからず恩恵を受けることもありました。大会が中止になったり無観客になったことは絶望しましたが、引退する時期、周辺ではたくさんの人に見てもらえたので、気持ちよく引退することができました。
これからは、コロナの影響もますます減少していくと思います。これからの高校生たちには高校演劇を満喫して、充実した高校生活を送ってもらいたいですね。高校生にとって演劇以上の青春はありませんよ！

山口正紀　二〇二三年三月卒業

＊　＊　＊

私が高校時代に役をいただいた作品では、「夏なのに、つねにマスクをしているキャラ」が登場します。コロナ禍が始まる前に作り始めた作品だったので、コロナが流行してからマスクをして演じなければならなくなったとき、表現にかなり苦戦した思い出があります。
全国大会に出場することが決まった瞬間は、とてもうれしかったのですが、コロナで大会がウェブ開催になってしまい、ひどく残念でした。

北川　二〇二一年三月卒業

＊　＊　＊

コロナという出来事で、僕たちのまわりの生活は一変しました。それがちょうど高校三年間と被ったということもあり、日常生活だけでなく学校行事や部活動にも影響を及ぼすことになり……。それは演劇部においても例外ではありませんでした。

自分の中でイメージしていた演劇とは、お客様の前で伸び伸びと声高らかに、大袈裟に芝居を演じるというものでした。しかし、コロナ禍ということもあり、舞台上以外ではマスクは必須、消毒や体温チェックが義務となり、お世辞にも自由な演劇ができているとは思えませんでした。

しかし、それゆえにどこをどう生かすのか。この環境でどのように演技をおこなうのか。どのような演目にするのか。それらを部員一同で考えながら作り出していくことで、部員同士の団結力が深まっていったのも事実です。

与えられた環境の中で、自分たちがどう生きるか、どうあがくか、どう演じるかを深く考えさせられた高校生活になりました。

もりほん　二〇二一年三月卒業

# 第六章　コロナ禍が生んだ高校演劇作品紹介

工藤千夏

　高校演劇と聞けば、高校生の友情や恋愛を熱く描く学園もの、ギャグやアニメへのオマージュが散りばめられたライト・コメディを思い浮かべる向きも多いだろう。だが、高校生が自分たちの「いま」を見つめるとき、「いじめ」「ネグレクト」「貧困」「不況」「ハラスメント」「家庭内暴力」「原発問題」「差別」「ハラスメント」等の様々な社会問題が、高校生のアンテナに引っかかる。もちろん、高校生活にダイレクトに影響を及ぼす「新型コロナウイルス」も。

**青森県立木造高校『全部コロナのせい!!』**（作／川村香奈子　顧問創作　二〇二〇年初演）は、二〇二〇年夏、県外に移動することが禁止され、コロナを持ち込んだ者がうしろ指を指されていた時期の地方都市の空気を描いた作品である。学園祭や体育祭の実施希望アンケートを集計している生徒会、学校の対応といった、当時の高校生の日常をていねいに描き、大団円と見せかけたあとのショッキングなどんでん返しがネットで話題になった。顧問がTwitterで募集した希望者に映像を送って、口コミでそのおもしろさが広がったり、日本劇作家協会「戯曲デジタルアーカイブ」でアクセス数が上位に食い込んだりという作品認知の術がまた、いかにもリモートでの活動を余儀なくされコロナ初期の代表作らしい。

**島根県立横田高校『2020５６７８』**（作／伊藤靖之　顧問創作　二〇二〇年初演）は、言葉を発することを禁じられた演劇部員が表現の抑圧と闘う物語である。もともと、舞台上での発声を禁止された文化祭での上演のために創作した短編を六〇分に発展させたという話を、作者である伊藤靖之教諭に伺った。「自粛」「ディスタンス」「不要」「県内」「軽率」「感染」「マスク」「隠蔽」「知事」「ZOOM」「ソーシャル」「会食」「保健所」「蔓延」「ワクチン」「PCR」「分散」「鬱」「陽性」「トラベル」「失業」「休校」「呼吸」「疑」……キーワードが書かれた文字箱をマスク姿の少女たちが放り投げ、蹴り倒すアクション、その無言の怒りの強さたるや。演劇部部長が県外から来ている寮生であるという設定が、コロナ差別を描く上でも効いていた。数字だけのタイトルが、二〇二〇年五月から八月の高校生活を描く宣言であることが、三年の時を経た今、改めてインパクトを放つ。

**追手門学院高校**（大阪府）**『学校へ行こう』**（原案／演劇部　脚本・構成／いしいみちこ　補作：神永真実　二〇二〇年初演）を創作したいしいみちこ教諭は、演劇的手法によるコミュニケーション教育の第一人者である。『学校へ行こう』では、実現などあり得ない理想の生活も、演劇の力（イマジネーションとミュージカル力！）で成就する。友だちの望みを叶えるために、みんなで、入ることを禁止されていている屋上に昇るクライマックスは圧巻。そうか、コロナのせいで登校できない高校生たちが想像力で「学校」に行き、友だちと会い、未来を語る話なのだとわかった瞬間、涙がこぼれる。

いしいみちこ教諭が福島県立いわき総合高校に勤務していた時代に指導した作品群や、二〇一五年、第六一回全国大会（滋賀大会）で、同校演劇部が上演した『ちいさなセカイ』（原案：

いわき総合高校演劇部、構成・脚本：齋藤夏菜子）では、演劇イマジネーションの力の到達する目的地は、福島第一原発事故による帰宅困難地域にあるわが家であった。二〇二一年三月の時点で、そこにあるのに行きたくても行けない場所が、コロナのために全国各地の学校に拡大してしまったことは、あまりにつらい。

岩手県立千厩高校『２０２０年のマーチ』（作：岩手県立千厩高校演劇部　劇作指導：小堀陽平生徒創作　二〇二〇年初演）は、コロナ感染拡大状況下の初期、地方都市のシェアハウスに暮らす若い女性だけの四人芝居。こんな時期に海外旅行に行った一人を巡って、そもそも社会的地位の不安定な若い女性たちの生きづらさがより鮮明になる。ナチュラルな現代口語で四人の関係性を緻密に構築したこの作品は、下北沢あたりの小劇場でそのまま上演できそうなクオリティで、コロナのみならず、シェアハウスの外の世界、彼女たちが戦い続けなければならない社会をも描き出した。地域社会の閉鎖性を体感させるあの息苦しさを、私は今も忘れない。

徳島県立城東高校『非線形ゴミ捨て・ベータ版』（作：よしだあきひろ　顧問創作　二〇二〇年初演）は、学校カーストを鋭くえぐる社会派ドラマである。だが、ちっとも硬派の顔をしていない。登場人物の名前は、ゴミ捨て、ゴミ捨て補助、ゴミ袋補充係、廊下ホウキ係A地区、廊下チリトリ係……。清掃の時間だけしか存在しない学校という設定で、あくまでもすっとぼけた空気感を基調に、全体主義国家を連想させるディストピアを描く。そして、やっと逃れたその先は、皮肉にもコロナが蔓延するマスク着用のリアル・ワールド。現実が奇想をはるかに超えたコロナ禍の日本を直視させられる。

星稜高校（石川県）『神様の放送室』（作：星稜高校演劇部　二〇二一年初演）は、「新しい生活様式」と昨今の日本のマスメディアのあり方に真っ向から疑問を投げかけた希少な作品である。舞台は、ある高校の放送室。昼食時に黙食を徹底させるための校内放送を、より生徒指導に都合のよい放送に統制するべく学校側から送り込まれた優等生と、ジャズ好きの空気を読まない番組パーソナリティの友情の物語でもある。誰に向けて放送しているのか。番組の私物化とは何か。メディアの中立、公平性とは何か。サックスの生演奏とメディアが善にも悪にもなることを体現するコロスに導かれ、観客は「情報」や「報道」について共に考え始める。

愛媛県立松山東高校『きょうは塾に行くふりをして』（作：越智優、曽我部マコト　既成　二〇二一年初演）は、演劇部の大会前日のリハーサルという設定のウェルメイド・プレイ。舞台上で、舞台上の物語が繰り広げられる。昨今は実際の大会リハでマスク着用の必要がないルールを利用し、コロナなど無関係なコメディを装って始まる。演劇部あるあるのアクシデントが頻発し、彼らのダメダメな上演作品『大きな栗の木の下で』のリハは難航を極めるが、ショウ・マスト・ゴー・オン！

「高校演劇愛」に満ち溢れているこの作品の主軸になるのは、演劇部員ではなく、元テニス部、いまは帰宅部の少年だ。コロナでどうせ何もできないなら、一足先に受験勉強だけしようと考えていた彼が、コロナが奪った大切な「何もかも忘れて夢中になれる時間」を取り戻す挑戦の物語に、観客は大笑いしながら涙する。

青森県立青森中央高校『俺とマリコと終わらない昼休み』（作：畑澤聖悟　顧問創作　二〇二一

年初演）は、タイムリープSF活劇。二〇二〇年のこうち総文に出場するはずだった『俺とマコトと終わらない昼休み』（配信も辞退）がベースになっている。当時の一年生が高校生のうちに再チャレンジしたいと、取り組んだ経緯があるという。

二〇一九年一二月の東北大会バージョンは、コロナ前の作品だから、舞台となる教室にはコロナなど存在しなかった。冒頭の授業シーンで、英語教師はイージス・アショアと、青森県つがる市にある航空自衛隊の地対空誘導弾パトリオットについて語っていた。二〇二一年一二月の東北大会で上演された『俺とマリコと終わらない昼休み』（タイトルロールの名前は出演者に合わせて変更）では、教室にいる全員がマスクを着用し、英語教師は「マスクをつけながらの生活は、すでに日常です」というウィズコロナのストレスだけを語り、教室目掛けて飛んでくるミサイルの背景は物語が進んでから提示される。そして、二〇二二年八月の全国大会上演バージョンでは、英文和訳を当てられた生徒が「ウクライナでは毎日ミサイルが飛び交い、核ミサイルさえいつ飛んでくるかわからない」と発表するシーンから始まる。

パンデミックで様変わりした世界は、ロシアのウクライナ侵攻でさらに変貌を遂げた。死も戦争も恐ろしいほど日常との距離を縮め、三年前とは比べものにならないほど身近になった。そして、パンデミックも戦争も終息するどころか、日々変化し続けている。だから、主人公ガクトが変えてみせると宣言する「いまの世界」は、観客が生きる「いま」でなければならない。この作品が背負った「いま」をアップデートし続けなければならない宿命は、作品を研ぎ澄まし続ける。

**広島市立広島商業高校『ねがいましては』（作：黒瀬貴之　顧問創作　二〇二〇年初演）は、コ**

ロナ高校演劇ではもうお約束（！）の「文化祭中止」から始まる。演劇はできないのか？　できないなんて嫌だ。もう、勝手にやる！　劇中劇に突入。自分の高校の歴史を紐解く、その劇の中で、戦時中の学徒動員で「商業」の勉強は不要と宣告されるという史実が演じられる。国策で、造船工業学校に変更される。商業の勉強はもうできないのか？　原爆投下。一緒に生きたかった友と、一緒に生きていくことはもうできないのか？

いま、コロナのために演劇ができない演劇部員たちが、戦時中の商業の勉強ができない先輩たちの気持ちに寄り添う。いま、隣にいる友と手を取り合うことのできない高校生が、時代を超えて重なる。作品のフィナーレは、市商音頭 Rimix に合わせて、浴衣姿の部員たちが駆け回り、踊る。そして、抑えきれないエネルギーを放ちながら願いを叫ぶのだ。「ねがいましては」「焼き肉食べ放題！」「ねがいましては」「検定合格！」「ねがいましては」「核兵器断絶！」「世界平和！」「ねがいましては」「ずっと仲間！」「私の居場所」「ねがいましては」「演劇したーい！」「ねがいまして、わーーーーーっ！」

私は客席でボロボロ泣いていた。あまりにもプリミティブな、あまりにも率直な、その「演劇したーい！」という叫びに涙が止まらなかった。

この項は、『定点観測 新型コロナウイルスと私たちの社会 2022年後半』（論創社）の原稿を加筆・修正しました。北海道富良野高校『お楽しみは、いつからだ』（作／富良野高校演劇同好会　二〇二〇年初演）、久留米大学附設高校演劇部『19-Blues』（顧問・生徒創作：附設高校演劇部・岡崎賢一郎　二〇二〇年初演）の二作品は、本書の第七章「コロナ禍高校演劇戯曲セレクション『私がこの五作を選んだ理由』」に加筆原稿を掲載しています。

協力・監修　全国高等学校演劇協議会

一般社団法人日本劇作家協会高校演劇委員会ワーキンググループ

# 第七章　コロナ禍高校演劇　戯曲セレクション

## 私がこの五作品を選んだ理由

工藤千夏

コロナの影響を考えるとき、唯一、恩恵と思えるのは、コロナ禍ゆえに生まれた優れた高校演劇作品の存在である。戯曲を掲載したい作品は第六章で紹介した作品も含め、もっとあった。この五作品を選んだ理由を説明したい。

まず、コロナの扱いが大きい「純正コロナ高校演劇」であること。五作品とも、コロナ下でなければそうはならなかった高校生活や高校生の思いを伝えるディテールが、かなりの分量で書き込まれている。資料的価値も高い。将来、コロナを体験していない、あるいは、記憶がややふやな世代がこの戯曲を読むとき、史劇を観るときと同様の知的好奇心がくすぐられるだろう。

次に、最初の理由と矛盾するように思われるかもしれないが、コロナなどどうでもよいと思わせる、演劇作品としての強度があること。「コロナ」を描いているのではなく、コロナに翻弄される「人間」を描いているのである。

第三の理由としては、異なるアプローチの五作品を並べ、高校演劇界がコロナと戦った三年間を作品で可視化したいという意図があった。

**『お楽しみは、いつからだ』**作／北海道富良野高校演劇同好会
北海道富良野高校演劇同好会　二〇二〇年初演
※三一致の法則（時、場、筋）にのっとった定点観測の学園コメディ。

**『見えない女子の悩み』**原案／森岡水蓮　脚本／木原幸乃・松原琴音・神田朱
東京都立千早高校演劇部　二〇二〇年初演
※エチュードで高校生の日常を描く集団創作の現代口語演劇。

**『19-Blues』**作／岡崎賢一郎
久留米大学附設高校演劇部　二〇二〇年初演
※高校を卒業した一九歳、三人の視点で描くメタ人形劇。

**『走れ！走れ走れメロス』**二〇二三年版　原作／太宰治　脚本／亀尾佳宏
島根県立三刀屋《みとや》高校掛合《かけや》分校演劇同好会　二〇二〇年初演
※弱小演劇同好会のリアルとシンクロする『走れメロス』朗読劇。

**『勇者のコロナクロニクル』**作／畑澤聖悟
青森県立青森中央高校演劇部　二〇二二年初演
※「失われた世代」の演劇部員の三年間を俯瞰するクロニクル。

結果として、全国大会や春フェスに何度も出場しているような演劇部の創作作品が並んだ。コロナ下、登校さえままならない時期に、部活動をおこない、コンクールに出場し、観客の心をゆさぶる強度のある作品を上演することなど至難の業だ。力と経験のある指導者が、短い稽古時間で高いクオリティの作品を創り上げ、上位大会まで進んだのは必然なのかもしれない。

## 『お楽しみは、いつからだ』作品解説

この作品は、Covid-19という未知のウイルスがなんだかよくわからなかった二〇二〇年四月のある一日、部活動紹介のプレゼンテーター控室の一時間を定点に描く学園コメディである。劇中劇「うつりません隊マスクマン」のくだりは、いま読み直してもびっくりする程くだらなくて（褒め言葉です！）、それはこの三年間のマスクに関わる日本社会の愚かなあれこれを揶揄しているのかと、深掘りしたくなる。

「二〇二〇年四月のある一時間」という、三一致の法則（時、場、筋）にのっとった設定がミソだ。変異に伴い、ウイルスが社会へ及ぼす影響が変わり続けるとき、コロナの最新状況を描こうとしても、演劇という表現はその変化に追いつくことはできない。だが、「過去」の一点を切り取るこの方法なら、古びる感覚はない。観客は、その後、コロナがどんなふうにはやっていくのかを知っているから、楽観的な言動に過去の自分を重ね、これから起こる悲劇を先取りする。

撮影／湯本真司　提供／北海道富良野高校演劇部

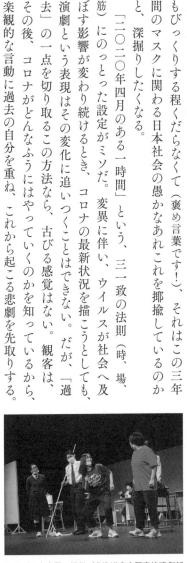

モデルどころか、前年度の全国大会（こうち総文）に『へその町から』で出場するはずが、映像提出のみしか叶わなかった富良野高校演劇同好会そのものが主人公だ。

ちなみに、私は映像審査になってしまった全道大会でこの作品を観た。函館市民会館小ホールで、上演するはずだったスケジュールどおりに審査員は控室からホールへ移動し、上映がおわると控室に戻って、コロナ前の審査同様ディスカッションを繰り返した。二〇二〇年一一月二〇日に観た『お楽しみは、いつからだ』は、設定である二〇二〇年四月の部活説明会という過去も、劇中で未来として語られる二〇二〇年八月のこうち総文で上演できなかった過去も包括していた。さらに言えば、語られていないにもかかわらず、函館に遠征できなくなり、映像審査になってしまった一一月のこの全道大会のことまで取り込んでいた。

部活紹介の待合室という場を設定したことで、中止になっているのは演劇の大会だけではなく、あらゆる部活動が、あらゆる高校生活が、あらゆる人類がコロナの影響を受けていることがわかる。その全容が描かれるからこそ、観客は、演じている富良野高校演劇同好会自身のことを考える。

富良野高校演劇同好会の皆さんが二〇二一年の全国大会（わかやま総文）の舞台にリアルに立てたとき、この作品が内包する日本社会の危機対応への批評性は薄まったかもしれない。でも、やっと本当に全国の舞台に立てたのだ。とにかくうれしそうに幸せそうに演じている様子を初めてライブで拝見し、うれしく、笑い転げ、そして、ちょっぴり泣いた。

## 『見えない女子の悩み』作品解説

二〇二〇年三月、「春フェス」北九州大会の大トリを飾った『見えない女子の悩み』は、エチュードを重ねて、自分たちの高校生活を題材に集団創作で創り上げた作品である。もし、コロナがまん延していないときに創られたなら、台詞のディテールは違うものとなり、ジェンダー・ギャップの闇を深く抉りながらも、さらりと問題提起した佳作という位置付けになっていただろう。

だが、アンコンシャス・バイアスを追求する視点で社会を捉えようとしたとき、そこにコロナもあった。偶然にも、コロナ一年目だった二〇二〇年の日々を描くうちに、コロナに翻弄される日常がそのまま作品世界を侵食したとも言える。千早高校演劇部員たちがしっかり見据えた日本社会の現実は、戯画化され、あたかも高校生の本音のように再構築された。

撮影：寺崎真初　提供／東京都立千早高校演劇部

二〇二一年一月七日に発出された二度目の緊急事態宣言は、三月二一日まで延長された。都立高校の生徒である彼らは、二〇二一年三月末という時期に東京から、遠く離れた北九州での「春フェス」に参加できるかどうか、実際に多くの障害にぶち当たった。上演にこぎつけるまでの困難も台詞に取り入れた。コロナ、ジェンダー・ギャップ、どちらも一筋縄ではいかない問題を、決して声高に叫ぶことなく、飄々と演じてみせる、その微風を装った強風に吹かれて、久しぶりのリアル上演に酔っていた私たち観客は、この作品でコロナがはびこる現実世界に一挙に引き戻されたのである。

## 『19-Blues』作品解説

『19-Blues』のタイトル「19」という数字を見ただけで、コロナを想起してしまう。実際、タイトルどおり、COVID-19の影響を受けながら高校を卒業した一九歳の若者たちを描く作品だ。せっかく大学に受かっても大学生活が始まらない女子と、浪人生活を余儀なくされた男子と女子、その三人を中心にドラマが進む。

COVID-19の大きな文字の大道具を実際に抱えている登場人物たち、その文字がセットとして背景に残ること、薄っぺらい、かわいい人形劇仕立てで演出されたシーンの挿入、音響オペレーターも照明オペレーターも舞台上にしっかり見えるように存在すること、すべてが、感染症対策ルールにのっとって「これは演劇です、虚構です」と、主張する。そのメタ構造によって、「コロナだから終了させられてしまったこと、コロナだから区切りをつけられなかったこと」というメッセージがダイレクトに伝わってくる。そして、さらに、コロナに関係なく、人間が生きていく上で「終わらせなければいけないこと、終わらせてはいけないこと」についても考えさせられる。

しみじみ思った。高校生にとっての三年間とおとなの三年間とでは、同じ歳月であっても重みが違う。コロナがあろうとなかろうと、「19歳」というその一年は、二度と戻らない。

撮影／彌冨公成　提供／久留米大学附設高校演劇部

## 『走れ！走れ走れメロス』作品解説

『走れ！走れ走れメロス』は、太宰治の『走れメロス』を上演する弱小演劇同好会の三人の男子の日常を、巧みなメタ構造でメロス世界の友情とシンクロさせた作品である。

私は、二〇二三年三月一一日「劇」小劇場（東京・下北沢）で初めて観劇した。このときは、島根県の三刀屋高校掛合分校演劇同好会、松江工業高校、三刀屋高校と、劇団一級河川による合同公演『卒業式』という企画で、顧問である亀尾佳宏教諭が掛合分校演劇同好会の部員と共に出場した若手演出家コンクール２０２１（一般社団法人日本演出者協会主催）で最優秀賞を受賞した記念公演であった。掛合分校演劇同好会を取材したドキュメンタリー映画『走れ！走れ走れメロス』（監督：折口慎一郎）も昨年、拝見しているのだが、同好会のメンバーである四人は、亀尾教諭と出会っていなかったら、絶対に演劇をやることなどなかっただろう。コロナ禍という非常事態と相まって、縁が運命にまで昇華したのだと感じる。

この上演台本には校歌を歌うくだりと、コロナの影響で学校では校歌を歌えていない事実について話すシーンがある。私が観劇した日は、もうすでに彼らは卒業式を終えていて、卒業式で歌ったけれども、自分たち以外の卒業生は歌詞を知らないから歌えず、芝居で歌っていた自分たちだけがデカい声で歌ったという話題が台詞にあった。校歌も満足に歌えなかった、そして、演劇で自己解放した彼らの三年間が本当におわるのだ。

ところで、『走れ！走れ走れメロス』を観ながら、私はせんだい卸町アートマルシェ２０１７で観劇した、別のメロス体験を思い出していた。仙台を拠点に活動する劇団短距離男道ミサイル23発目　裸の古典シリーズ＃４『走れタカシ　～僕が福島まで走った理由《わけ》～』（原作／太宰

撮影／森智明　提供／島根県立三刀屋高校掛合分校演劇同好会

治『走れメロス』、脚本・演出／澤野正樹）である。劇団短距離男道ミサイルは、二〇一一年四月、東日本大震災直後に「仙台、東北、そして日本を笑顔にしたい」という想いの下、仙台の若手男性俳優によって結成された劇団だ。ラストシーンでメロスが裸体であることは、太宰治が書いているのだから原作どおりなのだが、そのほとばしる汗まで見える、パンツ一丁のエネルギッシュな走りは、なぜか人の心を打つのである。

## 『勇者のコロナクロニクル』作品解説

『勇者のコロナクロニクル』は、二〇二〇年四月から二〇二三年三月までの高校演劇を俯瞰するクロニクルである。主人公である演劇部員ガクトは、二〇二〇年四月に高校に入学した「失われた世代」と呼ばれる年代だ。入学から卒業までマスクを外すことがなかった彼の三年間は、そのままコロナの歴史である。

劇中に、「無駄なことはひとつもなかった」という台詞がある。コロナ禍の三年は我慢の連続だから、誰だってそう思いたいけれど、そう簡単には思えない三年だった。しかし、この作品を演じることで奇跡が起こる。この台詞が心からそう思えるようになってくる。ラストシーン、勇者だけでなく、青森中央高校演劇部の部員全員が舞台に出てきて「シャキーン！」と剣を天にかざす瞬間、それぞれが持つ小道具（エアーも）はコロナに打ち勝つ真の剣になった。そして、その奇跡は、演じている部員だけでなく、観劇している高校生たち全員に光を注ぐ。

奇跡といえば、六〇分とは思えない情報量、演劇的密度に圧倒される。

提供／青森県立青森中央高校演劇部

そもそも、コロナに翻弄される高校生活を、二〇二〇年度、二〇二一年度、二〇二二年度と年代記で描くなら、単純計算で一年に費やせるのは二〇分程度だ。入学→部活紹介→部活動→地区大会が映像審査へ→先輩引退→二年生になって……というふうにきっちり三年間の高校生活を振り返り、魔王を倒すために戦う勇者の劇中劇があり、演劇部以外に助っ人として関わる応援団や野球部のスペクタクルシーンがあり、もしも、コロナがなかったらの仮想世界まで体験する。『もしイタ』のパロディもあれば、オリジナル曲「彼女ができた！」を歌ったり、フォークダンスを踊ったりするミュージカル・シーンもある。この一作品だけで、演劇何本分の世界を経験することになるのだろうか。

自分の世界である演劇部に戻って、喜びのあまりガクトは走る！　フランク・キャプラ監督の映画『素晴らしき哉、人生』の奇跡が、まさに、コロナ禍の高校演劇の世界で起こる傑作だ。「無駄なことはひとつもなかった」という思いを高校演劇を演じることで体現させる「高校演劇の奇跡の六〇分」だと私は捉えている。

北海道富良野高校演劇同好会

# お楽しみは、いつからだ

作　富良野高校演劇同好会

《キャスト》

小野寺イチカ（女）高校3年　演劇同好会部長　和田彩花
飯田ニコ（女）高校3年　女子バレー部部長　吉村　望
アンリ（女）高校3年　科学部部長　嶋崎　遙
ミヤビ（女）高校3年　ダンス同好会部長　佐藤文美
サキ（女）高校3年　男子バレー部マネージャー　藤田さくら
小畑（女）高校3年　書道部部長　田中友萌
武田（女）高校3年　美術部部長　杉田実帆
小林（女）高校3年　吹奏楽部長　関口ハルナ
清水（女）高校3年　生徒会誘導係　新居美空
熊谷（男）控え室を監督している先生　頓所功基
辻先生（女）演劇同好会顧問　犬飼英梨香
普通のマスク（白）　豊田茉代

※その他、出てくるキャラクターは上記の役者が複数演じる。

【シーン1】

BGM①　緞帳上がる　照明①（サス前側にスポットのように当たる感じで）

BGMに合わせてミヤビが踊ってる。イチカとニコも一緒に踊ってる。場所は講義室。ダンス同好会以外に、各部活動の代表、計7名がいる。先生が入ってきて音ストップ　BGM①C・O　照明②（地明かり　室内の教室ぐらい）

熊谷　「（CD止めて）音楽かけない。」
イチカ・ニコ　「えー」（ミヤビも不服げ）
熊谷　「静かに待機。」
イチカ・ニコ　「はい」
熊谷　「なんで3人で、踊ってるんだ」
イチカ　「部活動紹介の順番待ってるのが、ヒマなんですよ」
ニコ　「やっぱ、けっこう難しいね」（「でしょ?」という感じでミヤビ自慢げ）
熊谷　「オマエら部活違うだろ。飯田は…」
ニコ　「バレー部です」
イチカ　「あ、小野寺です。演劇でーす。」
熊谷　「知ってるよ。」
イチカ　「7月に全国行きまーす。」
熊谷　「知ってるよ。ダンス同好会と関係ないだろ」

イチカ「学祭でウチらも一緒にダンスに出ようと思って」
ニコ「ダンス同好会、ミヤビ1人だけだから」
イチカ「新入生、入ったらいいね」（ミヤビ　うん）
ニコ「今日の部活動紹介も、ミヤビ、1人で踊るんですよ。可哀想だと思いませんか?」
イチカ「160人の前で。」
ニコ「ねえ」（ミヤビ　問題ないしのポーズ）
ニコ「あ、そういうの、全然平気なんだ（そう、というポーズ）…すげーな。」
イチカ「でも、音楽かけないと、練習しづらいって」（ミヤビ、うなずく）
熊谷「廊下に響いてるんだよ。」
イチカ「（ミヤビに）…だって。」（ミヤビ 納得のポーズ　音無しで、練習再開しようとすると）
熊谷「ちょっと待って」
イチカ「え。」
熊谷「距離が近い。」（2メートルの棒、持ってダンス同好会を離す）
熊谷「オッケー。ほらマスクも。」（外してる生徒付け直すダンス同好会、やむなく教室の隅で練習する）

SE②かかる　生徒達も体育館側の方を向いて聞いてる

部長SE「こんにちは。吹奏楽部です。本当は毎年、部活動紹介で、演奏するのですが、コロナのため、今年は部長挨拶だけになりました。私は3年の小林です。普段の練習は放課後に4階の音楽室と1年生教室を使ってパート練…」

先生、ドアを閉めるマイム、音が消える　SE②　C・O

イチカ「先生」
熊谷「ん?」
イチカ「なんで今年の部活動紹介、1人でやらないと、ダメなんですか。」
熊谷「コォ・ロォ・ナ。」
ニコ「それはわかるんですけど。」
熊谷「ソォーシャル・ディスタァンス。」
ニコ「2人で出たら、ダメなんですか」
イチカ「1人でも2人でも別に変わらなくないですか。」
熊谷「いや、生徒指導部じゃないから、よくわかんないけどさ。」
ニコ「せめて2人だったら、対人パスとか出来たのに」
イチカ「あ、じゃあ、私が、紹介の時、手伝うか。」
ニコ「お、いいね。はい、はい」（2人で対人パスのマイム）
サキ「私も、やる」

2人　「えー」
サキ　「なんで?」
ニコ　「だって、サキ、ヘタじゃーん」
サキ　「そんなことないよ」
イチカ　「ヘタじゃーん」
熊谷　「だから、近いって。ほら、もっと離れて」（2メートルの棒持って、各自を離そうとする）
ニコ　「ねえ、なんでサキが、男バレの代表なの?」（棒をよけながら）
イチカ　「マネージャーでしょ。部長は出ないの?」（棒をよけながら）
サキ　「ユウスケが自分1人だったら、出たくないって」（棒をよけながら）
ニコ　「出た、男バレ。アイツら、本当チキンだよなー」（棒をよけながら）
サキ　「なんでマネージャーが部活動紹介すんの」（棒をよけながら）
ニコ　「まあ、授業サボれるから、いいじゃん」（棒をよけながら）
サキ　「そうだね」（棒をよけながら　武田のイーゼルと絵にぶつかりそうになる）
武田　「先生、絵にぶつかります」
熊谷　「おお、悪い」
アンリ　「先生、この教室で、全員2メートル距離をとるのは無理です」
サキ　「あきらめましょう、先生」
熊谷　「そうだけど。」
イチカ　「この教室、狭いんですよ」
熊谷　「これから順番に呼ばれるから。」（吹奏楽部　ドア開けて入ってくる）

【シーン2】

小林　「失礼します。」
熊谷　「あれ、こっち戻ってこないで、終わったら、直接、授業に戻れって…」
小林　「（遮って）忘れ物しました」（なんか取りに行く）
小畑　「部活動紹介、どうだった?」
小林　「もう最悪。1年生、寝てる奴いた」
小畑　「えーマジで?」
小林　「もう、話聞くの飽きてるよ」
小畑　「えー」（2人、熊谷を恨めしそうな目で見る）
ニコ　「え、ひょっとして、これ、出番が遅くなるほど、ヤバいってやつ?」
サキ　「そうかも」
イチカ　「え、マジで!?ちょっと演劇の出番、最後から2番目

ニコ　なんだけど」
ニコ　「女子バレーなんか、最後だよ。もークジ運、最悪じゃん。」
イチカ　「えー出たくないんだけど」
ニコ　「いーじゃん。演劇は全国行くんだから、それをアピールすれば」
イチカ　「無理だって！ほとんどの人、演劇に別に興味ないし」
小林　「いやー、吹奏楽部の紹介なのに、演奏できないとかマジあり得んわ。」
小畑　「えーウチも今年、書道パフォーマンスできないんだけど。どうしよう。」
小林　「こんな部活動紹介で、今年、入部する1年生とか、いなくない？」
小畑　「えーちょっと本当に勘弁してよー。」
ニコ　「先生、寝てる1年生をシメに行った方がいいんじゃないですか？」
熊谷　「いや、俺はこの教室の担当だから。」
イチカ　「行ってください！先生」
サキ　「そうですよ！」
ニコ　「私達は大丈夫ですから」
熊谷　「いいって。あ、ちょっと待って小林。」（帰ろうとする小林に）
小林　「え？」（熊谷　消毒スプレーを指示　小林の手にかける）
熊谷　「消・毒」
小林　「はい。（不満そうに）失礼しました。」（小林退場）
小畑　「うわ、書道って、何番目だっけ。（プリント見る）えー。もうすぐじゃない？」
武田　「うちもそろそろ…」（キャンバスなど準備して）
イチカ　「美術は見せるものあっていいよね。」（絵を見て）
武田　「うちは、毎年、部活動紹介は絵を見せるだけだから。」
イチカ　「じゃあ、いつもと変わらないんだ。いいなー」（ニコ、アンリの方に近づく）
ニコ　「アンリさあ」
アンリ　「え？」
ニコ　「さっきから、気になってんだけど、その段ボールって、新入生に見せるやつ？」
アンリ　「一応ね。」
ニコ　「え、科学部、実験ショーできるの？」
アンリ　「いつも通りには出来ないけど、これなら、1人だけでもできるから。」
武田　「えー。凄い。」
小畑　「いいなあ。見せるもんがあって」
ニコ　「さすが科学部。」
イチカ　「何の実験？」
アンリ　「えーと、竜巻を発生させる。」

ニコ　「竜巻？」
イチカ　「え、この段ボールの中に竜巻が出来るの？」
アンリ　「うん」
ニコ　「ヤバくない？段ボール、爆発しない？」
アンリ　「なんで爆発すんだよ」
ニコ　「だって竜巻でしょ。この教室ごと、木っ端みじんでしょ」
アンリ　「あのさ、竜巻って、ただの気流だから、大きさは全部違うんだよ」
ニコ　「え、ニュースで見てるのと違うの？」
アンリ　「違ぇよ。ただ、この中に、発生するだけ。」
ニコ　「なんだ」
イチカ　「それってどうやるの？」
ニコ　「ちょっと見たい」
アンリ　「え、ここで？」
ニコ　「うん」
サキ　「私も見たい」
小畑　「見たい」
武田　「ですね」（ミヤビ　見たいというポージング）
アンリ　「えー」
ニコ　「やってよ、アンリ」
アンリ　「いや、そんな大したもんじゃないし」
イチカ　「ちょっとだけ」
アンリ　「あと、まあ、ここだと、そのぉ…いろいろと許可の問題があるっていうか…」
イチカ　「許可って、何が？」（わざとらしく）
アンリ　「スモークマシーンを使わなきゃいけないから…」
ニコ　「え、いいじゃん、別に」（わざとらしく）
イチカ　「え、この教室でスモークマシンやると、何か問題あるの？」（わざとらしく）
ニコ　「全然わからない」（わざとらしく）
アンリ　「いいから、そこは触れるな」
熊谷　「大丈夫だ。」
アンリ　「え？」
熊谷　「許可は取ってある」（スモークマシーン持って入場）
アンリ　「なんでスモークマシン持ってるんですか」
熊谷　「気にするな。」
ニコ　「じゃあ、見れるね」
アンリ　「しょうがないなあ。…じゃあ、やりますか」（「お〜」と他の人達も拍手）

【シーン3】

アンリ　「まず、扇風機を、上から逆にかぶせます」
ニコ　「お〜すげー」（ニコ拍手　みんなつられて拍手）
アンリ　「まだ何もやってねえよ」

ニコ　「そうなの？」
イチカ　「次は？」
アンリ　「横の穴からスモークマシーンの煙を入れます」
一同　「お〜」
アンリ　「こうやって、箱の中で上昇気流が発生します。」
一同　「お〜（少し間）お〜…」（静まる）
アンリ　「…え、これで終わり？」
ニコ　「…ってなるじゃん、ほら、やっぱり！」
アンリ　「いやいやいや」
ニコ　「だから大したことないって、言っただろ！」
アンリ　「いやいや、そういう意味じゃないけど…」
イチカ　「このためだけに、わざわざ許可を…」
熊谷　「先生」
アンリ　「（ニコに）オマエが、ハードル上げすぎなんだよ」
アンリ　「ゴメン。でもさ、どうして竜巻が出来るの」
ニコ　「聞いても、どうせ、わからんでしょ」
アンリ　「失礼だな。一応説明しろよ」
ニコ　「だからー、竜巻が発生するのは上昇気流と回転の2つの条件が必要で。」
アンリ　「うんうん」（ミヤビのダンスを横目で見てる）
ニコ　「扇風機で上昇気流を作るでしょ、それでこの横の隙間から空気が入って回転する力が…聞けよ！」
アンリ　（ニコ　ミヤビとダンスをマネして踊ってる）
ニコ　「ゴメン、もう空気がどう、とかの時点で、意味わからん」
アンリ　「だから言ったじゃん！」
イチカ　「クラス違うのに、仲良いね」
ニコ　「家近いんだよ。」
アンリ　「小学生の時とか、遊ぶ約束もしてないのに、勝手にウチ入って来たから」
ニコ　「勝手じゃないよ。ちゃんと『お邪魔します』って言ったよ」
アンリ　「言ったけど。急に入ってきたら、ウチの親もビックリするじゃん」
イチカ　「あー。親に、めっちゃ嫌がられるパターンだね。」
ニコ　「え、アンリのママ、全然、嫌がってなかったよ」
アンリ　「だから、空気がわからないんだって」
ニコ　「そうそう空気が、わからない…あ、うまい！」
アンリ　「うるせえ」

【シーン4】（生徒会、清水入場）

清水　「失礼しまーす。書道部と…あと美術部も、もう少しで体育館にお願いします」
熊谷　「書道部と美術部ー。」
小畑　「うわ来た！」

清水　「うわ、とか言われた」
小畑　「だってさあ、今年の部活動紹介、ヤバいんでしょ?」
イチカ　「1年生、寝てるって。」
清水　「いや、別に、全員寝てるわけじゃないから。」
ニコ　「もうさ、1年生、寝てんだったら、そのまま体育館で寝かしとけば?」
イチカ　「そうだよ。入学式から、ずっと行事が続いてるから、疲れてんだよ」
ニコ　「そうそう、休憩は、大切。」
イチカ　「寝かしとこ?」
清水　「しょうがないじゃん。どの部活も、みんな、喋るだけだし。聞いてる方も退屈なんだよ」
小畑　「生徒会が、部活動紹介のパフォーマンスを禁止にしたからでしょ?」
清水　「生徒会のせいじゃないし、体育館だと密になるって言われたからしょうがないでしょ。」
小畑　「そうだけどさー。」
清水　「だいたい本当は、部活動紹介も中止だったんだよ。」
イチカ　「え、そうなの?」
清水　「浅野先生がギリギリまで粘ったから。せめて紹介だけは、させてあげたいって。」
熊谷　「確かに、職員会議で、急にやることになったからな。」
小畑　「えーでもさあ…1人はキツいって。書道パフォーマンスやりたかった…」
清水　「気持ちはわかるけどさ、ね。」
熊谷　「(棒を持って)これ…書道で使うか?」
清水　「いいです」
小畑　「いいです」
熊谷　「忘れ物ないか?」
小畑　「手ぶらです。」
熊谷　「よし、そしたら、こっちに戻らないで、終わったら、そのまま教室に行けよ」
小畑　「はい。…失礼しました」(小畑　退場　熊谷　追う)

下手から　小畑「だから、いらないって言ってんでしょ!」など声が聞こえる

武田　3つぐらいイーゼルと絵を持って大変そう

イチカ　「それ全部持ってけんの?私、手伝う?」
熊谷　「(再入場)おお、ちょっと待て。(イチカを止めて)」
イチカ　「え?」
熊谷　「ソーシャル・ディスタァンス」
イチカ　「そしたら、どうすんですか?」
熊谷　「うーん。じゃあ2mずつ離れて、3人で体育館に持ってくか。清水?。」
清水　「はい。」

熊谷　「手伝ってくれ」
清水　「わかりました。」
武田　「ありがとうございます。」
清水　「失礼しました。」（清水・熊谷・武田も退場。）
熊谷　（退場しかけて）オマエら」
一同　「はい！」
熊谷　「マスクつけろ」
一同　「はい！」（周囲、マスクつけ直す）

【シーン5】イチカ・ニコ・ミヤビ・アンリ・サキ 残る

全員　「面倒くさ」（全員マスク外す）
ニコ　「これ、いつまで付けんのかなあ」（マスクをアゴに外しながら）
イチカ　「面倒くさいよね（ミヤビに）ね。」（ミヤビ　同意のポーズ）
サキ　「でもさ、夏にはウィルスも消えるって言ってたよ」
ニコ　「本当？誰が」
サキ　「トランプさん」
ニコ　「本当かな。どうなの？（アンリに）」
アンリ　「そんなのウソに決まってるよ」
サキ　「えー！」
イチカ　「そうなの？」
アンリ　「だって、別に気温が高い国が、感染者が少ないっていうデータもないし…客観的に考えてさ。」
ニコ　「えーでもさー。コロナって、結局インフルエンザみたいなもんでしょ」
イチカ　「そうだよ。インフルエンザだって、夏は流行らなくなるじゃん。」
アンリ　「そりゃ…確かに夏は湿度が高いから、冬よか、飛沫が飛ばないかもしれないけど…」
イチカ　「ほら。やっぱ大丈夫だって」
アンリ　「そういう問題じゃないと思うけど…」
サキ　「てか、夏になっても、コロナが消えてなかったら、日本経済終わってるでしょ」
イチカ　「そうだよね」
サキ　「飲食店は、大変だよね」
アンリ　「…ウチさぁ」
ニコ　「うん。」
アンリ　「この2ヶ月ずっと収入ゼロだって。」
イチカ　「マジで？」
ニコ　「アンリのウチ、大丈夫？」
アンリ　「わかんない。親はそこまで言わないけど。」
ニコ　「…」
サキ　「でもまあ、冬は外国人、いっぱい来てたでしょ？大丈夫なんじゃない？」

ニコ　「そうだよ。アンリのウチ、人気あるし。」
アンリ　「…どうかな。」
イチカ　「そしたら、やっぱ夏にはコロナ終わってないと、観光客来ないよね？」
サキ　「それ、ヤバいね。観光で生きてる町だもん。」
ニコ　「でもさ、本当に、町に人が、全然歩いてないよね。」
アンリ　「今はしょうがないでしょ。入国制限がかかってるから。」
イチカ　「まあ、いくらなんでも、夏には終わるって」
アンリ　「親もそう言ってる」
ニコ　「じゃあさ…」
アンリ　「そんなのさ。なんの根拠もないじゃん。」
ニコ　「…」
アンリ　「…客観的に考えて。」
イチカ　「…でもさ、夏には終わってるよ、絶対。」
アンリ　「…。」
ニコ　「あ、だって演劇も、夏に、全国大会あるっていってたじゃん。」
イチカ　「あーうん。7月の終わり。」
ニコ　「凄いよね。同好会なのに。よっ全国選手！」
サキ　「ねー」
イチカ　「いやいやいや。」
ニコ　「だって、演劇って1年の時、イチカ1人だけじゃなかった？」
イチカ　「そうそう。でもミヤビもダンス同好会1人だったもんねー」（ミヤビうなずく）
イチカ　「イエーイ」（ミヤビも近づき　一緒に肩を組みそうになるが）
イチカ　「おっと、接触はダメだったんだ」（ミヤビ　離れる）
ニコ　「そっか2人とも、部員1人だったんだ」
イチカ　「最初の頃は、空き教室がなくてさー。放課後、ミヤビと同じ教室で活動してたんだ。」
アンリ　「同じ教室で、一人劇（指さしながら）と一人ダンス（指さしながら）…」
ニコ　「凄い絵ヅラだね」
イチカ　「劇団ひとりとか言われたよ」
サキ　「よく演劇に入ったね」
イチカ　「あー高校に、演劇あるんだ、面白そうだなーって、前から思ってたから。」
サキ　「いきなり全国でしょ」
イチカ　「まーね。ざまーみろって　イエーイ」（ミヤビとガッツポーズしてハイタッチしそうになるが）
イチカ　「おっと、接触はダメだったんだ」（ミヤビまた離れる）
ニコ・サキ　「凄ぇ〜」
イチカ　「いやいやいや。言うて、本当は下級生がたくさん入ったから、大会に出れただけだし。」

ニコ　「たしかに演劇同好会の数、めっちゃ増えたよね」
サキ　「何人?」
イチカ　「十二人」
アンリ　「科学部より多い…。」
ニコ　「でもダンス同好会は誰も入らなかったんだね」（ミヤビ　踊りのポーズのまま固まる）
ニコ　「なんでかなー?」（ミヤビ　ニコをガン見してるのに　気づく）
ニコ　「…いや、そんなに、深い意味はない。ゴメン忘れて」
イチカ　「まあまあ!そういうことでミヤビと私は、同じ下積みの時代を送ったんだよ」（うなづく）
アンリ　「芸人みたいだね」
イチカ　「苦労したんだよ」（ミヤビうなずく）
ニコ　「凄いよね。バレーに入らないで、演劇入るって聞いた時マジか?って思ったけど」
サキ　「私もビックリした。えー、イチカ、バレー続けないんだって。」
ニコ　「ね!」
イチカ　「いやいや、サキだって、男バレのマネージャーになったじゃん!」
サキ　「私は、ヘタ過ぎて、高校で選手は無理だと思ったから」
イチカ　「私も中学で、もういいかなって。」
ニコ　「言ってたね。」
イチカ　「でも、ニコすごいじゃん、去年の新人戦ベスト8でしょ」
ニコ　「おいおい、全国行くヤツが言うなよ。イヤミか?」
イチカ　「いやバレーのベスト8は凄いじゃん。演劇の全国っていっても、あんまわかってくれないし…。」
ニコ　「でもイチカがいたら、8よりいったと思うよ」
イチカ　「そんなわけないって」
ニコ　「あるよ。」
イチカ　「ないって。」
ニコ　「あったよ…絶対。」
イチカ　「…」
ニコ　「あ、いや、そんなに深い意味はない。」
サキ　「また?」
アンリ　「なんも考えないで喋るから。」
ニコ　「そうなんだよー。この癖、直んないんだよなあ。」
サキ　「え、じゃあさ、私もバレー部にいたら?」
ニコ　「サキも?」
サキ　「うん。8より上に行けた?」
ニコ　「うん。」
サキ　「本当に?」
ニコ　「うん!」
サキ　「ウソ。目が死んでるもん。」

ニコ　「えーだってさあ。言うて、サキ、ずっとベンチだったじゃん」
サキ　「それは言わないでよ」
イチカ「中体連でベンチは、キツいよね」
ニコ　「おいおい、私も、最後の中体連、ベンチだったんですけど！」
イチカ「え、そうだっけ…」
サキ　「そうだっけ…あー！捻挫したもんね、その時！」
ニコ　「そうそう。」
イチカ「でも、その時だけじゃん。ずっとレギュラーだったし。」
ニコ　「いやいや、最後の中体連っていうのが、大きいんだよ。」
サキ　「わかる！私も出たかったなあ。」
ニコ　「そうだよね」
サキ　「私、『最後だから、ピンチサーバーで出すぞ』って言われてさー」
イチカ「うん。」
サキ　「待ってたけど、そのまま忘れられてた」
ニコ　「サキは悲惨だったね」
サキ　「でしょ？」
イチカ「まあ、先生も試合に集中してたから、すっかり忘れてたんだよ。」
ニコ　「先生っていうか、まこっちゃん元気かな。」
イチカ「そうそう。まこっちゃんね」
ニコ　「中学遊びに行ったら、まだいるんじゃない？」
サキ　「なんか私、存在、忘れられてそう」
ニコ　「あーサキのことは忘れてるかも」
サキ　「さっきからヒドくない？」
ニコ　「ウソだよ。ほらもっと前向きにさあ。『2点／3点とってこ』」
イチカ「『2点／3点』懐かしい！」
サキ　「それ、まこっちゃん、いっつも言ってたよね」

【シーン6】

BGM③かかる　照明③（アンバーで非現実的な感じでまこっちゃん登場してタイムアウトのポーズ　審判役の人、笛を吹く　周囲を集める

まこっちゃん　「落ち着いて。2点／3点とってこ。」
周囲　「はい！」
まこっちゃん　「まだ始まったばかりだから。二点とられても、こっちが三点とればいいから。」
周囲　「はい！」
まこっちゃん　「次とられても大丈夫だから、焦らない。」

周囲　「はい！」
まこっちゃん　「1本目高く。落ち着いて。2点／3点、2点／3点。とってこ。」
審判　「ピー」
ニコ　「さー。いこう」
周囲　「よーし」
まこっちゃん　「2点／3点、2点／3点だから。」

BGM③F・O　照明④（照明②と同じ）他の人達、さっきの配置に平然と戻る

ニコ　「中学の時、めっちゃ言われたよね」
イチカ　「練習試合の時にも、まこっちゃん、いっつも同じこと言ってた」
ニコ　「誰も聞いてなかったけどね」
イチカ　「だって試合の時とか、水飲んでて聞いてるヒマなかったもん」
サキ　「いっつも怒られたよね」
イチカ　「そうそう。スパイクがさー。ラインギリギリばっかで、よく怒られた」
ニコ　「あー私もそれで、まこっちゃんに怒られたことある」
サキ　「私、スパイクから逃げて怒られた」
イチカ　「スパイクから逃げたら、怒られるだろ」
サキ　「怖かったから」
イチカ　「ねえ」
ニコ　「なに？」
イチカ　「高校でもバレー部って怖い？小森先生って、あんま怒らなさそうだけど。」
ニコ　「え、何言ってんの？」
サキ　「めっちゃ怒られてるよ、隣のコートで、よく見てるもん。」
ニコ　「私、この間『ヘラヘラすんな』って怒られた」
イチカ　「え？」
ニコ　「そういう顔なんだよ」
サキ　「ねえ」
イチカ　「大変だねえ」
ニコ　「（イチカに）演劇って先生に怒られたりする？」
イチカ　「演劇？辻先生が？いや、怒られたことない」
ニコ　「怒らなそうだよねえ」
イチカ　「もう全然」
サキ　「そういえばイチカの演劇の話って、あんま聞かないよね」
ニコ　「そうだよ、どうやって同好会が、全国出場を果たしたのか！」
サキ　「おー、いーね、それ！」
ニコ　「ちょっと、教えてよ。」

ニコ　「大丈夫だって！じゃあ、いってみよーか。」（ニコ　サキ　拍手）
イチカ　「いや、聞いてもさ、わけわかんないと思うし。」
ニコ　「なんでだよ」
イチカ　「えーいいよ（照れる）」
イチカ　「えー（まんざらでもない）」
サキ　「そしたら、何から聞く？」
ニコ　「んー…。演劇っていつも、何やってんの？」
イチカ　「そこからかよ」
ニコ　「言うて、何も知らんし。」
イチカ　「えー何やってるって言われても…まあ、普段は話し合いとか」
ニコ　「話し合い？何を話すの？」
イチカ　「プロットとか」
ニコ　「プロット？」
イチカ　「あー、物語の軸になるのをプロットって言って…次は何の話にする？とか」
サキ　「それを話してるの？」
ニコ　「部活で？」
サキ　「え、部活なのに、話するだけなの？」
イチカ　「そういう時もあるけど。うーん、でも、忙しいよ。何っつったらいいか、わかんないけど。」
2人　「ふーん…。（少し間）」（ニコ　アンリに何か聞け、というマイム）
アンリ　「あ、あのさあ」
イチカ　「ん？」
アンリ　「脚本って、先生が書くんじゃないの？」
イチカ　「あー。そういう学校もあるけど、ウチらはみんなで話を考えて、それが出来てから先生が作る」
アンリ　「へー…。そうなんだー。みんなで、ねえ…。」（少し間　サキに何か聞け、というマイム）
サキ　「あ！あのさあ…」
イチカ　「ん？」
サキ　「全国って、どこでやるの？」
イチカ　「今年は、高知。」
サキ　「高知？遠くない？。」
イチカ　「そうなんだよー。同好会だから遠征費も出ないしさー。」
ニコ　「全国って、勝ち負けあんの？」
イチカ　「当たり前じゃん！」
ニコ　「そうなんだ」
イチカ　「12校が高知で上演して、その中で4本に選ばれたら、東京で公演ができんだよ！」
アンリ　「へー東京！」
ニコ　「すごいじゃん！」
サキ　「東京のどこ？」

ニコ「武道館とか？」
イチカ「いや。…国立劇場！」
ニコ「…こくりつ・げきじょう？…」
イチカ「国立劇場っていうのは、普段、能とか歌舞伎とか伝統芸能をやってるところで」
サキ「…うん」（ほとんど興味を失いかけて、うつむく3人）
イチカ「めったに演劇は出来ないような特別なところで…」
ニコ「うん…」（なんか3人、別のことやってる）
イチカ「だから国立で上演するのが目標なんだよ…って、ほら、やっぱり！そうなるじゃん！」
ニコ「いやいやいや！」
サキ「興味がないわけじゃ、ないんだけど」
イチカ「ウソつけ」
ニコ「大丈夫、大丈夫。話続けて」
イチカ「続けねえよ！」
サキ「ゴメン、本当に演劇のこと、よくわかんなくて。」
ニコ「だって、イチカの劇も、見たことないもん」
サキ「ねえ」
イチカ「やってんだよ、旭川で支部大会やったりとか、釧路で全道大会やったりとか」
ニコ「旭川ぁ？遠いよー」
サキ「このへんでやれば、いいのに」
ニコ「ねえ」
イチカ「少しは興味持てよ。春フェス中止とか、どうせ知らないでしょ」
サキ「春フェス？」
ニコ「なにそれ」
イチカ「演劇には春の全国大会もあるんだよ。それが春フェス。」
サキ「うん。」
イチカ「でも毎年3月にやるからさ。それもコロナで中止になっちゃって」
ニコ「へー」
イチカ「甲子園なんて春のセンバツなくなったら、凄いニュースになったのにさあ」
ニコ「ああ、甲子園か…」
イチカ「春フェスがなくなっても、全然ニュースにならない！」
サキ「そりゃ甲子園とは違うよ」
イチカ「春フェスだって演劇の全国大会だよ、甲子園と同じじゃん。」
サキ「言うても、野球はやっぱ特別じゃん」
イチカ「ニュース見てると、日本の高校の部活は、野球部しかないのかよって腹立つよ、ねえ」

ニコに投げかけるが、ニコは少し考え込んでるイチカ「ん?」
ニコ「ああ…甲子園もだけどさぁ…」
イチカ「うん」
ニコ「春休みにさあ、オリンピック延期になったじゃん。」
イチカ「うん」
ニコ「バレーの地区大会って5月なんだよね。」
イチカ「ああ…。」
ニコ「いやあ、大丈夫なのかなあ…とか、ふと、ね。」
イチカ「…。」
ニコ「…そんなわけないか!」
イチカ「そうだよ!まさか!」
サキ「あり得んって!だって、そしたらインターハイも中止ってことじゃん。」
ニコ「そうか。さすがにそれは、ないか」
イチカ「インターハイはあるでしょ、夏だもん。演劇の全国と同じ時期だし。」
サキ「中止になったら、何のために部活やってるのか、わかんないよ。」
ニコ「そうだよね。部活やってる意味ないよね。」
サキ「まあでも、インターハイより、とりあえず5月の地区大会だよね。ウチは。」
ニコ「そうだよ。あー春休み、全然バレー練習出来なかったし。焦るなあ…。」
サキ「北海道はみんなそうでしょ。」
ニコ「まあ、そうだけど。ウチら最後だしさあ。とにかく5月までに間に合わせないと。」
イチカ「どこの部活も、3月いっぱいまで、なんも出来なかったからねぇ。」
ニコ「そうなんだよ。」
アンリ「あれ、でもなんか、演劇同好会、ポスター貼ってなかった?4月に、なんかやるの?」
サキ「あ、そうだ。あれって何?」
イチカ「あーうん。新入生歓迎公演」
ニコ「演劇、新入生歓迎公演やるの?」
イチカ「まあね」
ニコ「春休み部活できなかったじゃん。」
イチカ「あーでも、皆でLINEしながら台本考えて」
ニコ「マジで!?」
サキ「それって、いつやるの?」
イチカ「来週の水・木・金の放課後。3回公演する」
ニコ「すぐじゃん」
サキ「練習とかやんなくていいの?」
イチカ「練習はLINEの通話でやってる。」
サキ「すごーい!」

ニコ　「それで間に合うんだ?」
イチカ　「間に合うかどうかはわかんないけど…（カッコつけて）間に合わせる。」（3人「おー」）
ニコ　「いや、根性あるなー、演劇同好会。」
サキ　「よくやるねー」
イチカ　「まー、ウチら、いっつも逆境だから、こういうことには慣れてんだよ。」
ニコ　「格好イイじゃん」
アンリ　「公演の許可って降りたの?」
イチカ　「まーね。事前の検温と消毒。さらにソーシャル・ディスタンスで1回の公演で10名限定。」
ニコ　「面倒くさ!」
アンリ　「だから3回公演するんだ。」
イチカ　「劇の内容も、これなら絶対、文句ないだろうって話にしたから」
ニコ　「へーどんな劇?」
イチカ　「あー…えーとね。大体の話、なんだけど」

【シーン7】

BGM④かかる　照明⑤（青+紫非現実的な感じ　フェイスシールド軍団がを襲うBGM④徐々にF・O

女　「助けてー誰か助けてー!」
フェイ①　「マスクを付けてる奴はいねーかー!」
フェイ②　「マスクを付けてる奴はいねーかー!」
女　「きゃー」
フェイ②　「お、見つけたぞ、コイツは、マスクを付けてやがるな!」
女　「きゃー」
フェイ①　「マスクなんて外せ!フェイスシールドをつけた方が安全だー!」
フェイ②　「眼鏡も曇らないぞー!」（持っているフェイスシールドを無理にさせようとする）
女　「えー、でもフェイスシールドをつけると髪型が崩れるからイヤ!」
フェイ②　「生意気なことを言う女だ、そんなマスクなんて取ってしまえ」
フェイ①　「さあ、取れ!取ってしまえー」
女　「誰か助けてー」
普通マ　「待てい!」
女　「その声は!」
フェイ①　「誰だ!」（BGM⑤かかる）
普通マ　「普通のマスク!」
アイマ　「アイマスク!」
ガスマ　「ガスマスク!」

マメロ　「マスクメロン！」

甘いマ　「甘いマスク！」

普通マ　「５人そろって。」

５人　「うつりません隊」

５人　「マスクマン！」（ポーズ）

普通マ　「さあ、ここは私達にまかせて逃げるんだ」

女　「ちょっと待って」（ＢＧＭ⑤Ｃ・Ｏ　照明⑥Ｃ・Ｉ（照明②と同じ）

普通マ　「（少し間）…うつりません隊」（ＢＧＭ⑥Ｃ・Ｉ）

５人　「マスクマン！」（ポーズ）

普通マ　「さあ、ここは私達に…」

女　「ちょっと待て」（ＢＧＭ⑥Ｃ・Ｏ）

普通マ　「なんすか」

女　「…マスクマン？」

普通マ　「５人そろって」

５人　「マスクマ…」（ポーズ）

女　「（遮って）いや、マスクじゃないの、普通にいるよね」

普通マ　「何を言ってるんだ。全員マスクだ」（「そうだー」とマスクマン達ポーズ）

女　「いや、とりあえずさあ、ちょっと並んで。ほら」

５人　「はい。」（５人動く。「上手に寄るな！」とか、女イジりながら５人を中央に並ばせる。）

女　「…まずさあ。アイマスクは口出てるよね」（アイマスクうなずく）

女　「これ、フェイスシールドよりダメだよね」（アイマスク、マスクをつける）

女　「ああ、今から、つけない。もう遅いから」

女　「ガスマスクは…まあギリオッケーだとして」（ガスマスク喜ぶ、周り「いいなー」とか言う）

女　「（マスクメロン）顔出てるよね」（マスクメロンうなずく、マスクをつけようとする）

女　「だから今、つけない。」（ニコ、最後に甘いマスクをじっと見て）

女　「…なんて言ってたっけ」

甘いマ　「…甘いマスクです」

女　「え？聞こえない」

甘いマ　「甘いマスクです」（少し間　ニコ、無言で立ち去る　甘いマスク落ち込む）

普通マ　「待って！甘いマスクにも何か言ってあげて！無視はダメ！無視は一番ツライから！」

フェイ①　「おい！こっちを無視するな！」

普通マ　「なんだと、人の大事な髪型を崩す、フェイスシールドめ。かかってこい！」

フェイ②　「生意気な、ひねり潰してくれるわ！」（フェイスシールド達　スローで攻撃する）

照明⑦C・I（照明⑤と同じ）S・E⑦「うお〜」とスローで、
マスクマン達もスローで攻撃する
マスク達「（なんか技を出す）と〜りゃ〜」
フェイ達「（スローで）う〜わ〜」（フェイスシールド達　倒れる）
（S．E⑦終わり）
普通マ「フェイスシールドは、横からと後ろの攻撃に弱い！」
女「マスクマン、素敵！」
フェイ①「つ…強い」
フェイ②「我々の力では勝てない」
普通マ「オマエ達の野望も、ここまでだ」
フェイ①「くそぉ…」（少し間）
クイーン「さっきから、なにをやってるんだい、オマエ達！」
フェイ達「その声は！」
普通マ「誰だ！」
フェイ達「クイーンフェイスシールド様！」（BGM⑧C・I　クイーン登場）
クイーン「もう、情けないったらありゃしない」
フェイ達「申し訳ありません」（BGM⑧F・O）
クイーン「あんなのたいしたことないでしょ」
普通マ「なんだと」
クイーン「（普通マに）コイツなんか、ただ普通にマスクを付けてるだけじゃない」
普通マ「私はリーダーだ！」
クイーン「スカポンターン！普通リーダーはねえ。赤って決まってるんだよ。なにその白いマスクは！」
普通マ「くっ！よくも痛いところを突いたな！いくぞ、みんな！」
4人「オウ！」
S・E⑨「お〜ら〜」マスク達がスローで攻撃する
マスク達「（スローで）と〜りゃ〜」
クイーン「フェイスシールドォ〜ハリケーン！」
クイーン「そ〜りゃ〜」（長いフェイスシールドをぐるぐる回す）
マスク達「（スローで）う〜わ〜」（ゴーマスク達　倒れる）（S・E⑨終わり）
普通マ「フェイスシールドが長すぎて、横にも後ろにも行けない！」
クイーン「それで終わりかい？口ほどにもないね。マスクマン。」
普通マ「つ、強い…」（甘いマスクが起き上がらない）
アイマ「隊長！甘いマスクが、動きません！」
普通マ「なんだと…（抱き上げて）甘いマスク！しっかりするんだ！」
マスクメ「しっかりして！甘いマスク！」

普通マ　「オマエ…こんな出オチみたいな格好して…まだ一言しか喋ってないのに…」

甘いマスク　絶命

普通マ　「甘いマスクー!」（周り　泣く）

クイーン「おーほっほ。5人そろって、マスクマンじゃなかったのかい」

普通マ　「くそぉ…」

クイーン「さあ、あんた達、地球上のマスクを全て外して、フェイスシールドをつけるんだよ!」

フェイ達「はっ!」

女　「きゃー助けてー!」（ナレーター　いきなり入場　BGM⑩かかる）

ナレーター「クイーンフェイスシールドの力の前に、苦戦するマスクマン。いったいクイーンの正体は何者なのか？頑張れマスクマン、負けるなマスクマン。」（BGM⑩終了）

【シーン8】

照明⑦（照明②と同じ教室明かり）皆それぞれ、普通に持ち場につく。下手にはけるキャスト達は消毒してはける

イチカ　「まー大体、こんな感じ」

ニコ　「マスクマン?」

イチカ　「そう。これならマスクで舞台に出るから安全でしょ。」

ニコ　「なるほどねえ」

イチカ　「敵もフェイスシールドだし。感染対策もバッチリ。」

アンリ　「これって上演時間は?」

イチカ　「10分。」

ニコ　「短か!」

サキ　「よく考えたね」

イチカ　「まあ3回公演はキツいけど、観客制限もしないと許可降りないって言われて。」

サキ　「へー」

アンリ　「ねえ」

イチカ　「ん?」

アンリ　「そこまでしてやらなきゃダメなの?」

イチカ　「なんで?」

アンリ　「だって本当は、マスクして劇やりたくないでしょ」

イチカ　「あー。まあねえ」

アンリ　「別に無理して、やらなくてもさあ」

イチカ　「んーそうなんだけどさ。そんなこと言ってたら、何も出来ないしさ」

アンリ　「何も出来ない？」
イチカ　「何も出来ないのって、ヤだからさ。今、出来ることをやるしかないじゃん。」
ニコ　「前向きじゃん」
イチカ　「まあね」
アンリ　「…」
サキ　「歓迎公演の許可、取れたんだ？」
イチカ　「春休みに、先生が許可取ったって」
アンリ　「春休み？いつ頃？」
イチカ　「え？いつだっけ…えーと、3月の始めくらい…かな」
アンリ　「…あのさ」
イチカ　「何？」
アンリ　「…本当に大丈夫なの？」
イチカ　「え？」
ニコ　「だって許可取れたんでしょ」
イチカ　「うん」
アンリ　「でも、3月の初めでしょ、許可取ったのって。」
イチカ　「うん…え、何？」
アンリ　「いや、別に…」
イチカ　「なに!?めっちゃ気になるんだけど！」
ニコ　「出た。不吉な予言」
サキ　「予言？」

ニコ　「アンリ、予言者みたいなことすぐ言うから」
アンリ　「予言じゃなくてさ、客観的に考えてるだけだっつうの」
ニコ　「わかった、わかった。アンリの予言、凄いんだよ」
イチカ　「え、当たるの？」
アンリ　「だから予言じゃないって。」
ニコ　「私、小学校の時、点数の悪いテスト、隠してたんだ」
サキ　「あ、私もやったことある。」
ニコ　「けど、アンリが、そのテストは、すぐバレるから、謝っとけって言うんだよ。」
イチカ　「うん」
ニコ　「そしたらだよ、なんと…その次の日だよ！お母さんにバレて。」
イチカ　「えー？」
ニコ　「怒られてギャンギャン泣いた。」
サキ　「それって、まさか、本当に予言？」
ニコ　「うん」
アンリ　「そうじゃねえよ！」
ニコ　「え？」
アンリ　「ニコのランドセルが隠したテストでパンパンなんだよ。テスト入れすぎなんだよ！」
ニコ　「そうだっけ？」
アンリ　「あんなに、膨らんだランドセル見たら、誰でも、怪

ニコ　　しいと思って開けるわ」
アンリ　「そう?」
ニコ　　「だから、先に謝っとけって、言っただけだよ」
イチカ　「へー。」
サキ　　「ああ、なるほど…考えが客観的だ。」
イチカ　「まあ…予言ってほどじゃないよね。」
ニコ　　「そうだね。ちょっと安心した。」
　　　　「大丈夫でしょ。マスクつけてるし。フェイスシールドもつけてるし。消毒もしてるし」
イチカ　「そうだよね…。」
ニコ　　「あ、あのさあ。ちょっと思ったんだけど…」
イチカ　「なに?」
ニコ　　「あの話の続きってどうなるの?」
イチカ　「マスクマンのこと?」
ニコ　　「うん。『甘いマスク』が戦死したじゃん。あの後、どうなったのかなーって。」
イチカ　「なんだよー。ニコも、興味出てきたじゃん。」
ニコ　　「いや、演劇って、もっと真面目なのだと思ってたから。結構ふざけてんだなって。」
イチカ　「うちは、いっつも、大体あんな感じだよ」
アンリ　「え!?ああいう劇が、全国に選ばれる感じなの?」
イチカ　「いや、全国行ったのはもうちょっと真面目なんだけど…でもないか…似たようなもんか…」
　　　　目をそらす
ニコ　　「そうなんだ…演劇って…やっぱ、よくわからない…。」
アンリ　「演劇の評価の基準って…」
3人　　「わからない…(遠い目)」

【シーン9】(清水と熊谷　入室)

サキ　　「お帰りなさーい」
イチカ　「先生、消毒ですよ、消毒。」
熊谷　　「わかってるよ」(先生と清水、消毒)
ニコ　　「けっこう遅かったですね」
熊谷　　「美術部のイーゼル運ぶの手伝ってた」
サキ　　「やさしー」
清水　　「次はダンス同好会と男子バレー部も、お願いします」
サキ　　「あー出番来た」
ニコ　　「頑張れー」
イチカ　「頑張れー」
サキ　　「うん。頑張る」(サキ退場
イチカ　「(ミヤビに)頑張ってね」(ミヤビ・ガッツポーズして退出)
ニコ　　「頼もしいなー」

アンリ　「一年生、もう飽きて、みんな帰ったんじゃない」
ニコ　「だから、そういうこと言うなよ。」
イチカ　「さっきから、暗い話ばっかだしさあ…もっと明るくいこうよ。」
清水　「暗い話って?」
イチカ　「あーなんかずっと喋っててさ。これからウチら、どうなんのかなーって。」
清水　「これから…」
イチカ　「ほらオリンピックが延期になったり、春のセンバツとかさ…」
清水　「うん。」
アンリ　「…夏の甲子園だって、わからないし。」
イチカ　「え?」
ニコ　「いやーそれはないっしょ!」
熊谷　「さすがに春夏両方は、ないだろ」
清水　「ないですよね。」
アンリ　「いや、もし『全国から選手が移動して宿泊するのが問題』、とか言われたら。」
イチカ　「それが問題なの?」
アンリ　「わかんないけど。」
ニコ　「でも、そしたらさ、地区予選もなくなるじゃん。」
熊谷　「それは高野連が許さないだろ」
アンリ　「それか…」

アンリ　「春のセンバツで選ばれた高校が、夏に1試合ずつ交流試合をやるとか。無観客で。」
イチカ　「どっから、そんな発想が出てくるの?」
熊谷　「予言者みたいだな。」
アンリ　「予言じゃなくて、客観的に考えただけです。」
熊谷　「本当か?まるで見てきたような感じだったから。」
アンリ　「えー、そんなわけないじゃないですかー（遠い目）」
熊谷　「そうだよな!そんなわけないよなー（遠い目）」
イチカ　「そんなわけないよねえー（遠い目）」
ニコ　「ねー」（4人うなづく）
イチカ　「…え、でもさ」
ニコ　「なに?」
イチカ　「選手が移動して宿泊するのが問題とか言われたら…」
アンリ　「…」
イチカ　「え、だって、インターハイも…」
ニコ　「え?」
イチカ　「そしたら演劇の全国も…」
アンリ　「…（目を背ける）」
ニコ　「おい、おい。」
イチカ　「え、ちょっとそんな、それはないよね…」
ニコ　「ない!ない!だってインターハイなかったらさあ…日本中の高校生が」
イチカ　「ねえ!」

アンリ「（背けたまま）何も言ってないじゃん。」
イチカ「…うん…」
アンリ「わかんないって、だから。」
清水「ねえ。」
アンリ「ん？」
清水「学校祭は…」
アンリ「…」
清水「学校祭は…今年、できると思う？…」
アンリ「それは…」
清水「いや、わかってる。たぶんそのままは、できないよね。」
アンリ「…そのままは…難しいと思う」
熊谷「密を避ければいいんだから、出車とかパレードは出来るんじゃないか」
清水「ですよね。でも合唱コンクールとかは…」
アンリ「そんなのさあ！私もわからないよ」
清水「…」
アンリ「先のことは、誰にもわからないよ。」
清水「…そうだよね。」
イチカ「確かに」
清水「でも、対面式もできなくて、部活動紹介もこんなでさ。これで学祭も出来なかったら…」
イチカ「やめた！」
アンリ「え？」
イチカ「余計なこと考えるのやめた。今、出来ることをやるしかないじゃん。」
ニコ「なんだよ、それ。めっちゃ開き直りじゃん」
清水「でも…」
イチカ「わかんなくっていいよ。どうせ考えても、わからないんだから。」
ニコ「なんだそりゃ」
イチカ「まーなんかあったら、その時はその時で、なんとかなるっしょ！」
清水「そうか…そうだね。何とかなる！」
イチカ「うん！今、出来ることをやればいいんだって。」
ニコ「そうか…そうだね！さすがイチカ、良いこと言うねー」
イチカ「いやいや」
アンリ「そういうのさ」
イチカ「え？」
アンリ「…やめない？」
ニコ「なんだよ」
アンリ「ウチの親さあ。この2ヶ月無収入なんだよ」
イチカ「…」
アンリ「どうしようもないんだよ。今、学祭とかさあ、全国とかさあ。それより…」

ニコ　「大丈夫だって。何とかなるよ。」
アンリ　「親もいっつも言ってる。何とかなるって。」
ニコ　「でしょ。」
アンリ　「根拠がないじゃん。」
ニコ　「…」
アンリ　「客観的じゃないんだよ…。」
イチカ　「(遮って)だって自分達のことだもん!」
アンリ　「…」
イチカ　「自分達のことなのにさあ。…客観的になるとか…無理だよ。」
アンリ　「…(目をそらす)」
ニコ　「大丈夫だって。」(ニコ、アンリに近づき、触れる)
アンリ　「(落ち込んでるように見えて 急に)…ソーシャル・ディスタンス」
ニコ　「なんでさ!キビしくない?」
アンリ　「うるせえ」
イチカ　「まーなんとかなるって。」
清水　「そうだね。」
ニコ　「とりあえず学校は再開したし。高校生活のお楽しみは、これからだよ。」
イチカ　「そうそう。」
清水　「あー結局、最後の学校祭が、一番大変な仕事っぽいな。」
アンリ　「運悪いよね、ウチら」
清水　「ね。」
ニコ　「コロナ学年とか言われそう」
清水　「あー絶対言われる」

【シーン10】(辻先生　入室)

辻先生　「すいません。小野寺いますか。」
イチカ　「辻先生?」
辻先生　「良かった。間に合った。スイマセン急に。イチカ?」
イチカ　「はい?」
辻先生　「部活動紹介まだやってないよね」
イチカ　「はい。」
辻先生　「新入生歓迎公演なんだけど、ちょっと部活動紹介で告知するの中止して。」
イチカ　「え?」
清水　「公演中止ですか?」
辻先生　「その、完全に中止って決まったわけじゃないんだけど…」
イチカ　「…」
辻先生　「ただ、やっぱり感染者が増えていて、この時期にやるのは難しいんじゃないかって」
イチカ　「でも許可は通ったんですよね?」

辻先生　「3月の時はね。でも…また増えてきて、やっぱ今の時期、厳しいって」
イチカ　「あ、じゃあ日程を延期しますか。5月の連休明けとかなら…」
辻先生　「ゴメン。たぶん5月でもダメだと思う。」
イチカ　「…それって結局、中止ってことですか。」
辻先生　「…わからない」
イチカ　「わからないって…なんでそんな、いいとかダメとか、コロコロ変わるんですか？」
辻先生　「状況がどんどん変わるから、判断も変わるしかないんだよ。」
ニコ　「そんなのイチカが可哀想じゃないですか！」
辻先生　「可哀想だけど、しょうがないよ」（アンリ考え込んでる）
ニコ　「でも…えーと…なんとかなりませんか？」
辻先生　「今は中止するしか方法がないんだって」
アンリ　「…あの…」
ニコ　「いや、でも、あの…（えーと、悩む）」
イチカ　「もう一回、お願いできませんか」
辻先生　「イチカ。今回はさ、あきらめて…」
アンリ　「あの！」
イチカ　「え？」
アンリ　「すいません。ちょっといいですか。」
辻先生　「なに？」
アンリ　「新入生歓迎公演って、消毒して、距離を取って、10分しか同じ教室にいないんですよね」
辻先生　「それは…」
アンリ　「それなら、やっても全く問題ないと思うんですけど。」
イチカ　「そうか。そうですよ」
アンリ　「それがダメだったら、学校再開するのもダメじゃないですか」
イチカ　「そうですよ。教室で授業やってるじゃないですか。」
辻先生　「…私も、そう思う。でもさ、換気とか」
イチカ　「窓も、全開でやります」
辻先生　「それでも、許可は下りないよ」
アンリ　「先生、たぶん劇って名前だから禁止って言われたんだと思います。」
辻先生　「え？」
アンリ　「劇っていうと、ニュースで、劇場とかコンサート自粛のイメージがあるじゃないですか。」
イチカ　「そうそう。ただ視聴覚室に10分集まるだけで」
アンリ　「だから、『歓迎公演』じゃなくて、『見学会』とかに名前を変えれば」
ニコ　「あ、そうか！」
辻先生　「一度、申請したものを、名前だけ変えても通らないよ…」

イチカ　「お願いします！」
辻先生　「あきらめて」
イチカ　「お願いします！」
辻先生　「いい加減にしなよ！」
イチカ　「…」
辻先生　「もし、万が一、それで感染者が出たら、どうするの」
イチカ　「…」
アンリ　「万が一出たとしても、感染の原因と、10分間の公演は、関係ないです」
辻先生　「そういう風には、受け取ってもらえない。」
イチカ　「…」
辻先生　「イチカ、全国に出るんでしょ。そのために、同好会でも、ずっと頑張ってきたんでしょ。」
イチカ　「…」
辻先生　「もし何かあって、全国に出られなくなったら、どうするの？」
イチカ　「…」
辻先生　「イチカ。」
イチカ　「…」
辻先生　「まだ中止ってわけじゃないから…5月は無理かもしれないけど。出来る時はきっとあるから」
イチカ　「…」
辻先生　「公演のポスター、今から私、剝がしていい？」
イチカ　「…」
辻先生　「剝がすね…」（辻先生 退場）

【シーン11】（静まりかえっている）

ニコ　「イチカ」
イチカ　「わけわかんない…」
ニコ　「先生、なんで中止なんですか！」
イチカ　「わけわかんない！」
ニコ　「イチカが、可哀想じゃないですか」
アンリ　「理屈になってないですよ」
熊谷　「辻先生だって、新入生歓迎公演やりたいに決まってるだろ。」
イチカ　「…」
ニコ　「じゃあ、やれば…」
熊谷　「わかんないんだよ」
アンリ　「わかんないって。」
熊谷　「大人だって、これからどうしていいか、わからないんだよ。」

2メートル棒を見つつ　扉を開き、棒を捨てる　少し間

S・E⑪かかる）

S・E　『次はダンス同好会です。ダンス同好会の責任者、お願いします。』
ニコ　「…ミヤビ、踊るんだね」
イチカ　「うん」
清水　「もうダンス同好会が始まってるから…科学部もそろそろ…」
アンリ　「わかった。準備したらすぐ行く」（清水　退場　ドア閉まる　S・E⑪止まる）

アンリ無言で　２人を見てる

熊谷　「持って行く」
アンリ　「ありがとうございます」（退場しようとする）
ニコ　「アンリ、凄いね」
アンリ　「え？」
ニコ　「やっぱ凄いよ。頭いい」
アンリ　「そんなことないよ。」
ニコ　「私、自分でも何喋ってんのか、よくわからなかった」
アンリ　「何も考えないで喋るからだろ。」
ニコ　「そうなんだよなー」
アンリ　「でも、結局何も変わらなかったし…。」
イチカ　「…ありがとう。」（アンリ退室しようとするが、呼び止められ）
ニコ　「アンリ？」
アンリ　「え？」
ニコ　「あ、あのさあ。」
アンリ　「なに？」
ニコ　「…あれ。なんだっけ？何言おうとしたか忘れた。」
アンリ　「なんだよ。」
ニコ　「あーなんだっけ。ま、いいか。実験、頑張れよー」
アンリ　「うん…」（アンリと熊谷　退場）

**【シーン12】**（イチカとニコの２人）

イチカ　「ねえ」
ニコ　「ん？」
イチカ　「さっき、何聞こうとしたの？」
ニコ　「え、だから忘れた」
イチカ　「ウソつけ」
ニコ　「あー…その……5月の高体連ってどうなのかなって…」
イチカ　「…そっか」
ニコ　「でもさ…そんなこと、聞いても、可哀想だよね」
イチカ　「うん。」
ニコ　「だってさー。」
イチカ　「うん…。」

ニコ　「まあ客観的に考えると、ね。」
イチカ「うん…客観的か…客観的って辛いなあ。」
ニコ　「…自分のことだと、余計にね」
ニコ　「…カッコイイね」
イチカ「…ミヤビ、今頃、踊ってるんだね」
イチカ「…うん、カッコイイ」
ニコ　「…ダンス同好会って学祭で引退だっけ」
イチカ「…3年生は学祭が最後。」
ニコ　「…そっか…学祭、いっぱい、観に来て欲しいよね」
イチカ「…うん…」
ニコ　「…あ、そしたら、ウチらも…練習しないといけないね（明るく）」

イチカ・ニコ　2人とも背中を向けたまま、たたずんでいる。やがて　ニコ　さっきのダンスをうろ覚えながら踊る

ニコ　「…こうだっけ」（イチカ反応しない　ニコ　鼻歌を口ずさみながら、踊る）
ニコ　「…あれ」（わかんなくなる）
イチカ「…」
ニコ　「…どうだっけ…」（イチカ、しばし間　やがて少しずつ、少しずつ、歌を口ずさみながら踊り始める）
ニコ　「…こうか」
イチカ「…」（2人おぼろげながら鼻歌でダンスを踊る。上手く踊れず、鼻歌が止まる　練習しようとする）
ニコ　「…むずかしいね」
イチカ「…うん、むずかしい…」
ニコ　「…うまくいかないね…」
イチカ「…うん…」
ニコ　「…」
イチカ「うまく…いかないなあ…」

ニコ、背中を向けたイチカにそのまま寄り添う　しばらく間

イチカ「…ソーシャル・ディスタンス…」
ニコ　「…」
イチカ「…だから…ソーシャル・ディスタンスだって…」
ニコ　「…2点／3点」
イチカ「え？」
ニコ　「2点／3点、とってこ。」
イチカ「…」
ニコ　「今、負けててもさ。2点とられても、3点とったら…」
イチカ「…次とられても大丈夫だから」
ニコ　「歓迎公演がなくなってもさ…イチカは、全国があるじゃん。」

イチカ　「…うん…」
ニコ　「次で勝てばいいんだよ。」
イチカ　「…なんだよ。なぐさめてんのか。」
ニコ　「いいこと言ったでしょ。」
イチカ　「全然、聞いてなかったけど、まこっちゃん…意外といいこと言ってたんだな」
ニコ　「誰も聞いてなかったけどね」
イチカ　「試合の時は、水飲んでたし…いや、試合のことしか考えなかったのかな。」
ニコ　「そうかもね。」
イチカ　「試合に夢中で聞いてなかったのか…」
ニコ　「…あのさ」
イチカ　「うん?」
ニコ　「さっきの…新入生歓迎公演だっけ?」
イチカ　「ああ、うん」
ニコ　「あの後、どういう話だったの?」
イチカ　「え」
ニコ　「続きが気になって」
イチカ　「…今?」
ニコ　「うん。」
イチカ　「ここで?今、この悲しい雰囲気で?」
ニコ　「うん」
イチカ　「いやいや、もうさ、マスクマンの話はよくない?」
ニコ　「なんで?続き、知りたいんだけど」
イチカ　「誰も知りたくないと思う」
ニコ　「いや、私が知りたいんだって」
イチカ　「ほら、起承転結は大切っていうか、今そういう流れじゃないっていうか、怒られちゃう…」
ニコ　「(遮って) いいから。教えろよ」
イチカ　「(諦めて) わかったよ。あのさ、続きは…」

【シーン13】

BGM⑫かかる　照明⑧(照明⑤と同じ　BGM⑪徐々にF・O　マスクマン達「うわー」と叫びながら倒れ込む

マスクマン達　「ぐう…」
クイーン　「それで終わりかい?口ほどにもないね。マスクマン。」
普通マ　「くそぉ…」
クイーン　「さあ、あんた達、地球上の全人類のマスクを外し、フェイスシールドをつけさせるんだよ!」
フェイ達　「はっ!」
女　「きゃー助けてーマスクマーン!」
普通マ　「待て!理由を教えろ」
クイーン　「なにがだ」

普通マ　「なぜだ、なぜ、そんなに、人がマスクをするのを許せないんだ」
クイーン　「くっ…それは」
普通マ　「ん？まさか…まさかオマエ、マスクを…」
クイーン　「ち、違う」
普通マ　「コロナの前から、マスクしてたタイプなんじゃないか」
クイーン　「えーい、黙れ！黙れ！」
女　「え、何それ？性格がクラいってこと？」
クイーン　「ぐぅぅっ！」
普通マ　「わかったぞ、クイーン。オマエの正体は、普段からマスク愛用の、陰キャだな」
クイーン　「ぐうぅ…その通り。ご名答だよ、マスクマン。」
普通マ　「やはり」
クイーン　「マスクは陰キャの証であり、誇りだ。陽キャはマスクをするな！」
普通マ　「しかし、今は皆がマスクをしなければならないんだ！」
クイーン　「皆、フェイスシールドにすればいいのだ！」
普通マ　「フェイスシールドでお店に入ったら、ちょっとひくだろ！」
クイーン　「黙れ！もう一度フェイスシールドハリケーンをくらわせてやる」
普通マ　「そうはさせるか！いくぞ皆！」
マスクマン達　「おう！」
クイーン　「4人で何ができる」
普通マ　「4人じゃない！5人だ」
クイーン　「なんだと」
普通マ　「甘いマスクの心は…私たちの心の中にある！一緒に私たちと戦ってくれているんだ」
クイーン　「負け惜しみを」
普通マ　「負け惜しみじゃない！」
普通マ　「いくぞ、マスクド・キャノン！」（S・E⑬）
普通マ　「うおー」
クイーン　「私にかなうものか…なんだ？…なんだこの力は！」

後ろに甘いマスクの幽霊がいて、スモークマシーンで煙を出す

普通マ　「甘いマスク…私たちに力を貸してくれー。うぉー」
クイーン達　「ぐわー！」（倒れる…しかし、やがて起きて）
クイーン　「まさかスモークマシンを2度使うとは…はっ…まだ生きている。どうしてトドメをささない？」
普通マ　「…」
クイーン　「答えろ！」
普通マ　「…なぜマスクとフェイスシールドが争わなければならないんだ」

クイーン　「はっ」
普通マ　「なぜ今、陽キャも、マスクをつけなければならないんだ。」
クイーン　「それは…」
普通マ　「私たちの共通の敵は…違うか？」
クイーン　「ふっ…私の負けだよ…完敗だ。マスクマン。」
普通マ　「一緒に戦ってくれるか」
クイーン　「…もちろんだ」
普通マ　「いくぞ『うつりません隊　マスクマン』！」（ポーズ）
（BGM⑭かかる）
フェイ達　「フェイスシールド！」（ポーズ）
普通マ　「私たちの敵は」
全員　「コロナだ！」
普通マ　「絶対に負けてたまるか！」
全員　「コロナ！ブッコロナ！！」（BGM⑭終了）

【シーン14】（照明⑨（照明②と同じ　マスクマン達、普通に退室）

イチカ　「まあ、こんな感じ」
ニコ　「なるほどね」
イチカ　「これいらないって、あとで絶対怒られるやつな」
ニコ　「えーいいじゃん。」
イチカ　「どこが？」
ニコ　「『仲間はいなくなっても、心は一緒に戦っている！』みたいな…いいなあ」
イチカ　「そうかな」
ニコ　「…あーやっぱさー」
イチカ　「うん？」
ニコ　「高校でもイチカとバレーやりたかったなー」
イチカ　「なんか…ゴメン。」
ニコ　「あーいや、最後の中体連がさあ。」
イチカ　「は？」
ニコ　「最後の中体連、私、捻挫して出れなかったじゃん。」
イチカ　「うん。」
ニコ　「なんかイチカとバレーするのが、終わってない気がしてさあ」
イチカ　「…」
ニコ　「まあ、自分が捻挫したから悪いんだけど。」
イチカ　「私、高校でバレー続けても、たぶんダメだったと思うよ」
ニコ　「でも、演劇で全国行ったじゃん」
イチカ　「ああ、でも」
ニコ　「やっぱ凄いなあって。たぶん羨ましくて、演劇見なかったんだよなー」
イチカ　「…なんて返せばいいか、わからないんだけど…」
ニコ　「あ、いや、そんなに深い意味はない。」

ニコ　「また、それかよ！」
イチカ　「なんも考えないで喋っちゃうんだよなあ。…本当に、応援してるから全国頑張れよ」
ニコ　「うん」
イチカ　「私も、最後の地区大会だ！」
ニコ　「あとはミヤビの学祭もあるしね。盛りだくさんだ。」
イチカ　「これから忙しいなー。あ、でも、まずは1年生に入ってもらわないと」
ニコ　「そうだね。」
イチカ　「あ、でも演劇は絶対入るっしょ。」
ニコ　「だといいけど。今、男子1人だから、1人で何役も使い回してんだよ。」
イチカ　「あー切実だね…」
ニコ　「切実だよぉ」（辻先生 入場）
辻先生　「イチカ。一応ポスター剝がしておいたけど…」
イチカ　「ありがとうございます」（イチカが思ったより明るいのに戸惑いつつ）
辻先生　「…ゴメンね。悔しいけど…その…全国に向けて頑張ろう。」
イチカ　「そうですね。」
ニコ　「なんだっけ、国立げきじょう…？」
イチカ　「ああ、四つに入れたら。」
ニコ　「頑張れよ。」
イチカ　「あー…まあ、できたらね…。」
ニコ　「え、なんで急にテンション低くなってんだよ。」
イチカ　「そうじゃないけど…」
ニコ　「なんだよ」
イチカ　「今は高知に行けたら、もうそれだけで大成功かなって。」
ニコ　「…そうか。」
辻先生　「そうだね、どんな結果でも…大会出るだけで、オールOKだと思おう！」
イチカ　「はい！」
ニコ　「…ねえ」
イチカ　「なに？」
ニコ　「縁起でもないけどさ。もし…もし…」
イチカ　「…全国もなくなっちゃったら？」
ニコ　「…」
イチカ　「そのときはそのときで、また何かで頑張りゃイイじゃん！」
ニコ　「何かって？」
イチカ　「いや、演劇を、頑張るに決まってるじゃん」
ニコ　「そうか…」
イチカ　「演劇同好会だから。」
ニコ　「そうか。そうだよね。」
ニコ　「じゃあ、バレー頑張るか。」

イチカ　「バレー部だから」
ニコ　「そうだよ。」
辻先生　「でもさ、言いにくいけど…」
イチカ　「えー。もう不吉な話はいいですよ」
辻先生　「そっちの方じゃなくて。」
イチカ　「え？」
辻先生　「全国行ったら、あっという間に、また次の支部大会が来るんだよ。」
イチカ　「…うわー！そうだった！全然休むヒマないじゃん。」
ニコ　「全国行ったあとって、プレッシャーじゃないの？」
辻先生　「それは言わないで！」
ニコ　「え？」
辻先生　「もう私、すでに尋常じゃないプレッシャーだから。ああ、これで次ダメだったら、何を言われるか…」
ニコ　「先生」
イチカ　「大丈夫ですよ。また、ウチらで話し合いますから」
ニコ　「ねえ」
イチカ　「ん？」
ニコ　「次やるとしたら、どんな劇やりたいの？」
イチカ　「えー。そんなこと、まだ全然考えてないけど…」
辻先生　「全国行く前に、ある程度、考えとかないと、次の大会に間に合わないよ」
イチカ　「んー…わからないけど…今年と同じような劇、かな。」
辻先生　「え？」
ニコ　「なんだよ。全国行ったから、二番煎じ、やるのかよ。」
イチカ　「あーそうじゃなくて。」
ニコ　「じゃあ、なに？」
イチカ　「今年みたいに、全員が出れる劇。」
辻先生　「え、また？（嫌そう）」
ニコ　「何それ。全員が出る？…ベンチ入りする人がいないってこと？」
イチカ　「あ、いいねーそれ。ベンチ入りする人がいない劇！」
ニコ　「え、補欠って大切じゃん？補欠がいないチームはヤバいよ」
イチカ　「そうだけど。」
辻先生　「1人でも欠けたら、練習にならないから、去年、すごい苦労したでしょ」
イチカ　「うーん、そうなんですけど」
辻先生　「役者もバラつきが出ちゃうよ」
イチカ　「まあ、人数絞った方がいいかもしれないけど。」
ニコ　「演劇って出る人数とか制限ないの？」
イチカ　「ないよ」
辻先生　「部員が何十人いても、出てる役者は1人だけとか、全国だと普通にあるよ。」

ニコ　「へー」
イチカ　「そうなんですけどね。そういうのも格好いいですよねー」
辻先生　「うん。」
イチカ　「でも。格好悪くてもいいから、全員が出れる劇がやりたいです。」
辻先生　「…そうか。」
イチカ　「ピンチサーバーでもいいから、皆、試合に出たいじゃん」
ニコ　「でもサキみたいに、忘れられたら、可哀想だね」
イチカ　「確かに。」

【シーン15】（熊谷・清水入室）

清水　「最後、女子バレー部と演劇同好会、お願いします」
ニコ　「あーやっと、出番来た」
イチカ　「そしたら行こっか」
辻先生　「頑張ってね」
イチカ　「はい。」
ニコ　「ねえ」
イチカ　「なに？」
ニコ　「もし、次の支部大会も、ダメって言われたら？」
イチカ　「あのなあ、いくらなんでも、そこまではねぇよ！」
ニコ　「いやいや、わかんないよ〜」
イチカ　「そしたらマスクつけてソーシャル・ディスタンスで演劇やるよ。舞台で消毒もする」
（手を消毒しながら）
ニコ　「そんなの劇にならないじゃん」（手を消毒しながら）
イチカ　「やってみなきゃ、わかんないでしょ」（手を消毒しながら）
ニコ　「よーし、行くかー」
イチカ　「失礼しましたー」（清水に連れられてイチカ・ニコ　退室しながらモノマネしてる）
ニコ　「2点／3点とってこ。」
清水　「なにそれ」
イチカ　「2点／3点、2点／3点。とってこ。」
清水　「だから、なにそれ」
（熊谷　生徒のいなくなった教室を除菌する作業に取りかかる）
辻先生　「手伝います」
熊谷　「あ、すいません。ありがとうございます」
（机・椅子を除菌してまわる2人）
熊谷　「ドアの取手も、いいですか」
辻先生　「はい。」（ドア開けるとS・E⑮　かかる）
イチカ　『こんにちは。演劇同好会です。本当は来週、新入生歓迎公演をやる予定でしたが、事情により中止になってしまいました。いや、中止じゃなくて延期です。い

つか必ずやるので、皆さん観に来てください。』（辻先生 手を止める）
『同好会は2年生11名、3年生1名の計12名で活動してます。普段は平日の放課後、大会が近いときは土日も活動してます。私達は昨年9月の上川支部大会で最優秀賞になり、11月の釧路の全道大会でも最優秀賞となり、今年の7月、高知で行われる高総文祭に出場できることになりました。』
熊谷も手を止めて　聞く　BGM⑯　途中から重なっていく
『高総文祭は全国に2000校ある演劇部の中で、12校だけが出場できる『演劇の甲子園』と呼ばれる大会です。私達はその中さらに4校だけが選ばれる、国立劇場での公演を目指して頑張ってます。もし演劇に興味があったら、私達と一緒に全国に行きませんか。演劇の魅力は、皆が一緒にひとつの物語を作っていく…』
徐々にBGM⑯の方が大きくなり緞帳ダウン。
※劇中のダンスについては、著作権者の使用許可を得ています。

撮影／湯本真司　提供／北海道富良野高校演劇部

〈顧問インタビュー〉

# 『お楽しみは、いつからだ』

清野俊也
（北海道富良野
高校演劇部顧問）

**工藤**　コロナ禍まっただ中の全道大会、それも映像審査会で『お楽しみは、いつからだ』という作品に出会えたことは、高校演劇はコロナになんか負けない、表現し続けるのだという希望に私には思えました。

二〇二〇年二月から二〇二三年三月に至るまで、コロナが部活動に及ぼした影響はどのようなものでしたか？

**清野**　えーと、このあとも重複すると思うので、まず北海道の高校では、二〇二〇年、二〇二一年、二〇二二年ではそれぞれコロナに向かう学校の感覚がそれぞれ違ったことを先に言っておきます。二〇二〇年は「何やら恐ろしいけど自分たちとは縁遠い」感覚で、二〇二一年は「ついに身近で始まった危機」で学校的に一番キツくて。二〇二二年は「もっとも罹患者が多かったけど既に日常化（平熱化）した」感覚でした。

**工藤**　この三年間は今後の部活動にどのような影響を及ぼすとお考えですか？

**清野**　部活動にかける生徒たちの「姿勢」そのものにはあまり影響はなかったと思います。もちろんこの三年間、演劇部は上演中止の憂き目にめちゃめちゃ遭いましたし、高体連も強豪校が欠場したりレギュラーメンバーがそろわなかったりというのが珍しくなくなりました。たった三年間しか部活動ができない中で、生徒の本当の悔しさは、きっと自分には察しきれてないと思います。

ただ「どんなにがんばってもコロナになれば終わりだから、そんな理不尽な目に遭うならやるだけ無意味だ」という理由で部活動やめた生徒は、文化部も運動部もいなかったんじゃないかなぁ、と。それは「どんなに練習しても、甲子園なんて出れっこないから」と練習しない野球部員がいないの同じように、部活動というコミュニティは勝敗ではなく「部活動であること」自体に意味があるからなのかなーと思いますが。

ただ、三年も経つと「本番はもちろんマスク外すから」と言ったら「え？　外すんですか？」とむしろ嫌がる感じで（「脱ぐんですか？」ぐらいのセクハラみたいなニュアンスで）聞かれたときは、びっくりしました。マスクをつけた状態が「外での自分」という感じなんでしょうか。表現の授業で「自画像を描こう」と言ったとき、全員マスクをつけた自画像を描いていたのも、なんか、びっくりしました。なるほどなーと。

**工藤**　『お楽しみは、いつからだ』という作品を創ろうとされたきっかけは？

**清野**　生徒からです。休校開けの六月、久しぶりに部員が集まって、休み中の宿題にしてた次回作のプロット案のひとつでした。その頃はまだ高知の全国大会も中止じゃなかったので、「私たち、これからどうなるんだろう」って、この時点で客観視してるってすごいなと思いました。この子は休校中、ずっとそうやって不安だったんだろうなと。でも「共感の飛距離が短すぎる」って自分がボツにしまして。

でも、八月頃に、演劇の大先輩でもある網走南ヶ丘の新井繁先生に、そのプロットの話をしたら、「それ絶対にイイ！　いま、自分が書いてる話よりもイイ！　絶対それでいけ！」とハッパをかけられて。結局、書くことにしたんですけど、もうしんどくて、こんなの何がおもしろいんだって思いながら泣く泣く書いてました。でも今回、久しぶりに読み返したら、そこまで救いようがない話ではなかったんだなと。

まあ、どんな内容でも、部員と劇を作ってること自体、その時点ですごい前向きですからね。創作することの持つ明るさというか。

「うつりません隊マスクマン」は、せめて劇中劇ぐらいは思いっきりくだらなくしたいと生徒にお願いして、出てきた話です。こうやって振り返ると、この劇、ほとんど生徒が作ってますね。こっちも重たい話でストレスがたまってたので、マスクマンのくだりは一時間ぐらいで書けました。ただ本編はぜんぜん進まなかったので、台本が書き上がるまで、生徒はマスクマンだけをひたすら練習してました。

去年、東京の中学校から『お楽しみは、いつからだ』の大会上演依頼が来まして。その中学校は、初めて都大会に進出したそうです。それでも、あいかわらず学級閉鎖とかで部員がそろわないけど、「いま取られても次で三点返せばいいから」「いまできることをやればいい」と劇中の台詞が部内ではやってて、この劇をやってから部員たちがすごく元気になりましたと言われました。そんな企画意図はぜんぜんなかったのですが、この劇に関しては、これ以上の評価はないなと思いました。

**工藤**　『お楽しみは、いつからだ』の初演は二〇二〇年九月ですね。二〇二〇年四月を定点で描いたこの作品に、変化し続けるコロナの状況は、影響しましたか？

**清野**　これはですね！　そもそもこのプロットは、当初はボツにしたのですが、その理由がポイントです。先がどうなるか全く読めない。一カ月後には誰も共感しないかもしれない。そんな題材ということで、二〇二〇年九月の初演だって、そのときの状況によっては不謹慎だとされて、支部落ちもあり得るなと覚悟してました。信じられないことに、全国まで推薦いただきましたが、そのときも「来年の全国のときに、ある程度状況が収束していれば、懐かしいね、たいへんだったよねと受け入れられるけど、さらに悪化してたらこの劇ダメだな」とは思いました。もちろん全国大会に向けてけっこう悩んだんですけど、まさに「定点を描いた」劇だからこそ、その後も変化し続けるコロナの影響はわざと無視しました。そこは直せばよかったかもしれませんが、まあドキュメントみたいなものだし、いいかと。

最初に触れましたが、二〇二〇年のコロナは「恐ろしいけど縁遠い」感覚でした。まだコロナに対して一面的な理解しかできてなかったからこそ、「マスクマン」で揶揄できたのだと思います。しかし、二〇二一年はコロナが身近に起こり、保護者への対応も翌年の二〇二二年とは比べものにならないほど深刻でした。全国大会の時点であの舞台を見ると、「マスクをつけないオマエらの方が悪くないか？」とお客さんの目に映ったのではないでしょうか。

余談ですが、前作『へその町から』も富良野に赴任して半年も経たないときに書いた話で、富良野を一面的にしか知らないないから書けた話でした。いまだったらあのように書かないと思います。一面的（表層的）な理解で書くと、断定する勢いはあるのですが、どうしても登場人物に「被害者意識」が出やすい（コロナなんて私たちに関係ないのにとか、なんでこんな田舎《いなか》でとか）ので、この二本、個人的にはあまり好きじゃないです。まあ、人にホメてもらったら「最高傑作です！」とか平気で言いますけど。

**工藤**　最高傑作だと思いますよ。掲載戯曲以外にもコロナをテーマに取り組んだ作品はありますか？

**清野**　全国大会のすぐあと、二〇二一年に『下校してください』という劇を高文連で上演しました。これは翌年の二〇二二年という設定で、入学してから二年間、学校祭が中止になって、三年生になって初めて学校祭をやる生徒たちの話です。現実に二〇二二年になってからは、前述しましたが「もっとも罹患者が多かったけどすでに日常化（平熱化）した」感覚で、コロナを劇の中心のテーマとして扱わなくてもいいかなと思って、書いてません。

二〇二一～二二年の『高校演劇脚本集』とか編纂したら、コロナの話ばっかりなんですかね、よくわからないですけど。でも、ひとつのお題でそれぞれの「解」を出し合うのも楽しいと思います。もう少し時間が経てば、「この時期の脚本集はコロナネタばっかりで使えないんだよねー」となるかもしれませんが、それだって時代を反映してるってことだから、いいんじゃないかなと思います。

**工藤**　最後に「コロナ禍の高校演劇」について、お考えになっていることをお聞かせください。

**清野**　のらりくらりと高校演劇をやっていた自分たちにとって、コロナはこれやあれやそれまでも!?というくらい一気に淘汰しにきた感じでした。きっとこれからも一〇〇％元の状態に戻ることはないと思います。集客も公演の数も、部員の数も、戻ってもたぶん六〇％ぐらいかなあと思います。逆にコロナ禍で発展した映像配信、大会での映像審査・審査講評文などは今後も残ると思うし、活用していきたいとも思います。

もちろん演劇は生で観ないと！という気持ちは自分にもあります。かといって「私たちにとっての演劇は生で観ないと意味がないので」とか言っても無理だろうと思います。それは別れたいといってきた彼女に「僕にはあなたしかいない」と復縁を迫るレベルで無理です。だから、演劇を生でやりたいのは前提として、でも、そっちの目標は六〇％くらいでやっていく方がよいかなあと思います。

そっちを一〇〇％にすると、そのせいでチャンスを逃したりピンチを乗り切ることもむずかしくなりそうです。特に演劇部のように極めてコストパフォーマンスが悪い、しかも感染症のあおりをモロに受けてしまうような部活動が存続していくには、もはやいろいろなことを同時進行でやらないと成り立たない時代かもしれません。それは別に配信に限ったことではなく、さらには演劇に限ったことですらもなく、地元にどれだけ密着した活動ができるかじゃないかと思います。

※北海道富良野高校演劇部は、二〇二二年度、同好会から演劇部に昇格しました。

東京都立千早高校演劇部

# 見えない女子の悩み

原案　森岡水蓮
脚本　木原幸乃・松原琴音・神田朱

出演　浅岡勇矢
小野千尋
賀東奏
神田朱
木原幸乃
嵯峨蜜柑
新宮恋歌
西松悠香
松原琴音
森岡水蓮

幕が開く。
舞台上に出演者全員が立っている。全員マスクをしている。

《千早の説明》

木原　ある日、コロナになった。
森岡　みんなマスクをするようになった。
嵯峨　ここは都立千早高校。
賀東　東京都豊島区にある。
浅岡　ほとんど板橋区だけど。
西松　都立に二校しかないビジネスコミュニケーション科。
浅岡　偏差値は48。
小野　男女の比率は2：8。
森岡　教師もマヌケ。
西松　生徒もマヌケ。
全員　バカ学校〜！
賀東　でも、そんな私たちも！
全員　エンジョイスクールライフ！
木原　そんな千早高校演劇部の演劇をこれから始めようと思う！
全員　セイッ！
木原　タイトルは「見えない女子の悩み」今日は2020年9月4日。今は朝。
全員　いってきま〜す！

一人の女子以外のみんなが去る。

《登校風景》

音楽。それぞれの登校風景が始まる。女子が一人出てきて立っている女子に話しかける。

松原　ねぇ、ねえ、ねえ！科人（科学と人間生活）の課題全然分からなくて！あの、カッコの中はどうしたら…

小野　何してんの？

松原　え？（自分のしたことに気づき）はっ！待って待って待って！知らない人に話しかけちゃった。うわー。マスクだ。マスクだからだ。

バスに乗っていたり、電車に乗っていたり。満員電車から何とかすり抜けて降りる。

西松　先生セーフですよね？

森岡　アウト。

西松　ええ～あと3分ありますよ～？

森岡　時間じゃない。ソックス。

西松　あ。やべ。

森岡　ソックス直して、早く入って。廊下走らないでね。

校舎を駆け抜けていく。廊下を曲がったり、誰かに呼ばれたり。

賀東　あ！先生。私が休んでた分のプリントがないんですけど。

新宮　あー、いつからだっけ。

賀東　三日前です。

新宮　三日。

賀東　はい。

新宮　三日。三日。

西松　ねえ消毒めっちゃしみない？

賀東　私全然だいじょうぶ。

西松　えええまじで？

すれ違う人、すれ違えない人もいる。

森岡　はーい。ちょっと待って。

嵯峨　先生遅れちゃう！

森岡　これで化粧落とす。

嵯峨　え～

森岡　誰に見せるのよ？

嵯峨　先生は誰に見せてるんすか？

森岡　大人は良いの！ほら！とにかくメイク落としてから教室入るのよ?!

他の人に舌打ちしたり、急に走り出したり。

嵯・松　ねえ！課題やった？

浅岡　やったよ。

嵯・松　見せてくださいお願いします！

松原　ちょっとマジでやるの忘れちゃったっていうか、やる気がないっていうか…

小野　なにしてんの？

松原　あ、いや…

嵯峨　ね？えっと…

嵯・松　なんでもない！なんでもない！！（別の男子を遠くに見つけて）あっ！ねえ！ちょっと！課題やった?!

小野　だめだこりゃ。

おはようございます、と言いながら全員入ってきて椅子を置く。男子一人を残して全員いなくなる。

音楽は終わる。

《朝の男性に対しての違い》

男子一人教室にいる。そこへ女子三人が入ってくる。

賀東　もう本当にどうしよう！

西松　怖いよね。

賀東　だってこの距離だよ？

西松　マジで？

賀東　超やばかった。後ろから来てさ、やられてんの見てんのにさ。マジなんもしてくれなくて。

嵯峨　それってさ、囲みってやつじゃないの？

西松　囲み？

二人の女子が入ってくる。

松原　聞いて聞いて！もう本当にどうしよう！

小野　どうしたの。

松原　超やばかったの！いや、今日ね、朝、日比谷線使って学校来たの。そしたら！深川の！男子が！この距離。で、その男子がパン！ってこう。もう、こうよ?!この距離でそのイケメンと！

小野　ああ。はいはい。

松原　超やばかったんだって。だってさ、

先生が入ってくる。

《SHR》

新宮　はいSHRはじめるよー。委員長あいさつー。

小野　委員長いません。
新宮　え、あぁー。じゃあ、あいさつ。（と眼の前にいた生徒を促す）
松原　えぇー。
新宮　副委員長でしょ？
松原　えぇー？
新宮　副委員長でしょ？
松原　あぁー、分かった分かった。はい、起立。気をつけ、礼。
みんな　おはようございます。
新宮　マスクちゃんと鼻まですること。あと、時間割変わってるから、気をつけて。じゃあ一時間目の授業の準備しといてください。

先生は去る。教室の中はそれぞれ思い思いに過ごす。ちょっとしたエアポケットのような時間。

西松　待って?!次、生物じゃない?!変わったよね?!
嵯峨　え?まじで?
賀東　そっか。

急に慌ただしくなる教室。一つのグループは走って去っていく。

小野　教室移動か。
浅岡　やばい！
松原　え?何が?
小野　授業変わったでしょ？
松原　え?いつ?え?なに?
浅岡　教室移動だって！
松原　え?なに?ちょっと行かないで。うわぁ、やばいやばいやばい！

みんな、ざわざわしながら教室移動する。

《置いてけぼり》

教室移動に一人ついていけなかった女子が座っている。

木原　最近、教室移動で、私を誘う人は、誰もいない。気にかけてくれるあの子が、来ていないからかもしれない。

女子二人（心の中の悪魔のようでもある）がやってくる。

西松　一人で楽しいのかな?
松原　かわいそう。
木原　こんな風に言われているような気がする。

西松　言われてるよ。
松原　ね？
木原　でもそれも、私の考えすぎかもしれない。
女子一人（心の中の天使のようでもある）やってくる。
小野　一人の方が、気が楽じゃん！
木原　そうだよね！
西・松　かわいそう。
一人の女子の言葉に希望を感じていた座っている女子。しかし、他のかわいそうという目に屈して次第に伏し目がちになる。
小野　だめかー。
女子一人、去る。その去っていく背中を目で追う座っている女子。
木原　私の中の天使と悪魔は、いつも天使が負ける。
西・松　へへへへ。
そこへ別の女子が一人やってくる。
賀東　みんな行っちゃったけど、行かないの？
西松　わっ、きてくれた！嬉しい！
松原　友達できるかも？
賀東　先行くね？
別の女子、去る。
西松　いや。今のは逃しちゃ駄目だって。
松原　チャンスが。逃げちゃうから。
さっきの女子戻ってきて。
賀東　一緒にいこう！
木原　うん！
西・松　（喜ぶとも何ともつかない感じで）ふわぁ〜。
全員去る。
《保健体育》
女子だけが入ってくる。席につく。
松原　あ。号令だって。

小野　委員長いません。
嵯峨　私たちのクラスの委員長は、おしぶちちゆうこ。号令はいつも、おしぶちさんがしている。
木原　でも今日は来ていない。
賀東　昨日来てた?
西松　だから私がやらされる羽目になる。…。起立。気をつけ。礼。
松原　保健体育。
小野　単元4、妊娠と人工中絶。
松原　扱う範囲は結婚出産など広範囲にわたる。
小野　何で男の先生なの?
木原　すね毛ぇ
嵯峨　これが子宮ね。ここまで来ると奇跡が生まれるんですよ〜。うるせんだよ!
西松　分かった分かった。
賀東　コンドームの使い方。
小野　陣痛の痛み。
松原　赤ちゃんの産む時期と人数。
木原　産後鬱。
西松　不妊治療。
嵯峨　のぞまない妊娠。
賀東　女だけが苦労するような話ばかり。
松原　この授業内容を男子が聞いていないのは何故だろうか?
木原　女子全員で立って終わりの挨拶をする。そこへ男子戻ってくる。
浅岡　あっ、ねえねえ。女子だけで何やってたの?
嵯峨　えっ、保健体育…。男子は?
浅岡　え?…メッシ。
木原　メッシ…?

《先生のおすすめ》
教室の外から先生がやってくる。

森岡　るんたっ るんたっ るんたっ。あれ?まだ友達できてないの?だめよ、自分から話しかけないと。ね?うちのクラス、いい子しかいないから!ね!
浅岡　何で私に話しかけるんだろう。
森岡　先生のおススメはあの子。ね?あのショートカットの子、分かる?あの子はね、友達思いで勉強もできて、本当にいい子だから!ちょっと!こっち来て!
浅岡　私は私の友達を、自分で決めたいのに。
森岡　一人でいると心配される。

松原　話せる人を入学前からSNSで探していた。
木原　周りの目が気になって、一人じゃいられない。
賀東　私は一人の方が楽だ。
浅岡　そんなことを考えているなんて、女の子は大変だ。

《上智》

先生が歩いてくる。一人の女子に話しかける。

新宮　あぁ。あなた、英検準1級持ってたわよね？
小野　はい。
新宮　上智、推薦とれるかもしれないから。じゃ。
小野　えっ、それって、おしぶちさんがいなくなったからですか？
新宮　…あなたもそれだけ頑張れってことよ。

先生去る。

《コロナ1》

浅岡　2020年9月4日。僕たちはこういう劇を作った。
森岡　2月に学校が休みになった。
西松　卒業式がなくなった。
嵯峨　入学式もなくなった。
森岡　学校に行かなくて良くなった。
小野　ものすごい量の課題が出た。
賀東　6月、分散登校が始まった。
松原　クラスの半分の人と知り合いになって。
浅岡　7月にちょっとだけ全員登校があって。
賀東　8月まで学校に行って。
浅岡　短い夏休みが明けてクラスには全員が集まった。
森岡　集まったと思っていた。
浅岡　1クラスに35人が集まる。
西松　ソーシャルディスタンスは最低1．8メートル。
松原　取れるわけがない。
小野　三密を避けて生活してください。
森岡　学校は密集、密接、密閉だらけだ。
木原　体育祭もなくて、文化祭もなかった。
西松　9月に急に進路を決めなきゃいけなくなった。
松原　決めらんないって！
小野　そんな9月4日。

《妄想進路》

音楽。全員歩きながら自分の椅子に座り、進路相談の話をし始める。

賀東　えっ、進路ですか？…うーん、大学に行ってカウンセラーになりたいです。

西松　私、将来声優になりたいんですよ。だから、大学に行って養成所にも通いたいなーって思ってます。で、鬼頭明里さんが大好きなんですけど。えっ、知らないんですかー?!はぁ。

小野　将来、外資系の貿易の会社に行きたいんですよ。だから、アメリカの大学に行こうと思ってます。

嵯峨　私は、公認会計士になろうと思ってます。稼げるよって聞いたんで。あたし、城がほしいんですね?可愛いメイドさんと一緒に暮らして、その城の主になりたいんですね?だから、大学の商学部に入学しようかなって思ってます。

森岡　あたしは!ハリウッド女優になりたいんですよ!ジェイソン・ステイサムの背中を守る女!みたいな?ま、無理だったら、通訳やろうと思ってます!英検三級持ってるんで。楽勝っす。

浅岡　僕はですね、大学に入学して、教員免許を取って、なんですけど…本当は、集英社と講談社のどちらかの漫画編集者になって、ヒット作をいくつも発掘していつかは、編集長になりたいです。

木原　私、かまぼこを作る人になりたいんですよ。で、最終的にはかまぼこ大学みたいなのを作れたらいいなって、思ってます!

松原　なんか私は、適当に大学には行ってえ。で、適当に彼氏作って、適当に生きていければ良いで〜す。

全員立ち上がる。
音楽終わる。

《自分の夢を笑わなかった。》

小野　夢のことなんて親には相談したくない。クラスメイトにも話せない。言ってもどうにもならないし、笑われるかもしれない。

森岡　お前なんかに出来るわけ無いじゃん。

西松　そう言われたら立ち直れない。

嵯峨　だから夢はないことにする。

浅岡　学校で聞かれる夢は職業のことだ。

小野　たくさんの猫に囲まれてたいとか。

松原　イケメンと結婚とか。

新宮　アメリカに住みたいとか。

嵯峨　港区女子になりたいとか。

西松　一人旅がしたいとか。

浅岡　そういう夢のことはほとんど聞かれない。

木原　私にはそんな夢のほうが大切なのに。

賀東　希望した職業につけたとして、どうせパワハラとか受けてしたい仕事も出来ないなら一生専業主婦で楽しんでたほうが良いじゃん。

木原　とか思う。
小野　でも、ゆうこは笑わなかった。そんな誰に言っても笑われそうな夢をうっかり話した時、真剣に聞いて自分の夢を話してくれた。

全員別の椅子に座る。

《テスト返し》

先生がプリントを配り始める。

新宮　プリント渡すね。はい。はい。
西松　先生、回せばよくないですか?
新宮　コロナ。はい。はい。はい。じゃあ、小テスト返すよ～出席番号順に取りに来て～。
小野　はい。
新宮　ライバルいなくなったからって、気を抜かないこと。
小野　はい。
新宮　はい。お父さん元気?
賀東　あ、はい。元気です。
新宮　次～。
木原　はい。
新宮　あんまりプレッシャー感じるなよ。はい次～。
嵯峨　はい。
新宮　テストには落書きしない。次～。
西松　はい。
新宮　進路の紙、提出してね?
西松　はーい。
新宮　次～。
松原　はーい。
新宮　あんた名前だけしか書いてないよ～。名前以外もちゃんとやる。。
松原　はい…。
新宮　はーい、名無しの権兵衛く一ん。テスト。返されてない人――。
浅岡　あ、はい。
新宮　名前以外は出来てるから、頑張って。
浅岡　分かりました。
新宮　じゃあ、プリントやっといてください。
みんな　はーい。

先生去る。

《先生の話、委員長の話》

松原　ねぇねぇ、最近プリント多くない?
みんな　それなー。

浅岡　毎回小テストはきついよね。
西松　なんか呼び出されてない？
嵯峨　なんかやらかしたとか？
松原　いやいやいや、なにやらかすの？
賀東　案外元ヤンとか？
みんな　ないないない。
小野　単元進んでないしね。
浅岡　いやいや、その為のプリントと小テストでしょ？
嵯峨　私は授業が受けたいの。
西松　プリントやってるだけじゃわかんないよね。

女子が一人立ち上がり普段の教室の再現をし始める。

嵯峨　（先生の真似をして）徳川の三代将軍は誰でしょう？

生徒たちは先生の方を向かず、それぞれの方を向いてボソボソ言い始める。

西松　（隣の子に向かって）いえよし？
松原　（別の隣の子に向かって）けんしんじゃね？
木原　（一人でいるがほかのグループの子に聞こえないぐらいの大きさで静かなツッコミを入れる）なわけねえじゃん。
賀東　（一人でボッソと）いえみつ

先生は生徒たちのボソボソ声を聞いていてその発言を拾って

嵯峨　正解！そうこの人は家康の孫だね。
全員　（やはり先生には向かずに）ふーん。

別の女子が立ち上がって

賀東　歴史は良いの。簿記の授業だと。（先生の真似をして）この貸方借方には何が入るでしょう。

全員何も答えない。５秒ぐらいの沈黙。（全員が時計の秒針が進む音をチッチッチッと言う）

賀東　まず貸方が買掛金３２万円ね。
嵯峨　やめろー！
松原　簿記の授業が盛り上がるわけ無いじゃん！
賀東　授業受けたいんでしょ！
嵯峨　お前の授業じゃ意味ねんだよ！
小野　みんな、ちゃんとやろ？

生徒たちは自習をやり始める。
それぞれの委員長の印象を話し始める。

木原　私は、おしぶちさんから小説を借りている。返したいのに、おしぶちさんが学校に来ない。もう三回も読んだ。「銀河鉄道の夜」は、何を言っているのか分からなかったから。エヴァンゲリオンは面白い。よく分からないけど。

西松　委員長は、よく一人でいた。不思議な子だと思った。話しかけにくい子ではないけど、みんな話しかけなかった。でも、話の輪の中には必ずいた。みんな委員長が好きだった。でも興味はなかった。だから、委員長がどこに住んでて、何が好きで、どうやって帰って、いつも何をしていたかは、誰も知らなかった。

小野　ゆうことは、同じ中学だった。もっと頭のいい学校に行くと思ってたから同じ学校にいて驚いた。ゆうこは誰とでも仲が良かった。私は友達が少ない。だから、心配なんてしなくていいと思ってた。何かがあったのはわかる。ラインも一本送った。けど、返事は返ってこない。

生徒たち去る。

《男の話をしまくる女子とそれを聞いている女子》

音楽。二人で話をしている女子。それを少し離れたところで聞いている三人。

松原　ねえ、聞いてよ！かれぴっぴが色々でさ、最近絶好調なんだよね！

小野　ぴっぴ？

松原　かれぴっぴ！いや、昨日さ〜

男子（女子がそれらしくしている）が出てくる。

賀東　もしもし？

松原　あ、もしもし？

賀東　あのー、$\sqrt{2}$の二乗ってなんだっけ。

松原　あぁー、2じゃない？

賀東　ああ、そっか！ありがとう。

松原　うん！

男子（女子がそれらしくしている）去る。

松原　ってことがあって、昨日の夜はずっと数学教えてたんだよね。それでね、今日の朝はばったり教室の前で〜

男子（女子がそれらしくしている）が出てくる。

森岡　おはよう！
松原　おぉ、おはよう！
森岡　ねぇねぇ、今日さ、放課後遊びに行かない？
松原　え？ほんとに？
森岡　うん。
松原　じゃあ、タピオカとか飲んでさ、プリクラとか。一緒に撮りに行かない？
森岡　うん、いいよ！
松原　うん！
　男子（女子がそれらしくしている）去る。
松原　ってことがあって、放課後、一緒に遊びに行くことになったんだよね！でさあ、次の授業現代文じゃん。で、さっき急に呼び止められて〜
　男子（女子がそれらしくしている）出てくる。
新宮　あ、ねぇねぇ！
松原　うん？
新宮　あの、ちょっとここのところ教えてくれない？
松原　うん、いいよ！
新宮　本当?!ありがとう。
　男子（女子がそれらしくしている）去る。
松原　って、ことがあって、これから教えに行くんだよね！
小野　ふーん、で、誰が本命なわけ？
松原　え？みんな好きだよ？
木・嵯・西　けっ。
小野　あっそ。
松原　えっ、ちょ。待ってよ！なんで？なんで行っちゃうの？ちょっと！
　女子二人去る。
　音楽終わる。
《妄想恋話》
　少し離れたところで話を聞いていた三人が前に出てくる。
木・嵯・西　あれはねーよなー。
嵯峨　ねえねえねえ、この人イケメンじゃない？
西松　え、そう？
嵯峨　えぇ。
木原　ちょ、なに？
嵯峨　この人、めっちゃイケメンじゃね？

木原　え、超イケメンなんだけど?!
嵯峨　でしょ?
西松　え、そんなにー?
木・嵯　はぁ?!
木原　じゃあ、あんたどういう人がいいの?
西松　私は、約束のネバーランドのレイみたいな人がタイプかな!
木原　あー、あれでしょ?黒髪の子でしょ?
西松　そうそうそう。
木原　私さ、ちょっと年代があれなんだけど。エヴァンゲリオンの碇シンジ君が好きなんだよね。
嵯・西　あぁー(同意)
木原　分かる?分かる?いいよね?
嵯峨　うちはねー。古くていいならテニプリの跡部様。オレサマですっごいかっこいいの。
木・西　あぁー(同意)
西松　でもさ、なんか、(アゴでスマホを指しながら)全然違くない?
嵯峨　いや、付き合いたい人と結婚したい人って違うっていうじゃん。
木・西　あぁー(同意)
西松　私、彼氏できたらさ、一日中ゲームやってたいんだよね。
木原　え?ゲーム?
西松　ゲーム、良くない?朝からずっとこうやってゲームやってさ。夜は、部屋を暗くしてホラーゲームなんかやるの。
木・嵯　いいじゃん!

彼氏(女子がそれらしく演じている)がやってくる。

西松　でしょ?でさぁ、お菓子取る手が重なってー。
森・西　うわぁぁ!!!
西松　びっくりした!
森岡　びっくりした!ごめんね!
西松　はぁー。びっくりした!
森岡　あ、なんか、お腹空かない?
西松　あ、ピザでも頼む?
森岡　あーいいね!ピザと、あの、ドミノのチキン12個入ってるやつ。あと、コーラ。
西松　コーラあるじゃん
森岡　いや、なくなるから!
西松　頼むか。
森岡　うん。
西松　じゃあ電話するね。
森岡　ああ、ありがとう。

西松　みたいなぁ！
木・嵯　いいじゃーん！
木原　待って待って、それってさ、何歳くらいの話なの？
西松　えぇーずっとそうやって過ごしたいなって思ってるけど。
木原　それまずくない？
西松　まずいかなぁ。

西松　はい、ポテチとコーラ。
森岡　ありがとう。飯は？
西松　たまには作ってよ。
森岡　いやぁ、今忙しいからさぁ。
西松　忙しくないじゃん。
森岡　うるさいなぁ。今ボス戦やってんの見えないの？
西松　いやゲームじゃん。
森岡　うっせぇな、話しかけんなよ。

木・嵯　絶対こうなるって！
西松　いや、大丈夫大丈夫！二人はどう？
木原　え？私？私は、ほら、母性強いから。ま、けっこう守りたくなるような彼氏が欲しいわけ。
嵯・西　ああ、いいじゃん。
木原　なんか、外出はしないんだけど散歩はするみたいな。
嵯・西　いいかもいいかも！
木原　たまに猫拾ってきちゃったりとかすんのよ！
西・嵯　あー！ね！
木原　で、同棲してるんだけど。

彼氏は話を聞きながら移動してもう一人の彼氏を演じ始める。

森岡　ねえねえ。こんな時間まで寝ちゃったね。
木原　…うんっ。
森岡　もう夕方の4時だね。
木原　うん。
森岡　なんかお腹空いちゃったなぁ。
木原　じゃあ、鍋でも作る？
森岡　うん！
木原　買い物いこっか。
森岡　うん！

彼氏が手を差し出す。その手を見る女子。手を握ろうとしたところでキュンキュンしすぎて悶絶し始める。

嵯・西　(悶絶している) いいじゃぁぁん！
木原　だよねぇ！

西松　キュンキュンする！
嵯峨　するする！
森岡　ありがとう。
木原　いいよ、気にしないで！
森岡　ほんと？いつもごめんね？
木原　大丈夫だよ！あたしが稼ぐから。
森岡　ねえねえ。またバイト、クビになっちゃった。
嵯・西　大丈夫？
木原　大丈夫、私、母性強いから。
森岡　ねえねえ。またお金なくなっちゃった。
木原　また？こないだ渡したばっかじゃん。
森岡　うん、でも、なくなっちゃったんだよね。
木原　三日だよ？
森岡　うん、でも、なくなっちゃった。
嵯・西　やめた方がいいんじゃない？
木原　大丈夫、あたしが稼ぐから。

女子二人は友だちの行く末を案じ口々に反対を言う。

森岡　ねえねえ。……結婚しよう。
嵯・西　ダメダメダメダメ！やめなやめなやめな！？
木原　私が養うから！大丈夫！。
西松　大丈夫じゃないからこんな人！
嵯峨　だってヒモじゃん?!
木原　じゃあ、あんたはどうしたいのよ？
嵯峨　え、あたし？あたしは、年上で、まあ公務員で、収入も安定してて、英語もペラペラでー。

女子の言うあまりの好条件ぶりに彼氏は自信を失くしていく。

木原　え、そんな奴いなくない？
嵯峨　いたんだって！うちの中学校の頃の副担任がそういう人だったの。
西松　まじで？
木原　嘘だー。
嵯峨　でー。運動神経もよくて。ちょっとマザコンっぽくて、そういうところが可愛いかな、みたいな？
西松　マザコン？

彼氏は少しずつ遠ざかっていたが、マザコンという一言で息を吹き返し返り咲く。

森岡　迎えに来たよ。
嵯峨　ありがとう。
森岡　今日は7時からレストラン予約入ってるけど、大丈夫だよね?
嵯峨　うん、楽しみだな。
森岡　今日は大事な話があるから。
嵯峨　え、大事な話?
森岡　こっちこっち。

ママ（男子がそれらしく）登場。

嵯峨　え、誰?
森岡　僕のママ。
嵯峨　あ、ママ。
浅岡　どうも。
嵯峨　どうも。
森岡　大事な話って、意味はわかるよね?
嵯峨　え?ああ、まあ?
森岡　僕と結婚してくれる?
嵯峨　え、え、は、はい。
浅岡　私の娘になる準備は、できていますか?
木・西　絶対こうなるって!
嵯峨　いやならないって。
木原　いやいやいやいや!
嵯峨　ならないって。
浅岡　このお味噌汁は、あなたが作ったの?
嵯峨　はい。
森岡　ママが作った方がおいしいよね。
浅岡　今日は外食にしましょう。
木・西　絶対こうなるって!
嵯峨　いや、ならないって!
森岡　じゃあそろそろ寝ようか。
嵯峨　うん。
浅岡　そうね。
嵯峨　あの、寝室って…?
浅岡　この子と私は一緒ですけど?
森岡　親子で一緒に寝るのは当たり前だよね?じゃあ、おやすみ。
嵯峨　お、おやすみなさい。
浅岡　おやすみなさい。

彼氏とママは去る。

木・西　絶対こうなるって！
嵯峨　いやならないって！

みんなで言い合いを始める。女子が一人歩いてくる。その女子に向かって

木・嵯・西　ねぇ！好きなタイプって？
賀東　食パンマン様。…きゃ！
木・嵯・西　…ちょっと、違ったね…

三人は去る。が、一番舞台の端まで来て客席を向いて。

木原　2021年3月現在（上演の時期を言う）
西松　私たちに
嵯峨　彼氏は
木・嵯・西　いない。

《合唱部への勧誘》

男子が歩いてくる。そこへ女子がやってくる。女子が男子を通せんぼするようにする。

木原　変なこと聞いてごめん。あのさ、ピアノ弾ける？
浅岡　え？
木原　ピアノ。弾ける？
浅岡　弾けないけど、なんで？
木原　ちょ、一回座ろ。
浅岡　え。あ、ああ。うん。

二人座る。

木原　あのさ、部活、入ってる？
浅岡　え？帰宅部。
木原　合唱部入らない？
浅岡　今から？
木原　思い出作んない？一緒に汗流そうよ！
浅岡　合唱部汗かかないじゃん。
木原　一回だけ、一回だけ。一回だけ入ってみない？
浅岡　今合唱部活動してたっけ？
木原　いや、してないけど……今さあピンチなんだよね。コロナで活動できないし、伴奏の子もいなくなっちゃうし、文化祭もなくなっちゃったじゃん？
浅岡　それでどんな思い出作るの？
木原　でもね！地区大会があるの！地区大会！うち顧問が凄いから！人数は少ないんだけど、今年は全国も夢じゃないと思うんだよ！

先生がやってくる。

森岡　るんたっるんたっ、あらぁ珍しい組み合わせじゃない。
　仲いいの〜?んふふふふっ。るんたっるんたっ

先生去る。

木原　あれ、顧問。

浅岡　僕たち仲良かったっけ?

木原　ごめん!ああいう人なの!合唱の指導は凄いの!でも合唱の指導だけなんだよね。悪い人じゃないの!合唱の指導は本当に凄いの。でも、……それだけなんだよね。

浅岡　ああ、そうなんだ。

木原　うちの部活、副部長で成り立ってたから。

浅岡　副部長?

木原　おしぶちさん。委員長。

浅岡　ああ。

木原　ほら。今来てないじゃん。

浅岡　え?

木原　来てないじゃん!

浅岡　そっか。自粛で、分散登校で、夏休みだったから。

木原　ちょっと思い出せないって言うか……おしぶちさんマジすごいんだよ!!地区大会の曲決めの時にさあ、私が『怪獣のバラード』とかいいんじゃない?って言ったらニコニコしてこんな感じだっけって弾いてくれてさ。まじやばい。腕が4本あったもん。

浅岡　いや、4本は嘘でしょ?

木原　そしたらさ、別の子が他の曲が良いんじゃないって言い始めて

先生がやってくる。

森岡　るんたっるんたっ。あらあ、仲良しさんじゃん〜もぅ〜青春〜るんたっるんたっ

先生去る。その背中を見送って。

木原　死ね!!!

浅岡　僕たちって仲良しさんだっけ?

木原　ごめん!ちょっと考えてみて!先生!ちょっと!部活どうするんですか?!

女子走って行ってしまう。男子何事かを口ずさみながら歩いていく。

《ここは私の席です》

音楽。何人かの生徒が入ってくる。椅子に座る。楽しそうに話をしている。

そこへどこからか帰ってきた一人の女子が入ってくる。

西松　あ…

音楽止まる。移動して一つの席を指し。

西松　ここは、私の席です。

言い終わると元の位置に戻る。

西松　あ…

何事かを楽しそうに話し続けている生徒。一人の女子は自分の席に座りたいのかゆっくりと近づいていく。

西松　あの…ここ…
松原　…なに?
西松　あ、うん…なんでもない。ごめん…。

一人の女子はバツの悪そうにその場を去る。その背後に楽しそうな話し声が聞こえてくる。女子は立ち止まり母親との会話を思い出す。

西松　委員長がいたら、気付いてくれたのかな。
松原　最近学校楽しい?
西松　うん、楽しい。
松原　友達出来た?
西松　うん、できたよ。
松原　じゃあ、お母さんはもう安心ね。

思い出した母との会話を振り払うように歩いていく。

松・小・賀　あはは!!

廊下を歩く一人の女子。まったく関係なく笑い声が起こる。その笑い声を背中に受けながら。

西松　なにも知らないくせに。

女子が去る。みんな立ち上がる。

《コロナ2》

浅岡　8月24日から学校が始まった。普通の学校生活。
木原　とにかく普通。
森岡　ディスタンスなんて言われなかった。
松原　お弁当も今まで通り食べる。
小野　先生は指導してるよ?
松原　え?言ってないよ。
小野　言ってたよ。
松原　言ってないって。
西松　これぐらい、ゆるい。
松原　行事がなくなって学校に行く意味がなくなった。
全員　え?
松原　なに?
全員　学校は、勉強するところ。
松原　そういう意味じゃないんだよ!
小野　行事が無くなってハッピーだった。
賀東　学校に通えない子がいた。
浅岡　新学期が始まったばかりだから気にもとめてなかった。
木原　修学旅行が無くなった。
小野　お金が返ってきた。
木原　バラエティ番組はやってる。
浅岡　プロ野球もやってた。
小野　タピオカ屋はなくなった。
松原　バイト先も閉めるらしい。
西松　総理は変わった。
嵯峨　私たちは変わらず学校に通ってる。
森岡　今はまだ9月4日。

《指定校》

女子が歩いている。先生が来る。

新宮　ああ、ちょっとちょっと!
木原　あ、ええ、はいはいはい。
新宮　あの、大学、ここでいいんだよね?
木原　はい。
新宮　指定校推薦、取れそうだから。
木原　えっ、ほんとですか?ありがとうございます!
新宮　じゃあ、頑張ろうね。
木原　はい。
新宮　これ、みんなには内緒ね?
木原　はい。

先生去る。嬉しそうに友だちの元へやってくる。

木原　ただいまーへへ。

賀東　どうしたのめっちゃ嬉しそうじゃん。
木原　あ…いや、別に。進路の話されてさ。
賀・嵯　おー。
賀東　あれ、どこ行くんだっけ?
木原　私は栄養学の資格取りたいから千早大かな。
嵯峨　でもさ、栄養学の資格取りたいんだったら千川女子のほうがいいんじゃない?
木原　え、女子大ー?
嵯峨　ほら、駅からも近いし。女子だけだから学びやすいとかあるんじゃない?
木原　女子大はさぁ。彼氏できなくない?
賀東　それな。
木原　彼氏欲しいから女子大はちょっとな。
嵯峨　彼氏ってそんなに必要?
木原　彼氏で大学決めてるわけじゃないけどー。あわよくばできたらな、みたいな。
賀東　そうそうそう。
木原　まあ、指定校も取れたしさ。
嵯峨　あ、取れたんだ。
木原　そー。
嵯峨　おめでとう頑張ったじゃん。
木原　ありがとう。よかった。
嵯峨　進路といえば今日提出のプリントあったよね?
木原　え?あったっけ?
嵯峨　あったじゃん!
木原　やばい!出しに行かなきゃ!
嵯峨　一緒に行こう!(賀東に)あ、出した?
賀東　うん出した。
木原　じゃあ行ってくるね。

女子二人、去る。

賀東　なんだよ。
浅岡　勉強だけがすべてじゃないのに。
木原　私じゃダメなの?
嵯峨　あいつ、彼氏ほしいだけじゃね?
西松　私だって努力してる。
森岡　なんであの子だけ?

先生来る。

賀東　あ、先生!
新宮　ん?
賀東　あの、何であの子は指定校取れたんですか?
新宮　ああ、聞いちゃった?
賀東　私、提出物だってちゃんと出してるし、休んでないし、

新宮　授業もちゃんと受けてるじゃないですか。
成績が…ね。成績がすべてだからさ。他の大学ならさ。
先生も応援できるし…ね？考えておいて。

先生去る。

《コロナ3》
松原　12月3日私たちは千葉県柏市にいた。
浅岡　関東大会の下見をしに行った。
小野　期末テストまで一週間を切ってて
嵯峨　テスト週間なのに部活で
森岡　勉強しなきゃいけないのに演劇のための時間を過ごすことが嬉しかった。
賀東　あれは幻なのかなあって思う。
小野　でも、考えてみれば東京都の感染者の数は少しずつ増えていて
森岡　現実を見ようとしていなかっただけなのかもしれない。
松原　私たちには夢があった。夢を見ようとしていた。でも、今日は9月4日。

《きっしょ》
音楽。一同来る。休み時間のように座っている。

浅岡　ねぇ、PC2分かんないんだけど。
松原　え？PC2わかんない？
浅岡　ああ、うん。
松原　じゃあ、一緒に行く？
浅岡　うん。
松原　PC2分かんないよね～なんかPC5くらいまでない？
浅岡　PC5…。

男子が女子に連れて行かれる。

みんな　うわぁぁ！きっしょ！
小野　見た？見た？
賀東　まただよ！
嵯峨　あれは男好きの極みだって…！
木原　みた？いまのみた？
みんな　（さっきの女子の真似をしながら）こうだよ？（全身で嫌がってる）うわーーー！！

女子が一人出てきてさっきの場面の再現をする。

小野　あれ、PC2分かんないんだけど？

みんな　（さっきの女子の真似をしながら）え〜わかんないの〜？
小野　うん分かんない。
みんな　連れてってあげる〜！
　全員で男子役の女子を連れて行こうとすると、帰ってきた女子と鉢合わせる。
小野　ＰＣ２、いってきまーす…。
　去っていく女子を目で追う。その間に他のみんなは何事もなかったように散らばる。帰ってきた女子はみんなをにらむ。みんな知らんぷり。その様子を見て女子は憤慨する。
松原　ちっ！（別の男子を見つけて）あ！ねえ！課題やった?!
　残った女子たちは口々に「無理無理無理無理」「きもいきもいきもい」「本当に無理」などと言いながら去る。

《お弁当》

　全員教室に座る。先生が指導をしている。
新宮　お弁当は自席で食べること。
全員　はーい。
　先生が去る。席を変えて食べ始める人たち。別の先生がやって来る。
森岡　そこ、席変えて食べない。
松原　すいませ〜ん。
　別の先生、去る。
　対面で食事をし始める。そこへ先生が戻ってくる。
森岡　ちょっと！広がって広がって！
松原　すいませ〜ん。
　先生、去る。
小野　あ、かかってきた。
松原　ビデオ通話じゃん。受けるんだけど。
小野　なに？
松原　ウェーイ！
小野　寂しくてもしょうがないじゃん。
松原　行く行く。
小野　まじで？

松原　寂しいんでしょ?行こうよ。
小野　待ってて。

女子二人去る。入れ違いに別の女子が来る。

木原　ちょっとどこ行ってたの。
嵯峨　個室
木原　トイレ?
賀東　臭くないの?
嵯峨　コンセントあるじゃん。
木原　使っちゃ駄目じゃない?
嵯峨　あと2パーしかなかったんだもん。
賀東　良いの?戻ってきて。
嵯峨　寂しいじゃん。
木原　食べよ。食べよ。

三人で並んでお弁当を食べる準備をする。
音楽終わる。

木・嵯・賀　いただきまーす。
木原　うわ、まただよ。
嵯峨　どうしたの?
木原　いや、お母さんがさ…

母入ってくる。

木原　お母さん!
西松　はーい。
木原　私、最近ダイエットしてるから、お弁当の中身減らしてくれる?
西松　はぁ?!あなた言うほど太ってないんだから食べなきゃだめよ!
木原　ちーがーうー!お肉ついてきてんの!
西松　はいはいはい分かったー(とトボケながらお弁当箱にいっぱい詰める)。はい、いってらっしゃい。

母去る。

木原　ってことがあって。
嵯峨　あぁ、分かる。
木原　全然減らしてくれないの。
嵯峨　分かる分かる。そういうところあるよね。うちの親もさ。

母入ってくる。

新宮　あれ、太った？
嵯峨　太ってない。
新宮　太ったでしょ？
嵯峨　太ってない。
新宮　唐揚げ食べたでしょ？
嵯峨　食べてない。
新宮　お母さんを見習いなさい？
嵯峨　えぇ…。

母去る。

嵯峨　っていうことがあってさ。
木原　お母さん細いよね？
嵯峨　そう！病的に細いから見習ったらこっち死んじゃうじゃんとか思って。
木原　それは見習えない見習えない。

ネクタイを結びながら、父やってくる。

浅岡　あ、お父さん、お弁当作り忘れちゃった。
賀東　大丈夫だよ。
浅岡　本当にごめんね。お金、渡そうか？
賀東　あ、大丈夫。もう自分で作った。
浅岡　あぁ、自分で作ったの？本当ごめんね。
賀東　ううん、全然大丈夫だよ。
浅岡　あ、ああ。あああ…（ネクタイを結べない。が、間に合わないのでそのままで）あ、じゃあ、行ってきます。
賀東　うん、頑張って、行ってらっしゃい。

父去る。

木原　親って本当意味分かんない。
嵯峨　それなー。

《うわさ1》

音楽。全員思い思いの相手と話している。

木原　おしぶちさんさ、最近学校来てないよね。
嵯峨　あんた知らないの？CAになったんだよ、CA。
松原　委員長、パプアニューギニアに行くんでしょ？
西松　委員長、地下アイドルになったって本当？
木原　おしぶちさん、YouTuber になるんだって。
賀東　おしぶちさんスペインにあるハーバードに行くんでしょ。
嵯峨　委員長石油王と結婚するってまじ？
西松　大統領選に出るの？

松原　委員長カンフーの日本代表になったんだよね？
賀東　おしぶちさんすっご！
浅岡　委員長見たよ。
小野　いつ？
浅岡　昨日。三時間目かな。親と一緒に来てた。
みんな　ふーん

みんな去る。音楽終わる。

《おしぶちさんの変化》

女子二人が歩いてくる。

西松　で！はぐらかされたの！やっぱいないのかな？
嵯峨　いるって！いなかったら絶対いないって言うでしょ！？それに眼鏡からコンタクトに変えたんでしょ？
西松　いや、なったけど、眼鏡邪魔だっただけじゃない？委員長真面目だし、絶対作んないよ。
嵯峨　真面目な人だって彼氏ぐらいいるって！だって髪も下ろしてきたんでしょ?!
西松　あんたも下ろすことあるでしょ？
嵯峨　いやまあそれはそうだけど。
西松　髪下ろしてきたときは彼氏いるってこと？
嵯峨　いやそういうことではないんだけど。委員長かわいいんだからいない方がおかしいって！
西松　いやいないよ。
嵯峨　委員長優しいから男は甘えたくなるんじゃない？
西松　甘えるってどういうこと？
嵯峨　（ふとわからなくなって）だから、甘えるって言うのは、好きがあふれるってことだよ。
西松　優しいと好きがあふれるの？
嵯峨　そう！
西松　じゃあさ、優しくするってどうするの？
嵯峨　はあ?!
西松　具体的に。具体的に優しくするってどういうこと？
嵯峨　だから！優しくするっていうのは…優しくするってことだよ。
西松　そうかあ！委員長いいなあ！
嵯峨　ばか。これからが大変なんだって。
西松　そうなの?!

女子二人は去っていく。

《お化粧について》

音楽。入れ替わるように別の女子が入ってくる。そこへ様々な声がかかる。

嵯峨　メイク濃すぎない？
西松　なんのための化粧？
木原　誰アピール？
賀東　媚売ってんじゃねえよ。

松原　別に誰かのために化粧してるわけじゃないけど？

嵯峨　そんなに男に気に入られたいのかよ。

松原　可愛いとは思われたい。
小野　別に男子はどうでもいい。
森岡　同性の、女同士で良いと思われたい。

西松　化粧うまいね。
嵯峨　そのアイメイクどこで買ってるの？
木原　おそろにしても良い？

森岡　（男子のつもりで）おれすっぴんの方が好きだけどな。
女子全員　（その男子がいると思しき方向を見て）死ね！

小野　努力してる。

森岡　お金もかかる。
松原　可愛くなることの何が悪いんだよ！

森岡　そんなに自分が好きなのかよ？
松原　好きだよ！
木原　でも、自信がないんだよ！
嵯峨　だからお化粧して少しでも可愛くするんじゃん！

松原　バイト先では化粧しろと言われる。

森岡　マニュアルにも書いてあったでしょ？
松原　え？でも、ここタピオカ屋ですよね？
森岡　それが会社の方針なの。シャドウだけでも塗れば？

西松　大人になるとメイクしてないとだらしがないと言われるらしい。

賀東　女としての自覚がない。
小野　社会人としての礼儀だと思う。
嵯峨　もっと笑顔でいたらいいのに！
西松　そんなに無愛想じゃ駄目だよ？
森岡　すっぴんの方が可愛いよ。

木原　嫌だなと思う。

松原　でもしょうがないのかなとも思う。
小野　男はメイクしなくても何も言われない。
森岡　ママに買ってもらった服着ていきがってれば良いんじゃね？

一人を残し全員、去る。

松原　でも案外、女の敵は女だったりする。

台詞を言うと去る。音楽終わる。

《行方》

一人の女子がいる。他の子がやってきて話しかける。

木原　ねぇねぇ、おしぶちさん、どうしたの？
小野　なんで？
木原　いや…今日休みみたいだから。
小野　別に、知らないけど。
西松　ねぇ、今日委員長休みだよね。どうしたんだろうね。
小野　私に聞かないでよ。
西松　二人に聞いたつもりだったんだけど。
木原　ね…。

松原　ねー、もー。何で今日委員長休みなのー？委員長いないと私が号令になるんですけど！
小野　だから、ゆうこのことは何も知らないって。
松原　なんで怒ってんの？

《紙回し》

音楽。全員出てきて着席。先生の授業が始まる。女子が紙を回し始める。

松原・浅　ふふっ

隣の子にに紙を回す。

賀東・皆　くすくす

隣の子にに紙を回す。

嵯峨・皆　ふふっ

隣の子にに紙を回す。

西松・皆　くふふっ

隣の子にに紙を回す。

木原・皆　ははっ

隣の子にに紙を回す。

小野・皆　ははっ

新宮　楽しそうだね。（紙を持っている生徒に）出して。出ーしーて。

皆が駄目だやめろと、先生の後ろでジェスチャーで合図を送る。結局その時点で紙を持っていた女子は先生に紙を渡す。

新宮　（時計で時間を見て）はい、授業終わり。

松原　あ、起立。気をつけ。礼。

みんな　ありがとうございました。

先生が紙を一番最初に回し始めた女子の手に押し付ける。先生が去る。

松原　え、え、待って待って待って?!絶対バレてたじゃん！！

木原　やばいよ、謝りに行ったほうがいいよ！

松原　えぇぇ?!でも委員長いないし！！委員長いなくてどうやって謝りにいくんだよ！

全員知らんぷりする。そこへ声をかける一人の女子。

賀東　一緒にいこ。

松原　え、え、好きぃ！

二人で去る。音楽終わる。

《押し潰される》

木原　進路どうしよっかな。指定校取れたけどお父さんお金払ってくれるかな。親が兄貴ばっか、構うしなぁ。私にも金回せよ！

三人出てきて一人の女子を取り囲む。

浅岡　国立大に行ってくれたら、パパは嬉しいぞ。

西松　都立大でもいいんだぞ。

小野　成績は悪くないんだから。

この言葉が頭の中でぐるぐる回っている。三人はずっと同じことを言う。

嵯峨　どうしたの？

頭の中の声は去る。

木原　あ、いや、なんでもない。

嵯峨　そう。

女子は去ろうとする。その背中に向かって呼びかける。

木原　…ねぇ！私、親に国立大に行けって言われててさ、私は行きたくないいんだけど…。

嵯峨　期待されるだけましなんじゃない？

《うわさ2》

音楽。生徒たちがいる。女子が一人入ってくる。後ろから声がする。声に押されるように立ち止まり固まっている。

賀東　おしぶちさんて引っ越したんでしょ？

西松　委員長体調大丈夫かな？

浅岡　委員長見たよ。

松原　委員長お腹おっきいんでしょ？

木原　おしぶちさん自殺未遂したって。

嵯峨　委員長んちって倒産したんでしょ？

賀東　おしぶちさんってさらわれたの？

西松　委員長、乱暴されたの？

松原　委員長薬やってるらしいよ。

木原　おしぶちさんちって燃えちゃったの？

西松　委員長学校辞めちゃうの？

嵯峨　辞めんのもったいないよねー。

小野　だから、ゆうこのことは何も知らないって！

先生がやってくる。

森岡　るんたっ るんたっ るんたっ あら、どうしたのよ。浮かない顔しちゃって。ほらもう、元気出しなさい？ほら、次の授業私だから！

音楽終わる。

《9月4日》

森岡　はい、じゃあみんな。プリント配るよ～。えっと、じゃ、みんなに質問なんだけど。アメリカの入学式っていつか分かる？

松原　9月！

森岡　正解！9月ね？だから今頃、アメリカのどこでも入学式をやってるわけ。ね？日本でも、アメリカでもどこでも入学式の風景っていうのは大抵変わらないんだけど、1957年の9月4日、ノースカロライナ州のハーディング高校の、入学式の風景はちょっと違ってました。それが今配ったプリントに載ってる写真なんだけど、その写真にさ、何が写ってると思う？

松原　人！！

森岡　そうだね！人が写ってるね！他にはなにかある？

嵯峨　女の子！

森岡　正解！女の子。真ん中に写ってる女の子はドロシー・カウントっていう十五歳の女の子。この子は黒人女性で初めて高校生になった女の子なの。で、この子が、高校に通ったことによって家族に脅迫状が送り付けられたりして、最終的に、この子は高校に四日間しか通うことができなかったんですよ。

松原　え〜。アメリカってまじやばくね？

森岡　アメリカも結構やばいけど、日本も相当やばいよ？

松原　日本は大丈夫でしょ？

森岡　そう？みんなも、色々あるでしょ？

松原　え。（自分の周りの子に聞く）なんかある？

浅岡　女性ばかりの中に男性は僕一人。影響は何もない。

森岡　南北戦争について、この前やったでしょ？覚えてる？南北戦争が終結したのは、何年でしょう？

みんな反応がほとんどない。

森岡　この前やったでしょ！覚えてないの?!

木原　あ。え。

森岡　1865年。ね。1865年に終結したんだけど、これはこの話の約100年前の話なんだよね。でもさ、ほら、2020年の今でも黒人の人権問題は解決してないわけでしょ？だからね、この土日、ニュースとかも見て、ちゃんとお勉強もするように。ね！はいじゃあ委員長あいさつー。

小野　委員長、いません。

森岡　ああ、えっとじゃあ。

松原　起立、礼。ありがとうございました。

みんな　ありがとうございました。

森岡　はい、じゃあみんなさようなら。

椅子を持ってみんなが去る。

《うわさ3》

音楽。生徒たちはそれぞれ思い思いの位置に座ったり立ったりして話している。

賀東　ねえねえ。検査したんでしょ？
木原　検査ってなんの？風邪でも引いたの？
松原　やっぱりあれかな？これ？（お腹が大きくなったようなジェスチャー）
嵯峨　相手誰だろうね？
浅岡　学校来るの嫌になったのかな？
西松　学校好きそうな感じじゃなかった？
木原　あれでしょ？濃厚接触者？
賀東　濃厚ってなんだよ。
嵯峨　病院で見たっていう人がいてさ。
松原　別にこれとは限らないじゃん。
西松　友だちとケンカしたとか？
浅岡　あの子ケンカしなくない？
木原　もしおしぶちさんがあれだったらどうするの？
賀東　あれって？
松原　責任とってくれるのかな？
嵯峨　彼氏逃げたんじゃね？
浅岡　海外行ってるとか？
西松　ずっと会ってないから顔忘れちゃいそう。

音楽終わる。

《コロナ４》

西松　２０２０年１２月３１日東京都の新規感染者が１３３７人になった。
新宮　嘘だろって思った。
浅岡　１月７日には２４４７人になった。
小野　教育委員会から、都立高校の部活動は一ヶ月禁止という連絡が来た。
西松　二回目の緊急事態宣言が出た。
賀東　関東大会は映像審査になった。
木原　とても信じられなかった。
松原　学校に来る意味がなくなった。
全員　学校は勉強をするところ。
松原　だから！そういうことじゃないんだよ！
小野　それでも今は９月４日

《それぞれの放課後》

音楽。先生が入ってくる。

森岡　るんたっ　るんたっ　るんたっ
木原　あぁ！いた！！
森岡　どうしたの。
木原　今日、部活あります？
森岡　ああーそうだよね。そろそろやりたいよね、部活ね。でもほら、コロナだからね、合唱部できないんだよ。
木原　ないんですか？
森岡　そう、ないのよ。
木原　誰に言えばいいんですか？
森岡　校長先生に言われちゃったことだからさ。
木原　校長に言えばいいんですか？
森岡　いや、直談判はやめてね？先生怒られちゃうから。
木原　じゃあなんか条件とか。
森岡　換気とか消毒とか。してもねぇ
木原　消毒したら良いんですか?!
森岡　みんなの口に、はいはいはい。って消毒するわけにもいかないでしょう？
木原　じゃあどうするんですか？地区大会まで時間もないのに。
森岡　ああ、それなんだけどさ。地区大会なくなっちゃったんだよね。
木原　え?なくなっちゃったんですか?!
森岡　ほら。伴奏の子もいないしね。目標もないしね。ま、でもほら来年はできるようになるかもしれないから。じゃあね！るんたっ　るんたっ

先生が去っていこうとするところに。

木原　あの、おしぶちさんが伴奏できなくなったらどうするんですか？
森岡　先生がいい子探しとく！じゃあね！るんたっ　るんたっ
木原　…。

女子二人入ってくる。

西松　はぁ、疲れたね。
嵯峨　だね。
西松　短いときのほうが良かったよ。
嵯峨　ああ、分散登校。
西松　あ、じゃあね！
嵯峨　え?家そっちだっけ。
西松　ああ、今日から塾なの。

嵯峨　塾行くんだ。
西松　親が行けって言うから。
嵯峨　へぇーいいね。
西松　え？いいね？
嵯峨　いや、うち親が塾行かしてくれないから。
西松　いいじゃん、楽そうで。
嵯峨　家で自習はするけどね。
西松　家だったらテレビとか見られるし羨ましいよ。あ、時間だわ。じゃあね。

女子は去る。

嵯峨　…むかつく。

さっきの女子とは逆方向に去る。
女子一人出てくる。父も出てくる。

賀東　今日の夜ごはん、何にしようかなー。あ、コロッケにしようかな！
浅岡　いやぁ、胃もたれがなぁ…
賀東　じゃあ、お刺身にしよっかな！
浅岡　生臭いのはなぁ…
賀東　じゃあ、お好み焼きにしよっかな！
浅岡　うーん、粉っぽいのはなぁ…

メールが来る。

浅岡　ごめん、今日仕事で遅くなる。先食べてて。
賀東　よーし、じゃあコロッケにしよう！

父も女子も去る。音楽終わる。
デートしている二人が出てくる。

松原　今日は楽しかったね。
森岡　うん、楽しかったね。
松原　プリクラもすごい並んでたね。
森岡　ね、並んでたね。
松原　タピオカも美味しかったよね。
森岡　ね。ちょっと残しちゃったけど。

彼氏は去る。

《不安》
中央に女子。周りを取り囲むように全員が出てくる。

松原　私は将来仕事がしたい。恋愛もしたい。もしかしたら結婚もするかもしれない。

小野　こんな夫婦になれたらいいね。
浅岡　将来子供欲しいな。
森岡　早く孫の顔見せてね。
嵯峨　女の子なんてすぐ結婚するんだから勉強しなくていいのよ。
木原　その仕事じゃ稼げないんじゃない？
西松　あんたじゃ無理だよ。
松原　私に無理かどうかは分かんないじゃん。

嵯峨　学校では空元気。でも家に帰るといつまでもいつまでも同じことで悩んでる。そんな自分が嫌になる。
浅岡　病気のことを心配しすぎてしまうことがある、
木原　みんなが普通にできていることが、自分にはできない気がする。
森岡　いつも人よりだめだなぁと思う。
小野　言いたいことが言えない。きっとグチグチ言われるから。
西松　言いたいことはある。言葉につまる。それは私の頭の中に無い言葉だから。
松原　自分はなんとかなる。そう思ってる。

全員去る。

《職員室も大変である》

音楽。先生が一人いる。別の先生が入ってくる。

森岡　あれ？·こんな時間まで仕事してんの？·もうー、だめよー。ほら、デートとか行かないの？·ほら、デートデート。恋人いないのか。そっかー、私もいないんだけどね。でもほら、こんな時間までやってると、いなくても、できるもんもできないから。生き遅れちゃうから、ほら、早く帰るんだよ、ね？·じゃあねー！るんたっ　るんたっ

今までしゃべっていた先生が帰ろうとしたところで、くるりと振り返って

森岡　あ、私が生き遅れの見本。誰が見本やねーん！ね。あはは。るんたっ　るんたっ
新宮　あなたが仕事しないからでしょう？

音楽終わる。

《コロナ5》

浅岡　2021年1月31日、全国大会に出ることになった。

西松　全然信じられなかった。

木原　映像だけの審査じゃ実感はなかなか沸かなかった。

賀東　それでも全国大会で出来ると思ったら嬉しかった。

松原　2月2日、緊急事態宣言は1ヶ月延長されることが決まった。

木原　3月7日まで部活は出来ない。

森岡　全国大会の書類を書いて

小野　ホテルを予約したり保護者会はあったりしたけど、

新宮　全然練習できなかった。

嵯峨　学校に来れなくなったり

森岡　体調が悪くなったりした。

浅岡　球技大会はなくなって

嵯峨　語学研修もなかったけど

新宮　入試があって

賀東　期末試験があって

小野　塾も22時までやってる。

松原　学校はただただ勉強するところだった。

浅岡　3月のはじめ、緊急事態宣言の再々延長が決まった。

西松　教育委員会からは宿泊を伴う県外への移動は禁止という通達が来ていた。

森岡　副校長先生はホテルをキャンセルしたほうが良いんじゃないかと顧問の先生に言っていたらしい。

松原　そんな色々なことはあったけど、私たちは全国大会の舞台に立ってる。

賀東　ちょっとだけ。胸がちくっとする。

木原　私たちは気づけなかった。

小野　何かを置き去りにしているのかもしれない。

西松　誰かを忘れているのかもしれない。

森岡　それでも今は9月4日。今はまだ9月4日。

《塾の帰り道》

先生がやってくると女子が一人歩いてくる。

森岡　るんたっ るんたっ。あら、どうしたのこんな時間に？

小野　塾です。

森岡　あー、塾お疲れ様ね。じゃあ気をつけて帰るのよ。じゃあね。るんたっ るんたっ

小野　あの、ゆうこって…

森岡　ああ、おしぶちさん？おしぶちさんがどうかしたの？

小野　学校来てないから。

森岡　ああ。でもあなたの方がよく知ってるんじゃない？中学校も一緒だったんでしょ？
小野　ラインも既読つかないし。
森岡　（何事か考えていたが）あなたはさ、やりたいこととか、将来なりたいものとかある？やりたいことはね、やれるうちにやっちゃいなさい。ね？じゃ先生、合コンだから。（行きかかって振り返り）あ。みんなには内緒ね。先生怒られちゃうから。じゃあね。るんたっ　るんたっ　るんたっ　るんたっ　るんたっ

先生は去る。

小野　私たちにはやりたくてもやれないことがいっぱいある！
木原　死ぬまでに一回くらいちゅーしたい！
松原　白馬の王子様とゴールインしたい！
嵯峨　誰にも文句言われないで好きな服着たい！
西松　好きなだけ買い物したい！
賀東　死ぬほど唐揚げ食べたい！
新宮　何も考えず旅行行きたい！
森岡　坊主にしたい！

みんな一つ残った椅子を見る。

全員　あの子のやりたいことは何だろう？

一人だけ残って全員去る。

《また、なにも変わらない朝が来る。あの子がいない、朝が来る。》
残った一人が椅子を見ている。椅子だけが浮いているかのように見えている。

音楽。音楽が流れると、みんなが一斉に出てくる。それぞれの登校風景。一番最初に行われた登校風景のようにも思えるが、よく見るとちょっとずつ違うようにも見える。全員が忙しく動く中、一人の女子が真ん中にある椅子を見つめている。一人の女子がやって来て椅子を見つめている女子に話しかける。

松原　あ…。あのさ。この前、間違えちゃってごめんね…。
木原　ああ、大丈夫。
松原　一緒に学校行かない？
木原　うん。

二人は歩き始める。

松原　名前なんて言うの？

木原　えっと…○○（名字を告げる）。

松原　いや、知りたいのは下の名前なんだけど。

二人は連れ立って去る。

幕。

撮影／彌冨公成　提供／東京都立千早高校演劇部

〈ファシリテーターへのインタビュー〉

# 『見えない女子の悩み』

柏木　陽
（東京都立千早高校外部指導員）

**工藤**　外部指導員（ファシリテーター）という立場で、都立千早高校の部活動にどのように関わっていらっしゃるか教えていただけますか？

**柏木**　都立千早高校では演劇を作るサポートをしています。特徴的なのは集団創作という方法で創作をしていることです。私の役割は進行役というものです。基本的にはずっと彼らの話を聞いています。その話の中からおもしろいと思ったことや重要だと思うことを場面にしてみようと提案をします。その中でより明確にした方がよいことや、逆に曖昧にした方がおもしろくなるであろうことなどを、こちらから提案します。提案は受け入れられることもあれば受け入れられないこともあります。

上演の前に台本があるということはありません。なので台本を使わずに練習は進んでいきます。上演に際して劇場スタッフとの打ち合わせなどで台本提出を求められるので、できている上演の文字起こしをした台本を作ることもあります。それ以外にも必要書類の作成などのお手伝いをしています。

週に何回というような定期的な関わり方ではありません。私は演劇を作るパートでないと基本的には学校にうかがうことがありません。それ以外では、書類作成や今後の活動の方針を決めるときなどに学校にうかがいます。

**工藤**　『見えない女子の悩み』という作品を創ろうとされたきっかけは？

**柏木**　毎回、作品作りをするときに部員や顧問の先生と話し合いをするのですが、その話し合いのときに原案に名前のある森岡さんから「うちの学校は女の子ばかりなんで女の子の話をやりたいんです」と持ちかけられたのがきっかけです。

作品の名前だけ先に決めなくてはいけなくて、話し合いをしているうちに女の子、女性、女子など呼び方はいろいろあるけれど、特に女子という呼称は学校に通っている時期特有の呼び方だという話になりました。女性の悩みでも女の子の悩みでもなく「女子の悩み」を描こうという話になりました。女子の悩みは大っぴらに言えないことの方が多いかも、ということから「見えない女子の悩み」というタイトルが決まって、この方向で創作することになりました。

**工藤**　私は二〇二一年三月の春フェスで『見えない女子の悩み』を拝見しました。春フェスに参加が決まってから北九州に来るまでの状況も、台詞に反映されていました。都立千早高校の創作方法は、コロナ禍での激しい状況の変化を描く上で対応しやすいという印象がありますが、実際はいかがでしたか？

**柏木**　集団創作で作っているので、変化に対応しやすいというのはあるかもしれません。前日に作った場面やその日作った場面を上演の中に入れることもあります。出演者が適応さえできれば、そのような改変は割とおこなうので、対応しやすかったといえるかもしれません。そのような作り方の事情と共に、この年のコンクールの規則などが変則的だったので、それも影響していると思います。

全国各地、コロナによっていろいろな条件が出されて、コンクールが開催されていたと思います。東京都も例外ではありませんでした。地区大会は六〇分での上演が可能でしたが、都大会では四〇分での上演を、と劇場側からの要請がありました。換気や消毒のための時間がほしいということでした。私たちは地区大会でも四〇分で上演しました。ほとんどの学校がそうだったと思います。都大会が四〇分。しかし関東大会は六〇分。二〇分も上演時間が違うので、まだまだ話し足りない場面を入れようと準備を始めたところで感染者数が急増。学校の授業がオンラインになりました。同時に関東大会も映像審査となりました。

当初の話では、県大会などの映像を提供するということでしたが、撮っていない学校があるということで、撮り直した映像も認めるということでした。千早高校は都大会の映像を提出しました。せっかくなので部活もオンラインでおこない、新しい場面を創作しました。提出した映像は都大会のものでしたが、審査員用の台本は関東大会バージョンを作って提出しました。なのでできあがった場面を上演することはありませんでした。その上での春季全国でした。数えてみれば、地区大会、都大会、関東大会、春季全国と四バージョンを作ってきました。

ただこの方法での創作は、生活の上で変化があると台詞にリアリティがなくなるので、場面自体を作り変えたり、なくす必要が生じるといった弊害もありました。

その中で「今日はまだ九月四日」という台詞は生まれました。自分たちの定点をつねに意識してもらわないと、観客側の意識が相当変化していく中での上演には耐えられない。そういった判断をして挿入した台詞でした。その意味では、台詞も場面も変化をさせてきたのは集団創作だったからというよりは、私たちも見てくれる方々も現実感やリアルであると思えることが、どんどん変化していく中での上演だったんだなと思います。だからこそ、変化させなくてはいけなかったということではないか。その変化についていくには、千早高校演劇部の作り方と上演のあり方は適していたといえます。

**工藤**　都立千早高校の、部員たちの日常の話を元にする創作方法は、コロナをテーマにすると決めるかどうかではなく、高校生のリアルを描く上で、否応なしにコロナが作品に染み込んでくるのだと感じています。『7月29日午前9時集合』と『フワフワに未熟』は、コロナをどういうものと捉え、創作されましたか？

**柏木**　おっしゃるとおり、創作の上では「コロナが」とか「コロナだから」みたいには捉えていないかもしれません。それよりも「マスクをしている」とか「人と触れない」とか、そういった上演に課された条件を考える方が、意識の中では大きかったように思います。

高校生である彼らの日常を演じてもらっていると、行動にしても台詞にしても、どういうものがリアリティがあるのかということが見えてくるように思います。

例えば『7月29日午前9時集合』の中では、文化祭をどうしようかとさんざん話し合った場面が描かれるのに、ラストで「コロナで文化祭は中止になりました」という台詞のあと、「まあ私たちとしてはラッキーなんですけどね」と続いています。これは彼らの偽らざる本音です。文化祭は陽キャ（陽気なキャラクター）がワイワイ楽しむものという認識があるみたいで、こんな台詞になりました。これはコロナの状況をそんなふうに捉える人もいるという意味で、ちょっと意外に思われたようです。

『フワフワに未熟』の中でも、昼食を取る場面で「本当はみんなと食べたい」という子もいれば「自分の席で心穏やかにご飯が食べられるのはコロナのおかげです」という子もいます。彼らは「コロナがなければ」とも思わないし、「コロナがあるから」とも思っていないと思います。コロナの中での生活の様子を仔細に見ていくと、彼らなりの価値観が見えてくる。いままでだったら隠れていたその価値観の違いが、コロナの状況によって見えてきたことがおもしろいと思っています。本当はいままでもあったけれどより鮮明になったと思います。そして、その価値観の違いを表明しやすくなったのかもしれない。観客側がその価値観の違いをちゃんと受け止めてくれるようになったな、とも感じています。なので、それぞれの台詞をそれぞれに実感を伴って、観客にも受け止めてもらえたのではないかと思います。

同時に、彼らの記号的な同種性とでも言えばいいのでしょうか、同じに見えるという状況がコロナのマスクをする状況によって生まれたように思います。もともと彼らは制服という同質なものに身を固めています。その中の細かな差によって自分を表現しようとしています。私から見ると、高校生の時期というのは、個性的になりたいけど埋没したい、特別な存在になりたいけど目立ちたくない、というアンビバレントな状態になっているように感じます。それが、いまのアニメやオタクコンテンツにも見て取れるような気がします。

マスクをするという環境は、そんな彼らが自らの特徴をよくあらわすことのできる状態だったのかな、と思います。記号的になればなるほど、彼ら一人ひとりの独自性が見えてくる。いままでは制服が、そんな逆説を成立させていたかもしれません。それにくわえて、制服とマスクという装いが、そんな逆説をコロナの状況で成立させてしまったのかなと感じています。

**工藤**　二〇二〇年二月から二〇二三年三月に至るまで、コロナが部活動に及ぼした影響はどのようなものでしたか？　また、この三年間は今後の部活動にどのような影響を及ぼすとお考えですか？

**柏木**　まず、このコロナの状況がなかったら、千早高校演劇部はいまのようにはなっていなかっただろうと思います。はた目には、千早高校はコロナの間に目覚ましい躍進を遂げたように見えたと思います。それは私の事情とも重なる部分があります。じつは、私は二〇〇八年頃から千早高校演劇部と関わっています。その後の関係はつかず離れずでしたが、二〇一九年から突如として作品作りにしっかり関わるようになりました。

その頃に作った作品は、とてもよいものだったと思いました。しかし、コンクールでの結果は地区大会まで。都大会へ進むことはできませんでした。そして、コロナで私が暇になってしまいました。なので、前年以上に部活に顔を出すことができました。正直なことをいえば、部活以外にやれることがありませんでした。私が部活動へ参加した時間の多さは、彼らの活動に大きく影響したと思います。

私が彼らと創作をする時間の中で、彼らはある種の基準を身につけていったように思います。最初のうちは手探りだった場面作りも、だんだん手がかからなくなっていきました。それが遺伝のように下の世代へと繋がっているように思います。

千早高校の生徒は、外部から見るとギャルっぽかったり、制服などまともに着ていない生徒の方が多くて、とてもいかつく見えます。これは自信のなさの裏返しでもあると思います。演劇部には、メイクや小物などの「武装」すらできないような子もいました。しかし、自信を持った彼らはメイクをし、堂々と言いたいことを、少なくとも部室と舞台の上では言えるようになってきました。そんな彼ら自身の変化もあったように思います。

とはいえ、都立高は人事異動と無縁ではいられません。いまの顧問の先生がいる間は、いまのような状況でしょう。けれど、いまの先生が移動したら、私はいまのような関わり方ができなくなると思います。

ようは、コロナの状況が一人の演劇人を高校の部活に深くコミットさせ、変化させたのかなと思います。

指導者がいなくなることで、いままでの実績などなかったかのようになる有力部活というのは、体育系でも文化系でもたくさん聞きます。この三年間が与える今後の部活動への影響は、今後の人事異動次第ということではないでしょうか。

**工藤**　最後に「コロナ禍の高校演劇」について、お考えになっていることをお聞かせください。

**柏木**　社会の中では、コロナ以前コロナ以後という言い方をされていくのでしょう。高校演劇の世界もそのような分け方がされていくのだと思います。そして、コロナ以後はぐっとシビアな表現にフォーカスが当たっていくのだろうかと考えています。

まず、どの高校もコロナでたいへんな思いをしただろうなと思っています。並大抵ではない困難、特に劇作上・表現上の苦労は並大抵ではなかったと思います。東京では、舞台上では身体的接触をしないという条件下での上演のみが許可されていました。神奈川では、舞台上で演者が一・五メートル以上離れていなければいけないという条件があったと聞きます。ほかにもいろいろな条件下で、ようやく上演にこぎつけた地域はたくさんあったでしょう。

困難な条件下で、それでも説得力のある舞台を作ろうと奮闘していた皆さんには、頭の下がる思いです。そして、今後は元に戻っていくのでしょう。舞台上では、すでにマスクなしでの上演が可能になってきています。

しかし、このあと、まるでコロナなどなかったかのようになった世界にこそ、私は違和感を抱くかもしれません。実際、生徒の中にはマスクを外すことに対する違和感を表明する者もいます。都教委の出した方針は「原則、マスクは外すこと、例外は認める」ということだそうです。どちらでもよいとはなりませんでした。例外状況であったいままでは「原則マスクをすること」としていた。それを元に戻すのだから、原則的に外すというのは、わかるようでわからない話だなとも思います。コロナという疾患が消えたわけでもないし、治療法が確立されたわけでもないのに……。

比べてはいけないかもしれませんが、私たちは二〇一一年に大きな災害を体験しました。とてつもなくたいへんな出来事でしたが、壊れたものをまた作っていこうとか、新しい生活を作っていこうとか、かけ声だけでもポジティブに思えるようなことが言えていたと思います。

このコロナ禍という状況は、もっとヌルっとしていて、捉えところがない。全員に関係があるのに、それぞれの違いを浮き彫りにしてしまう。いままでしたことのない体験でした。これまで私たちが見聞きしてきた災害とは、全く違う状況だったように思います（いや、もしかしたら被災地で起こっていた様々な出来事には、似たところがあったのかもしれません。たまたま東京にいた私は、それを見ずに済んでいただけなのかもしれない）。

コロナの状況が浮き上がらせた様々な事象。それが、いままでであれば説得力を持った表現や考え方を、ある意味で無効にしてしまったのではないか。コロナ前にはおもしろいと思えた脚本のほどんどを、無効化してしまうほどに影響を持っていると思います。

しかし、だからこそこれから作られていく演劇（それはもしかしたら高校生の作る演劇だけではないかもしれませんが）には期待したいと思っています。むずかしい状況だからこそ、その状況を共有し、これからどうやって作っていけばよいのかを一緒に考えていく。そんな表現が出てくるのではないかと思っています。

単純に答えを出したり共感できるものではないかもしれませんが、だからこそ「これから」を作っていくものになると期待しています。

## 久留米大学附設高校演劇部

# 19-Blues

附設高校演劇部・岡崎賢一郎　作

〈キャスト〉

針生　ひな　大中理紗子
中村穂乃香（ほのか）　西尾彩里
石崎慎司（シンジ）　下野聖矢
石崎朋子（母）　衛藤舞
同級生（みさ）　小伊勢茉那
先生（田辺先生）　西村菜々
後輩（ももちゃん）　太田百合子
後輩（みうらくん）　中村鷹峻

〈スタッフ〉

演出　下野聖矢
舞台監督　衛藤舞
制作　小伊勢茉那
音響　西村菜々
照明　小伊勢茉那　太田百合子
　　　下野聖矢　中村鷹峻
大道具　衛藤舞　西尾彩里
小道具　小伊勢茉那　西村菜々
　　　大中理紗子
衣装　大中理紗子

■上演にあたって
1場以降の演技は、全て人形を操って行うこと。なお、役者はマウスシールド　を着用すること。

COVID↓19

大学、どこにも受からなくて、
そんな時に流行った新型コロナウイルス。
卒業式も　なあなあで終わったから、
予備校にも行けない私たちは、

……結局　何者？

［1場］

緞帳が上がる。
暗転幕が下りている。

女子高校生（針生ひな）やってくる。
『19-Blues』の文字を掲げる。

ひな　でもそれは、何の前触れもなく、あっけなく幕を閉じた。2020年、3月。

開演
音楽（『水色の日々』SHISHAMO）
ブザー　アナウンス

暗転幕あがる。

下手に机、その後ろに大きな「C」の文字。
上手に机、その後ろに大きな「9」の文字。
舞台上には、制服を着た高校生たち。
手には大きな文字を持っている。
様々な場所で話をしている。

一人の女子高校生（中村穂乃香（ほのか））、ひなに近づく。

ひな　卒業式か……
ほのか　うん、卒業。あっという間だね、高校生。
ひな　うん。（周りを見渡し）卒業式なのに、在校生来ないんだ。
ほのか　まー、仕方ないんじゃない、コロナ。福岡でも増えてるし。
ひな　そうだけどさ、……なんか、寂しいね。
ほのか　仕方ないよ。……式あるだけまだマシだと思うし。どっかの高校では、式もなくなったって聞くから。
ひな　ええーーじゃあ、卒業出来ないじゃん。
ほのか　いや、それは意味わかんない。式無くても、卒業は卒業だよ。いつまでも高校生じゃいられないし、

上から、大きな人形が降りてくる。

ほのか　あ、校長先生だ！。始まる。ひな!!
ひな　校長先生？？
ほのか　ほら、あそこ！

ほのか、校長先生を指さし、ほのかをせかす。
ひな、ほの、列に並ぶ。
『COVID↓19』の文字が並ぶ。

ひな　あれ、校長先生？……先生……でかくない？
ほのか　そ？あんなもんだよ、この学校では。
ひな　……そっか。

卒業式の歌。

ひな　ということで、私たちは高校を卒業します。

ほのか　（拍手）

ひな　私の高校時代。２０１７年。針生ひな、高校1年生。１６歳。たまたま同じくクラスで、席が前後だった、中村さんに声を掛けられる。

女子高校生（中村ほのか）、出てくる。

周りの高校生はいなくなる。

ひな　中村さんは、私の顔をじっと見てこういった。

ひ・ほ　「針生《はりゅう》ってすごい名前だね。」

ひな　それが、ほのかと私の初めての会話。

ほのか　よく覚えてるね、そんなの。

ひな　なんか記憶に残ってて。ってか、それくらいしか覚えてない、高校1年生。

ほのか　えーーいろいろあったじゃん！高校1年生も。

ひな　いや、あったとは思うんだけどさ、いざ、って言われると。で、高校2年生。高校2年生はもちろん

ひ・ほ　「めざし」!!

ひな　だね。２０１８年。高校2年生。１７歳。またまた、たまたま同じクラスで席が前後だったほのかが誘ってくれた。

ひ・ほ　一緒にバンドしようよ。

ひな　バンド??軽音部??

ほのか　そ。

ひな　ええーーー私、楽器出来ないよ。

ほのか　ピアノ弾けんじゃん。合唱コンクールで弾いてたし。

ひな　いやいやいや、それとこれとは別だよ。

ほのか　でもさ、必要なんだって、キーボード。ねえ、シンジ。

男子高校生（石崎慎司（シンジ））、でてくる。

ギターを担いでいる。

シンジ　そ、だからさ、針生さん、よろしく！（ギターを弾く）

ほのか　なんか軽いなーー　なに「よろしく!!」って。

シンジ　軽くねーし。

ほのか　はいはい。ってことで。必要なんだ、ひなが。だからやろうよ、バンド！

ひな　と、なんか半ば強引に始まったバンド活動。でも、……楽しかった。

ほのか　うん。

ひな　音楽に明け暮れる高校生活。２０１９年。高校3年生。文化祭。多目的教室をライブ会場にして、我らが軽音部のライブ。文化祭ライブ。

『NO LIVE NO LIFE』の文字

ひな　楽しかったな、マジで。バンド誘ってくれてありがと。
ほのか　いえいえ。
ひな　ということで、文化祭をもって軽音部は引退、「めざし」も封印。だって高3だし、受験生なんだから、私たち。
ほのか　でも（笑）
ひな　でも、（笑）卒業ライブがあるもんね、私たち。
三人　卒業ライブーー
ひな　高校3年生が、卒業を祝して行う卒業ライブ。卒業式も終わって、大学受験受かった人も、落ちた人も、みんなとりあえず高校生が終わるってことで、みんなで集まってライブをする、軽音部恒例の卒業行事。

音楽CO

ひな　でもそれは、何の前触れもなく、あっけなく幕を閉じた。2020年、3月。大学も、卒業ライブも、なにもかもなくなって、……

照明

間

ひな、座り込む。

ひな　これから、私たちどうなるんだろ。
シンジ　だね。
ひな　考えた??
シンジ　考えた考えた。めっちゃ考えた。
ひな　……
シンジ　ホントに。
ひな　あ、そ。
シンジ　でもさ、全然わかんなくない?これからどうなるか、とか。
ひな　まーね。
シンジ　いや、俺はさ、成績的に厳しいから浪人は覚悟してたんだけど、でも、……これはさ。こんなことになるなんて、思ってもみないじゃん。……緊急事態宣言、とか、コロナとか。

「緊急事態宣言」
「3つの密をさけましょう。」
「換気の悪い密閉空間」
「多数が集まる密集空間」

「間近で会話や発声をする密接場面」
「マスクをして」
「できるだけ、人との交わりを避けて」

慌てる人々
ひな、シンジもマスクを付け、人形を手に持つ。

シンジ　だから、うん。……わかんないよ、この後どうなるかなんて。
ひな　……だよね。
ひな　高校を卒業して、私は、……何者でもない私。何も始まりません。だって、（人形を見る）コロナだもん。ですが、私は、浪人生の私は、……勉強頑張ります。……頑張んなくちゃね、私。勉強。……

ひな、椅子に座る。

ひな　でもさ、……いつ終わるんだろうね、これ。
シンジ　……
ひな　いつか終わるのかな?これ。

ひな、大きな人形に向かって

ひな　あの、……これ、いつか終わるんですか?

ひな　ため息。

音楽（『レム』BUMP OF CHIKEN）

ひな、机の中からピンクのノートを出す。

ひな　終わったら……私たち……また……昔みたいに、ライブしたいな。私と、ほのかと、シンジでさ。………

音楽高まる。
照明

大きな人形、姿を消す。

【2場】
『2020年、5月』
段ボールを抱えた石崎朋子（母）やってくる。
照明

母　また！
シンジ　んん？
母　ギター。なーんか音しよるなーと思ったら、ギターって。
シンジ　息抜き
母　なんが息抜きね、浪人生の分際で。ずっと弾きよるやん。ボロンボロン。あんたはビートルズね。
シンジ　ごめん、勉強中やけん、邪魔せんで。
母　勉強!! ほーほーー勉強。勉強かーー
シンジ　うるさい。
母　ったく。……はよ予備校始まればいいとに。もうGWも終わったんやけん。こんなんじゃ、来年もまた浪人やね。
シンジ　どっかには受かるやろ。
母　どこに。
シンジ　東京のほうの私大とか。
母　受かるもんね、あんたん頭で。
シンジ　ひどくない？
母　真実たい。真実はいつもひとつたい。
シンジ　分かった分かった。……ってかさ、もうさ、出てってくれる？
母　はいはい（ため息）ああ、あと、これ。あんた宛ての荷物来とった。Amazonと、これ。針生さん。

荷物を渡す。

母　針生さんって、バンドの？
シンジ　そ。
母　まだしよっとね、バンド。
シンジ　まさか。……なんだろ、これ。
母　ならよかけど。……あーあと、お父さん、しばらく帰ってこんて。今連絡あった。
シンジ　なんで
母　コロナたい。こげな時期に東京から帰って来たってばれたら、周りからなんて言われるか。
シンジ　かかっとらんやろもん、お父さん。
母　かかっとらんでもよ。知っとる?それで家に張り紙された人おる、って羽鳥さんのモーニングショーでいよらした。「こんな時に東京から帰るなんて非常識だ！」って。
シンジ　くだらん。
母　お母さんもそげん思うけど、最近は自粛自粛やけん。お父さんもやめとこーいうて。……で、お父さん心配しとらしたよ。
シンジ　何
母　シンジ。どげんしよるかねーーって。……心配なんよ、

　　お父さんも。
シンジ　分かってる
母　……ならいいけど。
シンジ　じゃ、俺、勉強するから。じゃ、
母　はいはい。

　母、出て行こうとする。

母　あと、たまに散歩してやってよ、ハチ。あんた暇しとるんやけん。たまには。
シンジ　だね。

　シンジ、ハチを覗き込む。

シンジ　おいで、ハチ。　ハチ!!
ハチ　わん

『ハチ』

シンジ　でもさ、最近、ハチ、あんま元気なかよね。ここ最近。
母　それ。なんでやろね。
シンジ　なんか変な物でも食べたかな。
母　あんたじゃなかとやけん。じゃ、よろしく。勉強頑張ってね、シンジ。音楽じゃなくて、勉強
シンジ　はいはい。

　ひな出てくる。
　机に座って、ピンクのノートをじっと見つめる。

ひな　音楽じゃなくて、勉強。……頑張れ、私。

　ひな、机に向かう。勉強をしている。

ひな　「(英語の教科書を読んでる)〜　……stand the test of time」って何だったっけ。んんーー

　照明
　制服姿のほのか、出てくる。

『高校時代?』の文字

ほのか　「時の試練に耐える。」
ひな　あ、そっか。そうそう。習ったんだった、高校ん時。
ほのか　だよ、この前リチャード先生が言ってたじゃん、
ひ・ほ　「コレテストデルコトデスヨ」

二人笑い合う。

ひな　そうだった……うん。……そっか。そうだったね。
ほのか　忘れちゃダメだよ。
ひな　忘れないよ、絶対。……うん。「時の試練に耐える」
ほのか　あ！あと、練習会場押さえたって、シンジが。来週の週末。……いよいよだね、バンド。「めざし」
ひな　うん。
ほのか　もーーー楽しみすぎんだけど。ねえ、ひな。
ひな　でもさ、私、ホント全然出来ないよ、演奏。
ほのか　大丈夫大丈夫。私もドラム始めたばっかりだから。シンジのギターも。
ひな　そっか。
ほのか　うん。だから、頑張ろうね、「めざし」
ひな　シシャモじゃなくて「めざし」
ほのか　でもさ、なんで「めざし」なんだろうね。ね、なんで？シンジ

シンジ出てくる。

シンジ　SHISHAMOのカバーするじゃん。「明日も」とか。
ほのか　うん。
シンジ　で、SHISHAMOに近いなら、なんがいいかなーって。で、
ひ・ほ　めざし。
シンジ　（拍手）
ひ・ほ　うーーーーーん。めざしかーーーー
シンジ　でも、ほら、他の魚考えてごらんよ。他。めざしが一番良いから。魚
ほのか　魚？
シンジ　魚。他の魚。
ひな　えーーっと、「さば」
ほのか　「あじ」？

「サーモン」「たい」「いくら」「まぐろ」「えーーツナ」「いや、ツナは違うでしょ」「かにかま」「だから、ズレてるから、なにかにかまって」

シンジ　ほら。
ひな　ほんとだ!!
ほのか　ほんとだじゃねーよ。
ひな　だって、私嫌だもん、バンド名「かにかま」。「いまから『かにかま』のステージ始まります!!聴いてください、『かにかま』で「明日も」……ない。ね？
ほのか　いや、かにかまは私もないけど、なぜに魚しばり？
シンジ　SHISHAMOのコピーするから。あとさ、「めざ

ほのか　し」って（指さす）「めざし！」って感じがするじゃん。
シンジ　どういうこと。
ひな　だから、（腕を高くあげて）「めざし！」
シンジ　おーーー（マネをする）「めざし！」
ひな　そうそう。だからさ。
シンジ　いい！「めざし」いい。ねえ、「めざし」！
ひな　だろ。だから、これにしようかなって、バンド名。
ほのか　ほの！
ひな　ま、そう聞くとなんかいい気がしてきた。
シンジ　（嬉しそう）うん
　ってことで、えー今日から、俺と中村さんと、針生さんで、バンドを始めることにしました。

後ろに立つ、高校生達（みさ・もも・みうらくん）。

みさ　なるほど。
ほのか　私がドラムで。シンジが、ギター。で、ひながキーボードとボーカル。
ひな　歌はみんなで。
ほのか　曲は、最初はSHISHAMOのコピーするんだけど、ゆくゆくは、オリジナルしたいなーって思ってる。ひなが歌詞を書いて、シンジが曲をつけると。
ひな　え？私が詞を書くの？
ほのか　そ。
みさ　えーーすごいじゃん!!
もも　聞きたいです、先輩達のオリジナル曲!!
みうら　（うんうん）
ひな　えーー私歌詞なんか書けないよ。
ほのか　いっつも詩書いてるじゃん、ひな。だから
ひな　それとこれは違うでしょ。
ほのか　同じ同じ。なんか青春!!とか恋!!とかでさ。ひななら
　できるって。
ひな　……うん。
ほのか　よろしく!!
みうら　先輩たち、がんばってください!!
シンジ　おう!!
みさ　でさ、ちなみに、バンド名とか決まってるの？
シンジ　ああ。「めざし」
みさ　「めざし」？
ひな　うん。私たちのバンド名は「めざし」です！

照明
周りの人々は去って行く。
『高校時代？』の文字も取り外される。

ひな、周りを見渡す。

ひな　……。

ひな、部屋に戻り、浪人生の人形を持つ。ため息。

ひな　……「めざし」か。

ピンクのノートを見つめる。

ピンクのノートをめくる。

そこに書かれた言葉。

ノートを閉じる。

ひな　「めざし」ってさ、……何目指してたんだろ、私たち。

音楽（『drizzle(2020)』cody-Lee（李））

照明

ひな、勉強をする。

シンジ、勉強に疲れ、ハチを連れて、散歩に出かける。

［3場］

高校生（ももちゃん・みうらくん）と大学生（みさ）

照明

もも　先輩!!遊びに来てくれたんですか!!嬉しい！

みさ　ちょっと時間空いたんで。車の練習がてらに。なんか聞いたよーーももちゃん。文化祭の代わりに、ライブやるんだって。

もも　はい!!

みさ　で、頑張ってるかなーって。

もも　もうそれは。ねえ。

みうら　バリバリです。超俺たち頑張ってます。この通り!!

みさ　おおーーーいいねーー。楽しみ！

もも　だから、絶対来て下さいね、先輩。

みさ　もちろん。……でさ、高校生、どう、今。

もも　最悪です。だって、文化祭なかったですもん。よりによって、最後の文化祭ないとか、ほんと悔しいです。

みさ　だね。……そっか。

みうら　もうホント、ＫＭＭですよ。

みさ　ＫＭＭ?

みうら　「コロナ、まじむかつく」

みさ　えーーーコロナはＣ

みうら　!!!!!

もも　はず!!
「だってーーだってーー」「いや、普通にニュースで言ってるにゃん、コロナ」「でもーー」いちゃいちゃ。
みさ　あの、……仲いいね。そんなに仲良かったっけ、2人。
もも　付き合ってるんです、私たち。みうらくん。
みうら　ももちゃん。
も・み　ねーーー
もも　今、コロナで大変だけど、みうらくんがいるからなんとか頑張っています！
みうら　(照れる)
みさ　そっかそっか。
もも　高3なんで大学受験、一生懸命勉強もしなくちゃいけないしー
みうら　IKな。
もも　一生懸命。でも、文化祭が中止になって、せっかく部活がんばってきたのに、発表する場がないとか、絶対嫌だから、
みうら　ZYっす。
もも　絶対嫌。だから、ライブやろうって。軽音部のみんなで。卒業ライブなくなった、先輩達の思いも込めて。だから、来て欲しいんです、先輩達にも。連絡回してもらっていいですか？　中村先輩とかも来てほしいし。
シンジ、出てくる。携帯。
シンジ　ライブねーー
ほのか　そ。高校生達が、卒業ライブと、文化祭を併せて、なんか夏にするって話。……ま、浪人生だから、シンジ「は」行かないだろうけど。
シンジ　え、ほのか行くの？
ほのか　行くよ、そりゃ。応援しに。
シンジ　ええーーーーずりーーー　マジで　ええーーー
ほのか　勉強あるでしょ、浪人生。
シンジ　……大学生だって、勉強あるだろ。
ほのか　ない。
シンジ　ないことはないでしょ。
ほのか　ないよ、全然ない。大学入ってもなーんも、……コロナだもん。ずっとオンライン。……大学生って実感もないし。
シンジ　あーーそうなんだ。
ほのか　大学に入ったはいいけどさ、……何してるんだろってホントに思うんだ。……で、まあ、大学生は暇なんで、私「は」行くよ、応援しに。ももちゃんの歌も聴きたいし。

シンジ　はいはい。行ってらっしゃい。
ほのか　いってきまーす。……ってか、今何してんの？
シンジ　犬の散歩してた。
ほのか　飼ってたっけ、犬。
シンジ　結構前から。柴犬。可愛いんだよ、これがさーー
ほのか　あ、そ。
シンジ　でも最近はなんか元気ないんだよねーー心配なんだ、マジで。
ほのか　えーっとあの、勉強は？
シンジ　……ま、ぼちぼち。
ほのか　おばさん心配してたよ。
シンジ　は？
ほのか　ばったりこの前、スーパーで会って。「おお、久しぶりほのかちゃん」って。「大学生すごかねーー」って。
シンジ　……
ほのか　「それに比べて、ウチのシンジはいっちょん勉強しよらん。こん調子だと、いつまでたっても浪人たい。」って。「ほのかちゃんからも一言言っておいて！」って。……言ったからね、私。
シンジ　へいへい。
ほのか　じゃ。また連絡する（携帯切ろうとする）
シンジ　はーい。……ああーーーちょっと待って、あのさ、この前、荷物届いたんだけど、
ほのか　ん？
シンジ　針生さん。なんか、借りっぱなしになってた楽譜とかあったって。で、荷物。……針生さん元気？
ほのか　……
シンジ　ん？
ほのか　……連絡してない。
シンジ　なんで？
ほのか　……そりゃ……だってさ、……電話しにくいじゃん。やっぱり。
シンジ　まーそっか。
ほのか　そ。……昔は毎日電話してたけど、……4月に入ってからは、全然。なんか連絡しにくくて。
シンジ　じゃ、今度あるライブの話は
ほのか　できるわけないじゃん、そんなの。
シンジ　……そう？
ほのか　そりゃそうだよ。……ライブの話とか、できないよ、ひなには。……ひな一番楽しみにしてたんだから、卒業ライブ。
シンジ　でもさ、浪人してても、連絡すればいいのに。何してる？ライブあるらしいよ、って。……友達なんだから、それはさ。
ほのか　……

照明
ひな、立ち上がる。

ひな　（ため息）。あ、お母さん、お帰り。今日、夜勤じゃなかったんだ。そっか。……うん。お父さんもまだ。……そ。

ひな、お母さんを迎える。だが、お母さんの姿は見えない。

ひな　大変だったね、今日も。ご飯、作っておいたから。うん、ラップかけておいといた、オムライス。そう。……いや、だって、それはさ、……私なんもしないで家にいるんだから、それくらいはしないと、……うん。だって、お母さん大変じゃん、今。……うん。……わかった。頑張るね。じゃ、お休み。

ひな、机に戻る。

ひな　頑張らなくちゃな、私。

携帯が鳴る。
ほのかからの着信。

ひな　……もしもし。ほのか？
ほのか　久しぶり。
ひな　おおーーほのか!!ほのかだーー!!　久しぶり!!　元気？？
ほのか　……うん、元気だよ。そっちは。
ひな　元気元気、超元気!!
ほのか　そっか。
ひな　ええーー久しぶり。どうしたの？
ほのか　いや、特にこれといったことはないんだけど、何してるかなー　元気にしてるかなーって思って。ごめんね、連絡しなくて。
ひな　コロナだからね。えーーでも、嬉しい、ありがと。
ほのか　あーー今、電話して大丈夫だった？
ひな　もちろん。今ちょうど休憩中してたとこだから、全然。ちょうど煮詰まってたとこだし。ほのかはどう？東京はどんな感じ？もう慣れた？
ほのか　んん？
ひな　あれ、東京じゃないの？
ほのか　全然。今、家。福岡。
ひな　ええーーそうなんだ。なんで？
ほのか　大学始まってないんだ、だから、ずっとこっちにいる。
ひな　引っ越したと思ってた。
ほのか　引っ越しはしたよ。3月に。で、引っ越しして、荷物

ひな　だけ入れて、帰って来た。1泊だけして。
ほのか　旅行じゃん。東京旅行。
ひな　そ。あとはずっとこっちにいる。2ヶ月。……全然実感ないよ、マジで。コロナでさ。
ほのか　コロナ。
ひな　うん。だから1日中、家であつ森してる。ベル貯めまくってるよ。
ほのか　そうなんだ。
ひな　ひなは塾？
ほのか　行ってはいるけど、授業はまだ。だから自習だけ。まもなく始まるっては言ってるけど。

照明

田辺　あら、針生さん、おはよう!!今日も早いね。自習？
ひな　あ、おはようございます。……学校と同じ時間に生活するっていうパターンは、変えない方がいいかなと思って。だから、ここ、開いてるの、すっごく助かります。
田辺　授業がないのが申し訳ないけどね。
ひな　仕方ないです。まだ多いですもんね、福岡。病院とかでクラスターとかもでてるみたいだし。
田辺　じきに緊急事態宣言も解除になるだろうから、そうしたら授業も始めるつもりだけど、でも、まだちょっと予断を許さないというか、……何かあったら大変だから。
ひな　分かります。
田辺　本当にごめんね。勉強のこと、何か困ってたら相談に乗るから。頑張ってね。
ひな　はい。

照明

ひな　だから一人で勉強してる。ほのかのほうは？大学もまだだよね
ほのか　そ、全然。オンラインなの、基本。こんなちっちゃな画面越しでさ、ZOOMでの授業！とかあるけど、ホントに聞いてる人もどれだけいるか分からないくらい。で、オンラインだし、普通に家にいるから、全然大学生って感じじゃなくて。なんのために大学に入ったんだろ、私って。そう思ったりするんだ。
ひな　……でも
ほのか　ん？
ひな　でも、大学生だよ、ほのかは。
ほのか　実感ないよー
ひな　実感なくても家にいても、ほのかは大学生だよ。……

ほのか　私と違って。
　　　……そうだね。

　間

ほのか　あーあと、シンジがよろしくって言ってた。なんか荷物送ったんでしょ。
ひな　借りてた楽譜とか、そんなの。ダンシャリしてたら、シンジに借りてた楽譜とか出て来て、さすがに捨てるわけにはいかないなーと思って。で、送った。
ほのか　そうなんだ。
ひな　シンジ元気してた?
ほのか　元気元気。相変わらずみたい。まーシンジだから。

　シンジは、ギターを抱えている。

ひな　だね(笑)……でも、なんかすっごい時間が経ったような気がする。1人で勉強してるとさ、……うん。…………シンジかぁ……、思い出すね、「めざし」。3人でやったライブとか。一生懸命練習したこととか。
ほのか　うん。
ひな　「めざし」かーー

　間

ひな　ほのか
ほのか　何
ひな　私さ、最近、勉強してると、ふと思うことあるんだ。
ほのか　何。
ひな　あと一回、一曲でいいから、最後に三人でやりたかったなぁって。
ほのか　……
ひな　もちろん無理なんだけど、最後にさ。そして、それは、SHISHAMOじゃなくて、「めざし」の、私たちだけの曲、……そう思って、私、じつはさ、勉強の合間に、ほんとちょっとした間に、歌詞を書いたりして、いつか

　ピンクのノートを取り出す。

ひな　……
ほのか　ひな?
ひな　……いや、冗談……あーいやいや、うん、最後やれなくて残念!!って話だよ、うん。
ほのか　……うん。
ひな　あーそういえば、聞いた?高校、軽音部の話。夏のラ

ほのか　イブ
ひな　え?
ほのか　なんか、みさから連絡あって
ひな　……いや、知らない
ほのか　この前、文化祭なかったじゃん、軽音部。だから、その代わりに8月にライブするんだって、この前の卒業ライブの分も。だから、ぜひって言われて。もちろん行かないんだけど。私は。
ひな　そうなんだ
ほのか　で、ももちゃんたちがさ、そんな風に思ってくれるのは、嬉しいことだよねーーって、みさと話したんだ、この前。
ひな　だね。

間

ほのか　でもさ、なんか、ちょっと…………なんでって思う。
ひな　え?
ほのか　「めざし」は出来なかったのに、って……高校生は、なんか盛り上がって、それってさ、……なんか……ムカつく。
ひな　……
ほのか　……ごめん、今ひどいこと言った・・・ごめん
ひな　ううん
ほのか　……じゃあ、そろそろ切るね。
ひな　うん。またね。
ほのか　……うん。

音楽(『靴の花火』ヨルシカ)

ひな、じっとノートを見つめる。

ノートを開く

ノートを閉じる。

ほのか、スマホを見つめる。スマホ越しの、ひなのことを思いながら。

［4場］

ひな、立ち上がる。

ひな　2020年5月。GWも終わり、コロナは少しずつ収まりつつあるように見えます。街も少しずつ動き始めて、学校とかも少しずつ。

田辺現れる。ただ、その顔はない。

ひな　いつからの予定ですか、授業。

田辺　来月からの予定。待たせてごめんね。針生さん、どう?頑張ってる?

ひな　はい。毎日頑張ってます!!

田辺　なんか不安に思うことあったらなんでも話してね　いつでも相談乗るから

ひな　ありがとうございます!

田辺去る。

ひな　こんな風に、少しずつ、社会は変わっていくんだな、って思います。手洗いうがい、マスク。そして、何もなかったかのように、今まで通りの生活。

周りを白いマスクをした人々が通り過ぎる。

人　受験どう?。

ひな　あ、はい。頑張ってます!

人　浪人生なんだって?コロナもあって大変だね。

ひな　そうですね。

人　頑張ってね、応援してるから。

ひな　ありがとうございます。

ひな、頭を下げたまま

ひな　そんな2020年、5月。

照明

シンジ、荷物を抱えて出てくる。

母、呼び止める。

母　どこ行くとね。

シンジ　駿台。書類とか、課題とか、いろいろ。なんか再来週から始まるみたいなことも言いよらしたけん、それ確認とか。あと、友達に資料借りたり。

母　いつ塾始まると

シンジ　6月1日。月曜。高校とかも始まるっていいよるけん、それに合わせて

母　そりゃー良かった。もう飽き飽きしとったよ、ホームステイ。ようやくお義母さんのとこにも顔出せるたい。

シンジ　ステイホーム。で、ついでにちょっといろいろしてくるから。

母　はいはい。

シンジ　あーあとさ、やっぱりハチおかしいよ。全然エサたべ

てないもん。昨日から。目もとろんとして、眠そうやし。

2人、不安そうに眺める

母　今日は仕事やけん、明日病院に連れて行ってみようかね。

シンジ　うん。

母　あんたもちょっと様子ば見とって。

シンジ　分かった。じゃあ、先に出かけるから。

シンジ部屋を出る。

喫茶店

ほのか、席に着いてる。

シンジ　えーっと、ここか。

喫茶店の音。シンジ入ってくる。

「いらっしゃいませ」

『喫茶店』

シンジ　おーーもう来てたんだ。

ひな　ちょっと早く着いて。

カフェの店員やってくる。

店員　ご注文お決まりでしたら伺います。

ほのか　もう、頼んだから、私。

シンジ　何。

ほのか　イチゴパフェ。

シンジ　えーーかわいいーー

ほのか　……

シンジ　えーじゃあーーー　アイスコーヒー。

店員　はい。アイスコーヒーですね。少々お待ちください。

店員去る。

シンジ　イチゴパフェ。

ほのか　朝ご飯食べ損ねたから。

シンジ　いや、それはちょっと意味わかんないけど。

ほのか　あーあと、これ（ファイルを渡す）頼まれてたやつ。

シンジ　おーーありがと。（ファイル）これ、コピーして返せばいい？

ほのか　私はもう使わないから、どうぞ。

シンジ　マジで？助かる〜

店員来る。

店員　お待たせしました。
シンジ　はや！
店員　こちら、イチゴパフェとアイスコーヒーになります。
（伝票を置く）ごゆっくりどうぞ。

店員去る。

ほのか　いっただきまーす。

ほのか、イチゴパフェを食べる。

ほのか　おいしーー（シンジを見る）何。
シンジ　美味しそうに食べるなーって思って。
ほのか　だって美味しいもん。悪い??
シンジ　いや、いいと思うよ。
ほのか　久しぶりだしさ、こんな風に外食するのも。
シンジ　だね。
ほのか　でさ、……話、したよ、ひな。
シンジ　おーーどうだった？
ほのか　元気だって。電話で話しただけだけど。
シンジ　会わなかったんだ。
ほのか　さすがにそれは、ね。

シンジ、アイスコーヒーを飲む。

ほのか　ひなさ、……あと1曲やりたかったって。
シンジ　んん？
ほのか　「めざし」。卒業ライブで。
シンジ　それはねーー、ホントにそれ。せっかく練習してたのにね、受験勉強の合間に。
ほのか　合間かどうか。
シンジ　合間だよ。いや、どんだけ勉強してないって思ってるんだよ、俺。
ほのか　してないでしょ。今も。
シンジ　いや、今日は（ファイル）これ、受け取りに。
ほのか　別にいいけど、もっと勉強しなよ、マジで。じゃないとあと一年
シンジ　分かってるよ。
ほのか　分かってるなら、もっと、
シンジ　いや、やってるから、ほのかが知らないだけで、うん。ま、たまーにギターも弾くけど。
ほのか　……

ほのか、イチゴパフェを食べる。

シンジ　「めざし」か。
ほのか　……
シンジ　あのさ、今、いいこと思いついた。「めざし」
ほのか　ん?何。
シンジ　解散ライブ。
ほのか　え?
シンジ　いや、別にどっかの会場借りて、お客さん入れてでなくてもいいから、なんか身内、的なでもいいんで、
ほのか　いや、どういうこと?
シンジ　だからさ、このままじゃ嫌だよね。やっぱり。俺も、確かに、終わってないっていうか、なんかこう、もやっとしたままで、宙ぶらりんというか、なんというか。だから、8月は、それは無理だけど、来年の3月とか、そんな時に、3人集まって、なんかやるとか。
ほのか　マジで言ってる?
シンジ　結構マジ。無理かな。
ほのか　当たり前じゃん。そんなん、無理に決まってるでしょ。
シンジ　なんで?
ほのか　なんで、って……いや、無理でしょ。誰がどう考えても。
シンジ　やりたくない?解散ライブ!どんな形であってもさ、俺も、
ほのか　やりたいよ、それはさ、ひなと、三人で、それはやりたいに決まってるよ。でも、それとこれとは話が違うじゃん、それはさ、……

ほのか、下を向く。

シンジ　無理か。
ほのか　……だから、シンジは軽いっていわれんだよ、……なんも分かってないじゃん、シンジは。

間

シンジ、ほのかをじっと見つめる。

シンジ　でもさ、そんなこと思わないとやっていけないんだよ。
ほのか　……え?
シンジ　浪人生。わかんないでしょ、浪人生。……1人で誰もいない家で、勉強してると、なんか、んーー焦るって言うか、苦しいって言うか。いっつも、頭の後ろ、このへんに人が立ってて、見張られているような気がして。

ひな、後ろを振り返る。
白い顔をした人々。

ひな　……。
シンジ　近くのコンビニとか行くじゃん。そしたら、そこの店員がさ、俺のことみるわけ。「あ、こいつ浪人生なのに、コンビニとか来てる。うけるーー」って。
ほのか　そんなことないでしょ。
シンジ　ないよ。全然ないよ。知らない人だもん。でも、そう見えるの。制服きた高校生が、みんなでこっち見て、指さして笑ってるの、「うわ、浪人生来た」「あーはなりたくない、マジで」って。そんな風に。
ほのか　……
シンジ　でも、成績とかそんな簡単にあがんないし、親もプレッシャーかけてくるし。だから、……頑張る源的な、なんかさ、……そういう、心の支えみたいなものがあるといいなって、思うんだ。……だから、と思って。
ほのか　……
シンジ　ほのかには、……わかんないか。そういう／気持ち
ほのか　シンジの言ってることは
シンジ　んん？
ほのか　シンジの言ってることは分かる。大変なんだろうな、ってのは、分かる。私も、何も始まらなくて、……何してんだろって思うから。
シンジ　……
ほのか　でもさ、……もう高校卒業したからひなががホントにまた3人でやりたいと思ってるかどうかわかんないし、……もし「めざし」もっかいやりたいと思ってたとしても、でも解散ライブは、……やっぱ違うよ。
シンジ　……
ほのか　それは、ただ、甘いだけだよ。
シンジ　……ま一ね。

音楽（『夜行』ヨルシカ）

ほのか、イチゴパフェを食べる。

ほのか　じゃ、私、そろそろ帰らなきゃ。用あるんだ。面接。
シンジ　んん？面接？
ほのか　いや、なんもしないで家にいるの、さすがにと思って、……バイト始めようと思って。で、それの面接。
シンジ　おおーーーそうなんだ。バイト何？
ほのか　パン工場。時給安いんだけど、ま、何もしないよりはね。じゃ、そろそろ。
シンジ　おーそうだね（とシンジ立ち上がる）
ほのか　あーあとさ、ひな。
シンジ　んん？

ほのか　シンジのこと、懐かしがってたよ、……連絡したら？
　ひなに。
シンジ　俺が？何で？
ほのか　だって、友達でしょ。「めざし」の。じゃ、勉強頑
　張ってね。

　シンジ、家に帰ってくる。
　母が座っている。

母　……ああ、おかえりシンジ。
シンジ　ただいま。……仕事じゃなかったっけ？
母　気になってね、ハチのこと。
シンジ　そっか。ハチは？

　母、そっと手元を覗き込む。

シンジ　……
母　なんか家出るとき、元気なくて、寂しそうな顔しとっ
　たけん仕事中もずっと気になっとって、早く帰って来
　たとよ、心配やけん。
シンジ　……え？
母　寝てるのかな、って思ったんやけどね。

　シンジ、ハチにそっと触れる。

シンジ　……
母　ごめんね、ハチ。

　照明

　音楽高まる。

【5場】

　シンジ、携帯でひなに連絡をする。
　ひな、携帯を取る。
　ひな、うなずく。慌てて、着替えをする。
　シンジ、大きくため息をつく。
　高校生（ももちゃん・みうらくん）と大学生（みさ）
　照明

みさ　そうなんだ。
もも　はい。
みうら　ＣＭＭです。マジ、ＣＭＭです。

もも　高校も始まるんですよ?
みさ　いつから?
もも　来週。当分は時差登校ですけど、授業自体は始まります。いろんなことが始まるのに、なんで、8月のライブ無理なんですか。意味わかんないです、ホントに。
みうら　IFです。
もも　ウチラの代は最悪です。文化祭もないし、代わりのライブもできないし、ないし、で、受験?　センター試験も変わってどうなるか全然わかんないし。ひどすぎると思いません?　ウチラだけこんなに振り回されるって。……
みさ　……うん。
みうら　コロナ、なんなん。今度あったら、ただじゃおかんーかならな、コロナ。
「ただじゃおかねーってどうするの」「ぼこす」「どうやって」「こう(とやってみせる)」「おおーーやれやれ!!」「くそ!こんちくしょう!!」「いいぞいいぞ!!」
みさ　……あー、で、ライブ中止は決まり?
もも　はい。ホントにありがとうございました。先輩たちにも伝えておいてください。

間

シンジ、出てくる。
シンジ　聞いてたんだ、ライブなくなった話。
着飾ったひな出てくる。
ひな　あーーうん。みさから連絡あって。なくなったよーって。
シンジ　そっかそっか。ああーじゃあ、知ってたか。
ひな　うん。残念だけど、仕方ないよね。コロナだから。……あの、ほのかは?3人じゃなかったの?
シンジ　ああ、そうなんだよ、あいつさ、なんか急にバイトが入ったとかなんとか。で、来れないとか。ったく。ってか、全然会ってないんだって?ほのか。
ひな　うん。卒業式から、一度も。
シンジ　言っとくよ、会いたがってたって。
ひな　うん。……でもさ、シンジも久しぶりだね。
シンジ　そ?
ひな　卒業式ぶりだよ。元気にしてた?
シンジ　ま、うん、それなりに。

シンジ　ごめんね、なんか急に。
ひな　いや、びっくりしたけど、全然。
シンジ　何してるかなーって。高校に行く用事もあったし。で、ついでに、久留米に来てみました!!と。
ひな　なるほど。
シンジ　学校久々に行っても、全然変わってなかった、先生たち。藤吉先生とか、鍋内先生とか。全然。2カ月経っても、全然。
ひな　そっか。
シンジ　うん。で、学校行くついでに、針生さん、何してるかなと。
ひな　ついでに。
シンジ　あーいや、
ひな　冗談冗談（笑）
シンジ　ごめん
ひな　2カ月か　あっという間だね。
シンジ　うん。
ひな　シンジは、このステイホーム期間何してた？
シンジ　ずっと家かな。塾始まってないから、家で勉強して、あと、犬の散歩とか。……針生さんは？
ひな　えー私は、勉強と、あと、んーー料理かな。
シンジ　料理するんだ。全然イメージないけど。
ひな　するよ、そりゃ。オムライスとか、目玉焼きとか、卵焼きとか。
シンジ　卵。
ひな　あと、お弁当つくったり。
シンジ　お弁当？
ひな　そ。自習室で勉強して、その合間に食べるやつ。
シンジ　へーー。
ひな　でも、あれだね、マスクしてるとさ、友達とか全然。ご飯も1人だし。
シンジ　だね。
ひな　だから、こうやって、人と向かい合って話すの、久しぶりかも。……シンジってとこが、うん、ちょっとなーって思うけど（笑）。
シンジ　それは失礼しました。
ひな　でも、なんかうん、うれしいよ。
シンジ　俺でも。
ひな　シンジでも（笑）

音楽（『夢現』anewhite）

ひな　なんか、久々に空見てる気もするし。
シンジ　そ？
ひな　うん。
ひな　全然外出てなくて、……怖いから、コロナ。かかるのも、周りの人も。

シンジ　……

ひな　向こう、川？

シンジ　筑後川、かな。……

ひな、歩き始める。
それを追って、シンジ。

大黒幕が開く。　照明
夕方、筑後川の土手。

2人は話しながら、土手を歩く

風が吹く

鳥が飛ぶ

ひな　夕焼けすごいね、……これ。

シンジ　ああ。

ひな　……ほのかにも、逢いたかったな。

シンジ　……

ひな　そしたら、「めざし」だったのにね。

間

ひな　「めざし！」なーんてさ、……やってたね、三人で。

間

ひな　……「めざし」か。……もう一回、私、……

間

シンジ　……針生さん、俺も、「めざし」もう1回やりたいな、って思ってたんだ、この前まで。いや、……今でも、思ってるけど、この前までは結構本気に。

ひな　そうなの。

シンジ　うん。いつできるかな、って。高校生の夏のライブに飛び入りとかできるかな、とか。1曲だけだけでも。

ひな　それはちょっと思ったよね（笑）

シンジ　うん。でも、いや、やっぱ、もう終わったんだなって。もう、卒業したんだな、って思った、この前。「めざし」はさ。

ひな　……最後がなくても？

シンジ　うん。最後がなくても。

間

シンジ　犬がさ、飼ってた犬、死んだんだ。
ひな　え？
シンジ　ずっと飼ってた犬。俺の誕生日に父親がもらってきた柴犬。「ハチ」って名前なんだけど、……そのハチが、死んだんだ、この前。
ひな　……
シンジ　1歳の時からずっと一緒で、ってことは、まもなく18歳だからもうだいぶおじいちゃんだったんだけど、ついこの前までは元気だったんだ。それが突然全然ご飯食べなくなって……で、この前。
シンジ　この4月くらいから？なんか元気なくて、1日中リビングのクッションの上で、外を、ぼーっと外を見てて、……2人で、ぼーっと外を見てて。……隣に。ここにちょこんと座ってたんだ、ハチ。吠えることもなく、ただ、ぼーっと外を眺めてて。あのときハチ、何考えてたんだろ。
シンジ　……ハチ、幸せだったのかな？一緒にいて。聞けたら良かったんだけど、もうこの世にいないんだ、ハチ。
シンジ　コロナがはやって、毎日ニュースで新規感染者が、とか、出てて、でも、全然ピンきてなかったんだ、実は。でもさ、……いや、ハチは別にコロナじゃないんだけど、……でも、なんか、ようやく、実感したんだ、……ああ、そっか、こんな風に終わるんだなって。

シンジ、立ち上がる
次第に日は落ちていく。

シンジ　針生さん。
ひな　はい。
シンジ　戻れたらって、俺も、思う。高校生とか、「めざし」とか。……でも、もうすぐ19で、もう子どもじゃないから、……だから、

間

シンジ　勉強するわ、俺。……だから、針生さんもさ。
ひな　……。
シンジ　頑張ってね。
ひな　……うん。
シンジ　じゃあ。
ひな　…バイバイ。

音楽（『ハルカ』YOASOBI）

ひな、去って行く。

それを見送って、シンジも帰る。

照明

ほのか出てくる。

シンジと話をしている。

ほのか、ゆっくりとうなずいて、

音楽高まる

【6場】

照明。

シンジ、机に向かって勉強している。

着替えたひなが出てくる。

ひな　ということで、私は勉強しています。えー本日は、2020年、5月25日、来月、6月1日から、緊急事態宣言が解除されることが発表になりました。塾の先生からも連絡があり、いよいよ授業も始まるとのことです。

ひな　とは言うものの、マスクは手放せないし、3密を避けて行動しなくちゃいけないし、……まだまだ制限の多い生活は続きます。コロナは決してなくならない。だから、私たちは、この人との交わりを避けた生活の中で、新しい生活の中で、生きていかなくちゃいけないのです。

ひな　頑張ります。頑張って、勉強して、私は、……うん、もっと頑張るよ、頑張れ、私。

机に向かう。

音楽高まる。

音楽カットアウト

照明

ひな　って、私は、勉強してるんです。毎日毎日。

机に向かって、一生懸命。頑張ってるんです、私。
でも、ふと、思うんです。
こうして1人で机に向かっていると、

何してんだろ、私って。
私何してんだろって思うんです。

高校卒業して、3月？4月？
最初は良かったんです。頑張らなくちゃ、いけないって。
よーしやるぞ!!って思ってて。
でも、連日新型コロナウィルスが広がってるってニュースが流れて、
塾も始まらないし、何にも始まらない中で私は、

いつまでも続く、このひとりぼっちのなかで、

誰とも、わかり合えない感じがして、

私は

私はやっぱり　さびしいんです。

浪人生だから、勉強するしかないし
緊急事態宣言が出て
コロナもまだまだ感染は続いているから
こんな風にマスクをしてることも、
誰とも触れずにいることも仕方がないし

どんなに頑張っても

私の大切なことが仕方がないよねっていう言葉ですべてなかったことになることも、
全部　全部分かってるんです。

でも、

こうして1人で

ずっとずっと1人でいると、

私は、

何者にもなれなかった私は、

やっぱり寂しくて　……だから、

ひな、抱えていた人形を置く。
マスクを外す

ひな　だれかに　この手を、
私の手を、ぎゅっと握って欲しいんです。

大丈夫だよ、ここにいるよって、

昔みたいに

こんなマスク越しじゃ無くて、この手を、ぎゅっとに
ぎってくれませんか。

私、今からも頑張るから、すっごく頑張るから、
もう、こんなワガママも言わないし、弱音も吐かないし、
明日から、今まで通りの、元気な私でいるから、だから、

ほのか　ひな。

ほのか、ひなの元へやってくる。

ほのか　……ひな。

ほのか、マスクを外す。
ひなをぎゅっと抱きしめる。

ひな　……濃厚接触だね。
ほのか　……うん。
ひな　怒られるよ。
ほのか　……だね
ひな　うん。

ほのか、ぎゅっと抱きしめ続ける。

ひな　……ありがと。
ほのか　……

シンジ、人形を置き、2人に近づく。
シンジ、ひなとほのかの肩にそっと手を置く。

ひな　……だから、濃厚接触だって。
シンジ　手洗ってるから、ちゃんと。
ほのか　マジで?
シンジ　あ、……たぶん。

えーーーと離れる2人

音楽（『明日も』SHISHAMO）

「いや、洗ってるから」「マジで」「んだよ!!」

追いかけっこをする3人。

大きな声で笑い合う。

手を差し出すシンジ。

ひなとほのか、その手を握って、大笑いする。


ほのか、自分の人形を持ってくる。

ひなも人形を持ってくる。

シンジ、ギターと人形。

照明

シンジ、ギターで、曲を弾いている。
それはたぶん、SHISHAMOの「明日も」
手を取り、大声で笑い合う3人の後ろに、
大きな人形は、静かに立っている。

……しかし、3人はそれに気づかない。

音楽高まって

終わり。

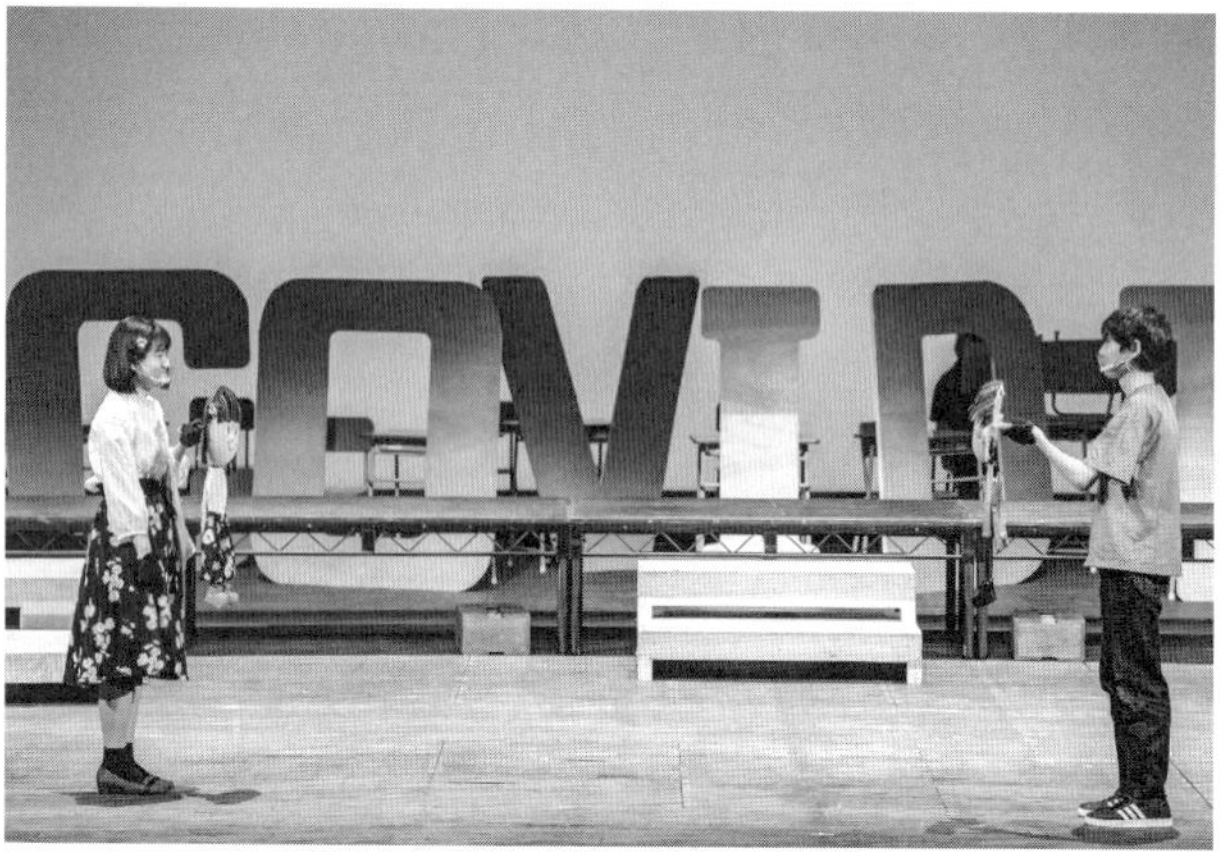

撮影／彌冨公成　提供／久留米大学附属高校演劇部

顧問インタビュー

# 『19-Blues』

岡崎賢一郎（久留米大学附設高校演劇部顧問）

**工藤**　二〇二〇年二月から二〇二三年三月に至るまで、コロナが部活動に及ぼした影響はどのようなものでしたか？

**岡崎**　本校の影響としては、「マスク着用」「校内公演の中止」「高文連行事の中止」などがありました。それまで年に三～四回おこなっていた校内公演や、大会以外の高文連行事が中止となり、部活動が大幅に制限された三年間でした。また、それに伴って他校との生徒間交流もほとんどありませんでした。

所属する地区や県などの単位では、やはり部活動参加生徒の減少が大きな影響でした。二〇二〇年度当初の一斉休校により、部活動参加率が非常に低く、特に演劇部という「室内で密な活動」をおこなう部活は、全くといっていいほど新入部員が入りませんでした。結果、活動の制限とあわせて、大会参加の高校数が激減しました。

**工藤**　この三年間は、今後の部活動にどのような影響を及ぼすとお考えですか？

**岡崎**　コロナが五類になり、マスク着用についての方針が緩和されても、すぐに演劇活動が以前のようになるとは思えません。文化は（特に演劇部という文化は）新しい生徒が受け継いでいき、繋げていくものです。一度分断されたものが再度復興するためには、あと五年はかかるのではないかと思っています。

**工藤**　『19-Blues』という作品の企画意図は？

**岡崎**　二〇二〇年四月、コロナにより部活動が制限され、様々な行事が中止になりました。本校では、高校三年が中心となって、学校を挙げての文化祭が実施されており、その企画・運営などのため、生徒はかなり前から準備に入ります。ところが、その文化祭が中止になり、生徒ともども自宅で過ごさねばならないときに、「はじめはあるが終わりがない」こと、もしくは「突如暴力的に／理不尽に終わりがやってくること」を痛感させられました。これが根底に流れるテーマです。

コロナが「COVID-19」で、「COVID」＝こびと＝子ども、一九歳っておとなでもないし、子どもでもないし、何者でもない（なりきれない）微妙な時間だなと気づいたことで、主人公を一九歳の浪人生に設定しました。コロナ禍の中で翻弄される一九歳の浪人生というのが創作のスタートです。

役者は舞台で「マスクをつけて／接触せず」の演技をしなくてはいけない。それを逆手にとり、いっそのことマスクをつけ、「人形」＝マスクを操りながら演じようと考えました。そして、やはり非接触の、マスク越しの人間関係なんてやっぱり寂しいよね、という二〇二〇年の実感をもとに、最後のシーンを創りました。

**工藤**　『19-Blues』は、二〇二〇年三月に卒業した三人を主人公に、大学生や浪人生の二〇二〇年の姿を描いています。もし、続編を創るとしたら、どんなお芝居になるのでしょう？　あるいは、二〇二一年以降の様子が描かれる再演があるとしたら、三人はどんなふうに生きているのでしょう？

**岡崎**　劇中では一人の大学生／二人の浪人生が描かれていましたが、たぶん二〇二三年現在、彼らは、大学生となって楽しい学生生活を送っているはずです。高校時代に三人でバンドを組んでいましたが、たぶんいまはそれぞれに違う「好きなこと」を、新しい人間関係の中でやっているのではないかと想像します。ですので、続編を創るならば、彼ら三人の姿ではなく、本編ではちょっとしか出演しませんが、当時現役の高校生だった男子と女子のお話を書きたいと思います。いろんなものを乗り越えて、大学生活をスタートしたものの、でもそこにまだ広がる様々な困難、といったテーマでしょうか。

**工藤**　この作品以降、久留米大学附設高校演劇部でオリジナル作品を作る場合、コロナを直接描かないという道を選んでいたように見えます。そのあたりの思いを、作品に触れながら教えていただけますか？

**岡崎**　翌年の作品『豆球〜マメキュー!!〜』は、じつはコロナに関連しています。冒頭の、穴の中での「制限ばかりで嫌だ!!」という女子高生の叫びは、コロナ禍の中での高校生の叫びをイメージしています。ただ、その抑圧された苦しさを軽やかに乗り越えていくことができる高校生の「強さ」も描きたくて、フィクションとしてのスポ根ものを創作しました。

　コロナ禍がまもなくおわるのかどうか、本当のところはわかりません。ですが、たとえコロナが終息しても、やはり高校生たちが抱える「息苦しさ」は必ずある。マスクを取ったところで、それは変わらないのではないかと思っています。ですので、コロナ的な、私たちの身の回りにある様々な「息苦しい」ことに触れつつ、でもその苦しさを軽々と乗り越えていく高校生のいまを、現在進行形のいまを、高校生たちと描き続けることができればと思っています。

**工藤**　最後に「コロナ禍の高校演劇」について、お考えになっていることをお聞かせください。

**岡崎**　このコロナ禍は、高校演劇にとって部員数・学校数の減少、公演・大会など様々な活動制限などの実質的な影響はもちろん、心理的な意味でも大きく影響を及ぼしたと思っています。

一方で、そうした苦しさの中でも全国各地で演劇部に入部し、活動している高校生たちがたくさんいます。

すぐにコロナ禍以前に戻ることはないとは思うのですが（そして戻らないかもしれないのですが）、いまできることを、この生徒たちと共に、ひとつずつ誠実にやっていきたいと考えています。我々おとなができること、やるべきことは、高校演劇を、そこでおこなわれている活動を認め、全力で応援することだと思っています。

## 島根県立三刀屋《みとや》高校掛合《かけや》分校演劇同好会

# 走れ！走れ走れメロス

原作　太宰治
脚本　亀尾佳宏

語り・ディオニス他　曾田昇吾
メロス　常松博樹
セリヌンティウス他　石飛圭祐
照明　佐藤隆聖

幕が上がると登場人物たちが椅子に座っている。
掛合分校演劇同好会のメンバーによる「走れメロス」が始まる。物語るのは曽田、メロスとして走り回るのは常松。そのほかの登場人物を石飛。
基本的に効果音や音楽は自分たちの声で発する。

三人　メロスは激怒した。必ず、かの邪智暴虐《じゃちぼうぎゃく》の王を除かなければならぬと決意した。

メロス　私には政治というものがわかりません。小さな小さな村で笛を吹き、羊と遊んで暮して来きました。父も、母もいません。女房《にょうぼう》もいません。十六の、内気《うちき》な妹と二人暮しをしております。この妹は、村のある律気《りちぎ》な若者を、近々、花婿《はなむこ》として迎える事になっておりました。その日私は、花嫁の衣裳やら祝宴《しゅくえん》の御馳走《ごちそう》やらを買いに、はるばる市にやって来たのです。

語り　きょう未明メロスは村を出発し、野を越え山越え、十里はなれたこのシラクスの市にやって来た。

市場の音　賑やか

メロス　ああ、市はいいなあ。ここには何でもそろっている。

メロスは市で買い物をする。

語り　メロスには竹馬《ちくば》の友があった。セリヌンティウスである。

メロスは市で出会った人にセリヌンティウスの家を尋ねる。

メロス　すみません。セリヌンティウスさんのお宅はどこですか？

市の人　ああ、あそこだよ。

メロス　ありがとうございます。

メロスがその家に行く間、語り。

語り　セリヌンティウスはこのシラクスの市で、石工《いしく》をしている。その友を、これから訪ねてみるつもりなのだ。久しく逢わなかったのだから、訪ねて行くのが楽しみである。

メロス　あれ？おかしいな。どこだろう。

メロスが再び戻ると、様子が変わっている。

語り　歩いているうちにメロスは、まちの様子を怪しく思った。

市の音　寂しい

メロス　ひっそりしている。もう既に日も落ちて、まちの暗いのは当りまえだが、けれども、なんだか、夜のせいばかりでは無く、市全体が、やけに寂しい。

語り　のんきなメロスも、だんだん不安になって来た。メロスは路で逢った若い衆をつかまえて尋ねた。

メロス　何かあったのか、二年まえにこの市に来たときは、夜でも皆が歌をうたって、まちは賑やかであったはずだが。

語り　若い衆は、首を振って答えなかった。しばらく歩いて老爺《ろうや》に逢い、こんどはもっと、語勢を強くして質問した。老爺は答えなかった。メロスは両手で老爺のからだをゆすぶって質問を重ねた。老爺は、あたりをはばかる低い声で、わずか答えた。

老爺　「王様は、人を殺します。」

メロス　「なぜ殺すのだ。」

老爺　「悪心を抱いている、というのですが、誰もそんな、悪心を持っては居りませぬ。」

メロス　「たくさんの人を殺したのか。」

老爺　「はい、はじめは王様の妹婿さまを。それから、御自身のお世嗣《よつぎ》を。それから、妹さまを。それから、妹さまの御子さまを。それから、皇后さまを。それから、賢臣のアレキス様を。」

メロス　「おどろいた。国王は乱心か。」

老爺　「いいえ、乱心ではございませぬ。人を、信ずる事が出来ぬ、というのです。このごろは、臣下の心をも、お疑いになり、少しく派手な暮しをしている者には、人質ひとりずつ差し出すことを命じて居ります。御命令を拒めば十字架にかけられて、殺されます。きょうは、六人殺されました。」

語り　聞いて、メロスは激怒した。

メロス　「呆れた王だ。生かして置けぬ。」

①音楽　メロスの怒り

曲に合わせてメロスは気持ちを歌う。

語り　メロスは、単純な男であった。買い物を、背負ったままで、のそのそ王城にはいって行った。たちまち彼は、巡邏《じゅんら》の警吏につかまった。

警吏　ちょっとちょっとどこいくの。

メロス　王をぶっ殺しちゃるけんの

警吏　だめだめ。そんなことしちゃ。

メロス　うるさい！離せ！おい！やめろ。う、意外と強い。やめろ！離せ！

メロスは捕まる。

語り　調べられて、メロスの懐中からは短刀が出てきたので騒ぎが大きくなってしまった。

警吏　あ！なんだこれは。これでなにをするつもりだったのだった！

メロス　王をぶっ殺しちゃるけんの

警吏　大変だー。

②音楽　王の登場

語り　メロスは、王の前に引き出された。

ディオニス「この短刀で何をするつもりであったか。言え！」

メロス「市を暴君の手から救うのだ。」

ディオニス「おまえがか？」

ディオニス「仕方の無いやつじゃ。おまえには、わしの孤独がわからぬ。」

メロス「言うな！」

メロス「人の心を疑うのは、最も恥ずべき悪徳だ。王は、民の忠誠をさえ疑っておられる。」

ディオニス「疑うのが、正当の心構えなのだと、わしに教えてくれたのは、おまえたちだ。人の心は、あてにならない。人間は、もともと欲のかたまりさ。信じては、ならぬ。」

ディオニス「わしだって、平和を望んでいるのだが。」

メロス「なんの為の平和だ。自分の地位を守る為か。」

メロス「罪の無い人を殺して、何が平和だ。」

ディオニス「だまれ、下賤《げせん》の者。」

メロス「ああ、王は悧巧《りこう》だ。自惚《うぬぼ》れているがよい。私は、ちゃんと死ぬる覚悟で居るのに。命乞いなど決してしない。ただ、――」

ディオニス　「ただ?」
メロス　「ただ、私に情をかけたいつもりなら、処刑までに三日間の日限を与えて下さい。たった一人の妹に、亭主を持たせてやりたいのです。三日のうちに、私は村で結婚式を挙げさせ、必ず、ここへ帰って来ます。」
ディオニス　「ばかな。」
ディオニス　「とんでもない嘘を言うわい。逃がした小鳥が帰って来るというのか。」
メロス　「そうです。帰って来るのです。」
メロス　「私は約束を守ります。私を、三日間だけ許して下さい。妹が、私の帰りを待っているのだ。そんなに私を信じられないならば、よろしい、この市にセリヌンティウスという石工がいます。私の無二の友人だ。あれを、人質としてここに置いて行こう。私が逃げてしまって、三日目の日暮まで、ここに帰って来なかったら、あの友人を絞め殺して下さい。たのむ、そうして下さい。」

③音楽　王のたくらみ

ディオニス　「願いを、聞いた。その身代りを呼ぶがよい。三日目には日没までに帰って来い。おくれたら、その身代りを、きっと殺すぞ。ちょっとおくれて来るがいい。おまえの罪は、永遠にゆるしてやろうぞ。」
メロス　「なに、何をおっしゃる。」
ディオニス　「はは。いのちが大事だったら、おくれて来い。おまえの心は、わかっているぞ。」

④音楽　連れてこられた友

語り　竹馬の友、セリヌンティウスは、深夜、王城に召された。暴君ディオニスの面前で、佳《よ》き友と佳き友は、二年ぶりで相逢《あいお》うた。メロスは、友に一切の事情を語った。セリヌンティウスは無言で首肯《うなず》き、メロスをひしと抱きしめた。友と友の間は、それでよかった。セリヌンティウスは、縄打たれた。

⑤音楽　縄打たれた友

⑥掛合高校　学園歌

曾田　掛合分校演劇同好会。曾田昇吾。
石飛　石飛圭祐
常松　常松博樹
全員　「走れ!走れ走れメロス」

三人は学園歌を歌う。

全員　♪南出雲に　輝くみどり

佐中の丘に　甍《いらか》そびゆる
若人ここに　真理を求め
文化の花園　育むところ
青春の歌　響く山脈《やまなみ》
ああ夢ありてうるわしき
掛合　掛合　掛合高校

歌いきったあと。

語り　メロスは、すぐに出発した。初夏、満天《まんてん》の星である。

⑦音楽　メロスの出発

語り　メロスはその夜、一睡もせず十里の路を急ぎに急いで、村へ到着したのは、翌《あく》る日の午前、メロスの十六の妹も、きょうは兄の代りに羊の番をしていた。よろめいて歩いて来る兄の、疲労困憊《こんぱい》の姿を見つけて驚いた。そうして、うるさく兄に質問を浴びせた。

妹　どうしたのお兄ちゃん。ボロボロじゃない。

メロス　「なんでも無い。」

妹　なんでもなくないでしょ。

メロス　「市に用事を残して来た。またすぐ市に行かなければならぬ。あす、おまえの結婚式を挙げる。早いほうがよかろう。」

語り　結婚式は、真昼に行われた。新郎新婦の、神々への宣誓が済んだころ、黒雲《くろくも》が空を覆い、ぽつりぽつり雨が降り出し、やがて車軸《しゃじく》を流すような大雨となった。

祝宴は、夜に入っていよいよ乱れ華やかになり、人々は、外の豪雨を全く気にしなくなった。メロスは、一生このままここにいたい、と思った。このよい人たちと生涯暮して行きたいと願ったが、いまは、自分のからだで、自分のものでは無い。

語り　メロスは、わが身に鞭《むち》打ち、ついに出発を決意した。あすの日没までには、まだ十分の時が在る。ちょっと一眠りして、それからすぐに出発しよう、と考えた。

メロスは笑って村人たちにも会釈して、宴席から立ち去り、羊小屋にもぐり込んで、死んだように深く眠った。

⑧曲　眠りにつくメロス

語り　眼が覚めたのは翌る日の薄明《はくめい》の頃である。メロスは跳《は》

ね起き、

メロス　「南無三《なむさん》、寝過したか!」

語り　いや、まだまだ大丈夫、これからすぐに出発すれば、約束の刻限までには十分間に合う。メロスは、悠々と身仕度をはじめた。雨も、いくぶん小降りになっている様子である。身仕度は出来た。さて、メロスは、ぶるんと両腕を大きく振って、雨中《うちゅう》、矢の如く走り出た。

⑨曲　**走り出すメロス**

語り　私は、今宵《こよい》、殺される。殺される為に走るのだ。身代りの友を救う為に走るのだ。王の奸佞邪智《かんねいじゃち》を打ち破る為に走るのだ。走らなければならぬ。そうして、私は殺される。

若いメロスは、つらかった。幾度か、立ちどまりそうになった。えい、えいと大声挙げて自身を叱りながら走った。村を出て、野を横切り、森をくぐり抜け、隣村に着いた頃には、雨も止み、日は高く昇って、そろそろ暑くなって来た。メロスは額《ひたい》の汗をこぶしで払い、ここまで来れば大丈夫、もはや故郷への未練は無い。妹たちは、きっと佳い夫婦になるだろう。私には、いま、なんの気がかりも無い筈《はず》だ。まっすぐに王城《おうじょう》に行き着けば、それでよいのだ。そんなに急ぐ必要も無い。ゆっくり歩こう、と持ちまえの呑気《のんき》さを取り返し、好きな小歌《こうた》をいい声で歌い出した。

メロス　歌をうたう

語り　ぶらぶら歩いて二里行き三里行き、そろそろ全里程《ぜんりてい》の半ばに到達した頃、降って湧いた災難、メロスの足は、はたと、とまった。

メロス　「ああ!なんということだ!」

語り　見よ、前方の川を。きのうの豪雨で山の水源地は氾濫《はんらん》し、濁流滔滔《だくりゅうとうとう》と下流に集り、猛勢一挙《もうせいいっきょ》に橋を破壊し、どうどうと響きをあげる激流が、木葉微塵《こっぱみじん》に橋桁《はしげた》を跳ね飛ばしていた。

濁流がメロスの行く手を阻む。

語り　メロスは川岸にうずくまり、男泣きに泣きながらゼウスに手を挙げて哀願《あいがん》した。

メロス　「ああ、鎮《しず》めたまえ、荒れ狂う流れを! 時は刻々に過ぎて行きます。太陽も既に真昼時です。あれが沈んでしまわぬうちに、王城に行き着くことが出来なかったら、あの佳い友達が、私のために死ぬのです。」

語り　濁流は、メロスの叫びをせせら笑う如く、ますます激しく躍り狂う。今はメロスも覚悟した。泳ぎ切るより他に無い。

メロス　「ああ、神々も照覧《しょうらん》あれ！　濁流にも負けぬ愛と誠の偉大《いだい》な力を、いまこそ発揮して見せる。」

語り　メロスは、ざんぶと流れに飛び込み、百匹の大蛇のようにのた打ち荒れ狂う浪《なみ》を相手に、必死の闘争を開始した。

濁流とメロスが格闘する

語り　満身《まんしん》の力を腕にこめて、押し寄せ渦巻《うずま》き引きずる流れを、なんのこれしきと掻《か》きわけ掻きわけ、めくらめっぽう獅子奮迅《ししふんじん》の人の子の姿には、神も哀れと思ったか、ついに憐愍《れんびん》を垂れてくれた。

流れを突破する

語り　押し流されつつも、見事、対岸の樹木の幹に、すがりつく事が出来たのである。

メロスは幹にしがみつく

語り　ありがたい。メロスは馬のように大きな胴震《どうぶる》いを一つして、すぐにまた先を急いだ。一刻といえども、むだには出来ない。陽は既に西に傾きかけている。ぜいぜい荒い呼吸をしながら峠をのぼり、のぼり切って、ほっとした時、突然、目の前に一隊の山賊が躍り出た。

山賊がおどり出る

山賊　「待て。」

メロス　「何をするのだ。私は陽の沈まぬうちに王城へ行かなければならぬ。放せ。」

山賊　「どっこい放さぬ。持ちもの全部を置いて行け。」

メロス　「私にはいのちの他には何も無い。その、たった一つの命も、これから王にくれてやるのだ。」

山賊　「その、いのちが欲しいのだ。」

メロス　「さては、王の命令で、ここで私を待ち伏せしていたのだな。」

語り　山賊たちは、ものも言わず一斉に棍棒を振り挙げた。

メロス　「気の毒だが正義のためだ！」
語り　と猛然一撃、たちまち、三人を殴り倒し、

メロスは山賊をさらに殴り

メロス　「気の毒だが正義のためだ！」
語り　残る者のひるむ隙に、さっさと走って峠を下った。一気に峠を駈け降りたが、流石《さすが》に疲労し、折から午後の灼熱《しゃくねつ》の太陽がまともに、かっと照って来て、メロスは幾度となく眩暈《めまい》を感じ、これではならぬ、と気を取り直しては、よろよろ二、三歩あるいて、ついに、がくりと膝を折った。立ち上る事が出来ぬのだ。天を仰いで、くやし泣きに泣き出した。

メロスは泣く

語り　ああ、濁流を泳ぎ切り、山賊を三人も撃ち倒し韋駄天《いだてん》、ここまで突破して来たメロスよ。真の勇者、メロスよ。今、ここで、疲れ切って動けなくなるとは情無い。愛する友は、おまえを信じたばかりに、やがて殺されなければならぬ。おまえは、稀代《きたい》の不信の人間、まさしく王の思う壺だぞ、と自分を叱ってみるのだが、全身萎えて、もはや芋虫《いもむし》ほどにも前進かなわぬ。路傍《ろぼう》の草原にごろりと寝ころがった。

メロスは横になる

語り　身体疲労すれば、精神も共にやられる。
メロス　「もう、どうでもいい」
語り　セリヌンティウス、私は走ったのだ。君を欺くつもりは、みじんも無かった。信じてくれ！　私は急ぎに急いでここまで来たのだ。濁流を突破した。山賊の囲みからも、するりと抜けて一気に峠を駈け降りて来たのだ。私だから、出来たのだよ。ああ、この上、私に望み給《たま》うな。放って置いてくれ。どうでも、いいのだ。私は負けたのだ。だらしが無い。笑ってくれ。セリヌンティウスよ、私も死ぬぞ。君と一緒に死なせてくれ。君だけは私を信じてくれるにちがい無い。いや、それも私の、ひとりよがりか？　ああ、もういっそ、悪徳者として生き伸びてやろうか。
石飛　えー！ダメダメ！

メロス　うるさい！

メロスは悪徳者となったつもりで石飛を殴る

語り　正義だの、信実だの、愛だの、考えてみれば、くだらない。人を殺して自分が生きる。それが人間世界の定《じょう》法《ほう》ではなかったか。ああ、何もかも、ばかばかしい。私は、醜い裏切り者だ。どうとも、勝手にするがよい。やんぬる哉《かな》。——四肢《しし》を投げ出して、うとうと、まどろんでしまった。

石飛　えー！ここで寝る?!

メロスは寝る

⑩音楽　メロス諦める

水の音が聞こえる

語り　ふと耳に、潺々《せんせん》、水の流れる音が聞えた。そっと頭をもたげ、息を呑《の》んで耳をすました。すぐ足もとで、水が流れているらしい。よろよろ起き上って、見ると、岩の裂目《さけめ》から滾々《こんこん》と、何か小さく囁きながら清水が湧き出ているのである。水を両手で掬《すく》って、一くち飲んだ。

メロス　うまい！

語り　ほうと長い溜息が出て、夢から覚めたような気がした。歩ける。行こう。

メロス、歩き出す

語り　肉体の疲労恢復《かいふく》と共に、わずかながら希望が生れた。義務遂行《すいこう》の希望である。わが身を殺して、名誉を守る希望である日没までには、まだ間がある。私を、待っている人があるのだ。少しも疑わず、静かに期待してくれている人があるのだ。私は、信頼に報いなければならぬ。いまはただその一事だ。

全員　「走れ！　メロス。」

⑪音楽　走れメロス

語り　私は信頼されている。私は信頼されている。先刻の、あの悪魔の囁《ささや》きは、あれは夢だ。悪い夢だ。忘れてしまえ。メロス、おまえの恥ではない。やはり、おまえは真の勇者だ。再び立って走れるようになったではないか。ありがたい！　私は、正義の士として死ぬ事が出来るぞ。ああ、陽《ひ》が沈む。ずんずん沈む。待ってくれ、ゼウスよ。私は生れた時から正直な男であった。正直な男のままにして死なせて下さい。

メロス　ウォー！

　メロスは加速する

語り　急げ、メロス。おくれてはならぬ。愛と誠の力を、いまこそ知らせてやるがよい。風態《ふうたい》なんかは、どうでもいい。メロスは、いまは、ほとんど全裸体《ぜんらたい》であった。

語り　ほとんど全裸体であった。

語り　ほとんど全裸体であった。

　メロスはほとんど全裸体となる

語り　見える。はるか向うに小さく、シラクスの市の塔楼《とうろう》が見える。その時、うめくような声が、風と共に聞えた。

⑫曲　**フィロストラトス登場**

フィロ「ああ、メロス様。」

メロス「誰だ。」

フィロ「フィロストラトスでございます。貴方のお友達セリヌンティウス様の弟子でございます。」

フィロ「もう、駄目でございます。むだでございます。走るのは、やめて下さい。もう、あの方をお助けになることは出来ません。」

メロス「いや、まだ陽は沈まぬ。」

フィロ「ちょうど今、あの方が死刑になるところです。ああ、あなたは遅かった。おうらみ申します。ほんの少し、もうちょっとでも、早かったなら！」

メロス「いや、まだ陽は沈まぬ。」

語り　メロスは胸の張り裂ける思いで、赤く大きい夕陽ばかりを見つめていた。走るより他は無い。フィロストラトスもほとんど全裸体であった。

フィロストラトス　なんで！

語り　フィロストラトスもほとんど全裸体であった。

語り　フィロストラトスもほとんど全裸体であった。

　フィロストラトスもほとんど全裸体となる

フィロ「やめて下さい。走るのは、やめて下さい。いまはご自分のお命が大事です。あの方は、あなたを信じて居りました。

メロス「それだから、走るのだ。信じられているから走るのだ。間に合う、間に合わぬは問題でないのだ。人の命も問題でないのだ。私は、なんだか、もっと恐ろしく大きいものの為に走っているのだ。ついて来い！　フィロストラトス。」

フィロ「ああ、あなたは気が狂ったか。それでは、うんと走るがいい。ひょっとしたら、間に合わぬものでもない。走るがいい。」

語り　言うにや及ぶ。まだ陽は沈まぬ。最後の死力を尽して、メロスは走った。ただ、わけのわからぬ大きな力にひきずられて走った。陽は、ゆらゆら地平線に没し、まさに最後の一片の残光《ざんこう》も、消えようとした時、メロスは疾風の如く刑場に突入した。

メロス「待て。その人を殺してはならぬ。メロスが帰って来た。約束のとおり、いま、帰って来た。」

語り　と大声で刑場《けいじょう》の群衆《ぐんしゅう》にむかって叫んだつもりであったが、群衆は、ひとりとして彼の到着に気がつかない。すでに磔《はりつけ》の柱が高々と立てられ、縄を打たれたセリヌンティウスは、徐々に釣り上げられてゆく。

人々はメロスに気づく。

メロス「私だ、刑吏《けいり》！　殺されるのは、私だ。メロスだ。彼を人質にした私は、ここにいる！」

⑬音楽　**吊り上げられるセリヌンティウス**

セリヌンティウスは磔にかけられる

メロス「セリヌンティウス。」

語り　メロスは眼に涙を浮べて言った。

メロス「私を殴れ。ちから一ぱいに頬を殴れ。私は、途中で一度、悪い夢を見た。君が若《も》し私を殴ってくれなかったら、私は君と抱擁《ほうよう》する資格さえ無いのだ。殴れ。」

セリヌンティウスはメロスを殴る

セリヌンティウス「メロス、私を殴れ。同じくらい音高く私の頬を殴れ。私はこの三日の間、たった一度だけ、ち

らと君を疑った。生れて、はじめて君を疑った。君が
私を殴ってくれなければ、私は君と抱擁できない。」
メロスは腕に唸《うな》りをつけてセリヌンティウスの頰を殴った。

メロス 「ありがとう、友よ。」

二人は抱き合う

語り 二人はひしと抱き合い、それから嬉し泣きにおいおい
声を放って泣いた。
暴君ディオニスは、群衆の背後から二人の様《さま》を、まじ
まじと見つめていたが、
やがて静かに二人に近づき、顔をあからめて、こう
言った。

静かに近づき、声をかける

ディオニス 「おまえらの望みは叶ったぞ。おまえらは、わし
の心に勝ったのだ。信実とは、決して空虚な妄想では
なかった。どうか、わしをも仲間に入れてくれまいか。
どうか、わしの願いを聞き入れて、おまえらの仲間の
一人にしてほしい。」

王は静かに脱ぐ

語り 王も、全裸体となった。

ディオニスもほとんど全裸体となる

人びと 「万歳、王様万歳。」
語り ひとりの少女が、緋《ひ》のマントをメロスに捧げた。
語り メロスは、まごついた。佳き友は、気をきかせて教え
てやった。
セチヌンティウス 「メロス、君は、まっぱだかじゃないか。
早くそのマントを着るがいい。この可愛い娘さんは、
メロスの裸体を、皆に見られるのが、たまらなく口惜
しいのだ。」
語り 勇者は、ひどく赤面した。

不意に終演の挨拶

曾田 掛合分校演劇同好会 曾田昇吾。
石飛 石飛圭祐

常松　常松博樹
曾田　本日は本当に
全員　ありがとうございました！

三人深々と礼

芝居のあと

ゆっくりと顔を上げ、顔を見合い、笑い出す。
しばらく笑った後、三人は語り出す。
①今自分たちが演じた「走れメロス」について
②メロスについてのつっこみ
③校歌が歌えなかったこと
④いつか満席の客席の前で演劇やりたいこと
⑤卒業までにやりたいこと（卒業後の希望）

これまでのこと、これからのことを自然に話していく。例えばこんなやりとり

①自分たちの芝居に対してのつっこみ
あのさ、これってどうなん
やばくない？
演劇ってこんなんでいいんかな

ダメでしょ
脱いでるからね
脱いじゃダメなん？
わからんけど
でも書いてあったし
「メロスはもはや全裸体であった」
メロスはいいよ、まだ。なんで他のやつまで脱いでんの
まあ、友情ってやつだな

②メロスや物語に対するツッコミ
メロスってどうなん
ダメでしょ
このお話で一番ダメなのメロスでしょ
それな
あいつが一番悪党だよな
そうそう
もう始めからおかしいもん
「メロスは激怒した」
怒りすぎでしょ、メロス
最初なのに
しかも、しかもだよ。怒る相手が王ってでかすぎでしょ、相手
王だからね

危なすぎる
そりゃ捕まるわ
あれ早かったね
たちまち捕まるわな
捕まった後もひどかったね
ひどいねー、あれ

あとさ、なんで王様脱いだの？
ばか。王は脱ぐだろ。仲間に入れて欲しいから。
そのため？
そりゃそうだわ。だって「わしも仲間に入れてくれまいか」ってこんな言葉だけで仲間にできる？殺されそうになってんのに。
それ言ったらさ、民衆どうなのよ
あれな
散々ひどいことされてんのに「王様万歳！」って。
民衆やばいな
やばいね
民衆が愚かだから王様もダメなのよ。
あー、あの国民が王様ダメにすんだな
メロスも切れやすいだろ。あれ教育が行き届いてないのよ
政治大事だね
国民がね、政治作るから
あ、それがテーマ？

あー
深いな、メロス
深いな

三人は納得。メロスの深さに感じ入る。

あのさ
うん
さっき、メロスの最初んとこで校歌歌ったじゃん
うん
うちの校歌ってさ、
うん
なんかいいな。
うん。
一回も歌ってないもんね、学校で
そうそう

あ、
どうした？
歌うんかな、校歌
え？
だから、卒業式で
あ、

ね
やばくない？一回も校歌歌わず卒業って
まあ歌わなくても困らないしね
確かに困ってはないけど
校歌って不要不急？
そっか。校歌は不要不急か
いや、ダメだろそれ。
ダメでしょうね
まあ、でもさ
なに？
今日、歌えてよかったね
あー

立ち上がって客席を見て

なあ、いつかさ、お客さんいっぱいいる中でやってみたいな
うん。やってみたいね。
ここからここまでびっしりお客さん入れて
いいねー
でさ、めちゃくちゃ笑わせてめちゃくちゃ泣かせて
いいねー
できるかな卒業までに
わかんねーけど、やりたいよなー

三人は卒業までにやりたいことを思い思いに叫ぶ。

一ヶ月先の世の中だってわからない今
学年祭も研修旅行もまともにできず
校歌すら歌えなかった高校生活
卒業までに、当たり前に笑って
当たり前におしゃべりして
当たり前に歌う
そんな世の中になっているのだろうか。
それは誰にもわからない
わからないけど
そんな日を夢見て
少年たちは歌う。

石飛が歌う。
曽田と常松が重なってくる。
三人で歌う、最後の学園歌。

曾田　「掛合分校演劇同好会　本日は本当に」
全員　「ありがとうございました」

彼らの物語が、走り終わる。

**島根県立三刀屋高校掛合分校演劇同好会：走れ！走れ走れメロス**

画像提供／劇団一級河川

撮影／森 智明　提供／島根県立三刀屋高校掛合分校演劇同好会

〈顧問インタビュー〉

# 『走れ!走れ走れメロス』

亀尾佳宏

（島根県立松江工業高校演劇部顧問）

亀尾氏は、コロナ禍、島根県立三刀屋《みとや》高校演劇部顧問と島根県立三刀屋高校掛合《かけや》分校の演劇同好会顧問を兼任。二〇二二年三月に松江工業高校へ異動。

**工藤**　『走れ!走れ走れメロス』という作品を創ろうとされたきっかけは?　と、お聞きしようと思ったら、上演台本の冒頭にすでにその文章があり、引き込まれました。

**亀尾**　島根県立三刀屋高校の掛合分校は、島根県で最も小さい県立高校で、全校生徒は七〇名ほど（二〇二一年）です。ほとんどの生徒はバス通学をしていて、最終便は一七時四八分。部活動らしい部活動はありません。赴任した年から全校生徒に「演劇やってみない?」と声をかけて、集まったメンバーで大会に出場していました。

二〇二一年に集まったのは、一年のときから担任をしていたクラスの曾田、常松、石飛、佐藤の四人で、本番まで二週間。ゼロから台本を書いても間に合わない。できるだけ短い時間で、できるだけ少人数で、できるだけ台本を覚えずに彼らが舞台に立つには、文学作品の朗読劇のようなスタイルがいいだろうと考えました。「何かやってみたい作品ある?」と聞いたら、曽田が「『走れメロス』とかってどうっすか」と言ったので、じゃあそれでいこうか、と。で、台本のかたちにして、わたしして読み始めたら、まあ読めない。台本にふりがながふってあっても読めない。言葉の意味もわからない。そんな中、読みの得意な曾田を語り役として、体力があって真っ直ぐな常松をメロスに、何もできない石飛をそのほかすべての役に、という配置で作っていくことにしました。

**工藤**　私は二〇二三年三月に「劇」小劇場で「卒業式」というタイトルの合同公演を拝見しました。出演者の三人が実際の卒業式で校歌を歌った際、自分たちだけが歌詞を知っていて、大きな声で歌うことができたが、ほかの卒業生は歌ったことがないから歌詞を知らないという最新の話が取り入れられていました。「校歌とコロナ」という観点は絶妙ですね。掛合分校演劇同好会部員たちへの究極の当て書き上演台本だと感じました。ほかの俳優が演じる可能性はありますか？

**亀尾**　『走れ!走れ走れメロス』は、前半は原作に忠実（?）に、後半は上演した自分たちと普段の生活について、ほぼ素に近い会話でできています。彼らと作ったらあのような芝居になりましたが、違うメンバーで作ったらまた違う芝居になると思います。何人でもできるし、性別も問わない。演出のしがいがある、無限の可能性を秘めた台本だと思っています。

**工藤**　若手演出家コンクール2021へのエントリー上演、同コンクール最優秀賞受賞記念公演（二〇二三年三月）、プロによるドキュメンタリー映画の制作、その映画が数多くの映画祭で入賞するなど、コロナ禍を吹き飛ばす快進撃を続けてきたように見えます。実際に活動は順調でしたか？

**亀尾**　三刀屋高校が出場するはずだった高知での全国大会が中止（オンライン開催）となったり雲南市創作市民演劇が本番一カ月前に中止（二〇二〇年）、当日になって無観客上演となる（二〇二一年）など、コロナ前では考えられないような苦しいこともありました。一方、コロナだからこそ、できたこともあったように思います。映画『走れ！走れ走れメロス』は、まさにそうやって生まれた作品です。

二〇二〇年に市民劇が本番を迎えることなく中止になった直後、三刀屋高校の卒業生が連絡をくれました。「先生、こんなときだからこそ、演劇と映像で何かおもしろいもの作れませんかね」と。そうして引き合わせてくれたのが監督の折口慎一郎さんでした。折口さんは、連絡をくれた子が大学時代に所属していた映画サークルの先輩にあたる方でした。本業は記者。こんなことを言うと折口さんに怒られるかもしれませんが、プロというわけではありません。映画好きの記者と芝居好きの教員、二人を引き合わせた卒業生という三人に、さらに仲間を加えて六人で何を撮ろうか、どうやって映画を作ろうかと、オンラインであーでもないこーでもないと話し合い、撮影を始めました。

よし！　演劇はじめて間もない分校の生徒たちで、ブロック大会や全国大会に行ったらおもしろい映画になるぞ、そう思いました。けれど、地区大会でおしまい。それも無観客。それじゃあ、あんまりだと思って、お客さんを入れた公演を計画しました。それが若手演出家コンクールの最優秀賞に繋がり、映画もできた。コロナがあったから生まれた芝居と映画だと思っています。

**工藤**　亀尾先生ご自身も、この三年間、掛合分校演劇同好会の指導だけでなく、三刀屋高校演劇部の顧問として全国大会に進出、松江工業高校へ異動、さらに、市民劇の演出と、たいへんお忙しい日々だったと推察します。コロナ禍、どのように演劇に関わる時間を捻出していらっしゃったのですか？

**亀尾**　三年間の間でも、時期によって様々ですね。最初の一年は公演がなくなったり部活動の自粛があったりしたので、「あー、演劇やってないとこんなに自由な時間があるんだなー」と新鮮な気持ちを味わいました。二年目は「やっていいかな、まだだめかな」とおそるおそるさぐりさぐり。三年目は三刀屋高校、掛合分校、松江工業高校、雲南市創作市民演劇とそれ以外に頼まれた脚本や映画など、つねに何かが重なっていて、わけのわからない状態でした。県大会前の平日は工業、休日は三刀屋、三刀屋の稽古が終わったあとは、掛合の曾田と、昼間は仕事をしているので夜台本書いたり打ち合わせをしたり。教員の仕事以外は、ほぼ演劇のことをやっていた気がします。

**工藤**　二〇二〇年二月から二〇二三年三月に至るまで、コロナが部活動に及ぼした影響はどのようなものでしたか？　また、この三年間は今後の部活動にどのような影響を及ぼすとお考えですか？

**亀尾**　演劇をやる機会、観る機会が失われたこの期間は、若者、とりわけ中高生を劇場から遠ざけてしまいました。コロナがなかったら演劇を始めていたかもしれない人たちや、その後、何十年にわたって劇場に足を運んだかもしれない人たちを喪いました。これは日本の演劇界にとって大きな損失です。これは演劇だけではなくあらゆるスポーツや文化活動にも通じているのではないかと考えています。

部活動に対するネガティブな意見も確かにありますが、通っている学校で大きな費用負担なく、気軽に文化活動やスポーツに触れることのできる環境は、日本人にとってあらゆるジャンルの活動の入り口です。そして、その後の生涯にわたってよい影響をもたらしてきたものだと思っています。

コロナは中高生の部活動離れを招きました。同時に部活動が教育の現場から切り離されようとしている風潮は、あらゆる文化活動、スポーツの衰退を招くのではないかと危惧しています。時代と逆行した考えかもしれませんが。

**工藤**　最後に「コロナ禍の高校演劇」について、お考えになっていることをお聞かせください。

**亀尾**　コロナ禍にもかかわらず演劇を選んでくれた全国の演劇部員に感謝したい気持ちです。今後は、作ったお芝居をたくさんの人に観てもらえる機会が、いろいろなところで生み出されることを期待しています。

一方で、演劇を観る体験をいかに作り出すかというのは、高校演劇に限らず、これからの演劇界の課題だと思っています。実際の感覚としてひしひしと感じるのですが、本当に若い人が劇場に足を運ばなくなりました。演劇部員ですら。家にいながらにして楽しめるコンテンツが飛躍的に増えた状況の中にあって、観るだけで労力と時間とお金がかかる演劇がそれだけの価値を提示できるか。それだけの魅力を知ってもらえるか。

若者と近い立場にある教員と、演劇を生業としている業界とが協力し合って考えていくべき課題であると思っています。

青森県立青森中央高校演劇部

# 勇者のコロナクロニクル

東北大会版③　作　畑澤聖悟

ガクト（20年入学／演劇部）（勇者）　船橋岳斗
コウキ（20年入学／演劇部→野球部）（犬）　武田幸樹
シュンスケ（20年入学／演劇部→バスケ部）（戦士）　山田俊亮
リッカ（20年入学／演劇部→退部）（魔法使い）（彼女①）　福士六花
セリナ（20年入学／演劇部→退部）（武器職人）（彼女③）　南世莉奈

リコ（18年入学／演劇部／演出／部長）（伝説の勇者①）　川村理子
ユズナ（18年入学／演劇部／副部長）（賢者①）　岩原柚菜
サキ（18年入学／演劇部）（歌唄い①）　田中咲希
ミユウ（18年入学／演劇部）（僧侶①）　佐藤美佑
サクラ（18年入学／生徒会執行部／司会①）　蝦名さくら

ヒナ（20年入学／合唱部部長）（歌唄い②）（彼女②）　西川姫愛
フウカ（20年入学／司会2／放送部部長）（賢者②）　今楓花

エイタ（21年入学／放送部／合唱部／応援）　森瑛太
ダイチ（21年入学／放送部／合唱部／応援）　堺大智

マナカ（20年入学／生徒会長）　齊籐愛華
ソラ（21年入学／生徒会副会長／司会3）（僧侶②）　柳谷颯良
アオイ（22年入学／生徒会執行部）（伝説の勇者②）　齊藤碧彩

部室の女神様　今井萌々花

音響　葛西　美音
照明　髙阪　一綺

注①　台詞は演技者の使用する口語に翻訳されます。
注②　☆もしくは★の台詞と動作は同時に行われます。
注③　／は次の台詞に遮られます。
注④　Mは音楽、SEは効果音です。

## ガクト、コロナになる①／2022年9月

M「The Mist」（Mark Isham）
開幕。舞台中央のみ明るい（直径2間）。
　ガクト、激しく咳き込んでいる。
ガクト　今かよ！なんでこのタイミングなんだよ！あああ！

ガクト、床に身を投げ出し、のたうち回る。

ガクト　俺なんか、消えちゃえばいいんだ。いない方がいいんだ！なんもかんも無駄だった。高校に入ってからなんにもいいことな　かった。いいことなんかひとっつもなかった！

のたうち回って、天を仰ぐガクト。
と、女神登場。ナレーションを始める。

女神　おまえの名はフナハシガクト。高校3年生。おまえの発言で注目すべき点は、ここだ。巻き戻し。

SE　巻き戻し音↓「The Mist」
巻き戻されるガクト。

ガクト　……高校に入ってからなんにもいいことなかった。いいことなんかひとっつもなかった。

女神　リピート。

M　リピート「The Mist」

ガクト　いいことなんかひとっつもなかった。

女神　ストップ。

M　カットオフ

女神　おまえが高校に入ったのは２０２０年4月。いまから2年と5ヶ月前、コロナ第1波の真っ最中だ。不安はあったが、おまえにはまだ希望があった。そうだよな？

## 部活動オリエンテーション／２０２０年4月

舞台全体がぽん、と明るくなる。
コウキ、シュンスケ、登場。マスクしている。ガクト、マスクをし、回想シーンの中に入る。

シュンスケ　なあ、どの部活入るか決めた？

コウキ　俺は野球部かな。オマエは？

シュンスケ　バスケ部かな。

コウキ　ガクトは中学で野球部だっただろ？ポジションはどこ？

ガクト　ピッチャー。

シュンスケ　じゃ、野球部か？
ガクト　いや、なんか、もう部活はいいかな、って。
シュンスケ　部活入んねーの？
ガクト　この高校、運動部あんまり強くないだろ？
シュンスケ　そうみたいだな。
ガクト　弱い部活に入ってもモテないし。
シュンスケ　じゃあ、文化部はどうだ？
ガクト　文化部なんてセイシュンの無駄遣いだよ。モテないし。
シュンスケ　そんなにモテたいのか？
ガクト　学校から歩いて10分、走って5分、ダッシュして2分のところに県立図書館がある。放課後はウチだけじゃない、近くの高校からわんさか集まるんだ。女子が。
☆シュンスケ　なんで女子？
☆コウキ　なんで女子？
ガクト　馬鹿め、図書館で自習するのは女子に決まってる！
☆シュンスケ　そうなのか！
☆コウキ　そうなのか！
ガクト　俺は、放課後毎日図書館で自習、いや網を張るつもりだ！
シュンスケ　アリを待ち構えるアリジゴクか！
コウキ　プランクトンを待ち構えるチンアナゴか！
ガクト　だから、部活やってるヒマなんかねえんだよ！

司会1（サクラ）がハンドマイク手に登場。

司会1　新入生の皆さん、休憩時間終わりでーす。座って下さーい。
☆シュンスケ　はーい。
☆コウキ　はーい。

一同、座る。他の1年生たちもいる。

司会1　青森C央高校2020年度部活動オリエンテーション、後半のトップバッターは演劇部です。よろしくお願いします。

拍手。登壇する演劇部（リコ、ユズナ、ミユウ、サキ）。
司会1、リコにマイクを渡す。
**コロナウイルス、舞台を通過する。以下のフリップを持っている。**
**「2020年4月」**
**「第1波」**

司会1　どうぞ。
リコ　マイク要りません。
司会1　あ、はい。

演劇部長・リコ、舞台中央で深々と礼をする。

リコ　新入生の皆さん、こんにちは。演劇部部長のカワムラリコです。演劇部は、2月末の定期公演が中止となり、3月は全ての活動が臨時休校のため、禁止。4月恒例の新入生歓迎公演も、学校から中止を言い渡されました。「演劇部は大きな声を出すから活動を自粛しろ」という、苦情の電話が来たそうです。でも、私たちは、マスクを付け、換気に十分気を配り、消毒も徹底して活動しています。何の心配も要りません。……毎年、演劇部はこのステージで、楽しい寸劇を披露して「演劇部よろしくー！」と明るくアピールしています。今年もそのはずでした。でも、今年は、そんな余裕はありません。演劇部は現在、3年生4人で活動しており、2年生はいません。3年生は秋のコンクールと文化祭が終われば引退です。もし新入生が入らなかったら、演劇部はなくなってしまうんです。

リコ、いきなり跪く。戸惑う他の3人。ざわめく客席。

リコ　演劇部に入ってください。お願いします！

リコ、土下座する。慌てて出てくる司会1。ガクト、強く胸を打たれ立ち上がる。

司会1　え、演劇部のプレゼンでした。ありがとうございました。

リコ、立ち上がり、退場する。

シュンスケ　なんだよあれ。
コウキ　ドン引きだよなー。
シュンスケ　ドン引きドン引き。
ガクト　でも、なんか、面白そうじゃん。行ってみようよ。見学。
☆シュンスケ　え？
☆コウキ　え？

## 演劇部見学そして入部／2020年4月

リコ、ユズナ、ミユウ、サキ、登場。

4人　演劇部へようこそ！

1年生たち逃げる。ガクト、シュンスケとコウキを止める。

リコ　発声練習！

全員　はい！

☆シュンスケ　入部するって、決めたわけじゃ！

☆コウキ　入部するって、決めたわけじゃ！

リコ　ソーシャルディスタンス！

全員　はい！

全員、距離を取る。

リコ　準備OK？はい、いきます！せーの！

発声練習する。ガクト、シュンスケ、コウキも巻き込まれる。

リコ　円周率！

全員　はい！

☆シュンスケ　入部するって、決めたわけじゃ！

☆コウキ　入部するって、決めたわけじゃ！

リコ　3・14！

円周率する。ガクト、シュンスケ、コウキも巻き込まれる。

リコ　アブラハム！

全員　はい！

☆シュンスケ　入部するって、決めたわけじゃ！

☆コウキ　入部するって、決めたわけじゃ！

リコ　せーの！

アブラハムする。ガクト、シュンスケ、コウキも巻き込まれる。

リコ　新入部員自己紹介！

全員　はい！

シュンスケ　1年3組ヤマダシュンスケです！

コウキ　1年3組タケダコウキです！

ガクト　1年3組フナハシガクトです！

3年生4人、「よろしくー」と、拍手。

☆シュンスケ　なんか騙されてる気がするー！

☆コウキ　なんか騙されてる気がするー！

リッカ、セリナ、登場。

ガクト　クラスメイトに声掛けました！

★リッカ　よろしくお願いします。
★セリナ　よろしくお願いします。
全員　よろしく！

M「トイレの神様」
女神、登場。
**コロナウイルス、以下のフリップを持って舞台を通過する。**
**「2020年6月」**
**「まだ第1波だよ」**

女神　こうしておまえは友達二人とクラスメイト2人を巻き込んで演劇部に入部した。おい、大丈夫か？それで彼女できるのか？そして、2ヶ月が過ぎた。2020年6月。

**「勇者と仲間たち」／2020年6月**

椅子が8脚出される。

リコ　はい、じゃあ、台本13ページ、7行目、賢者の台詞から行きます。よーい、はい！

演出リコ、手を叩く。芝居が始まる。
賢者（ユズナ）、僧侶（ミユウ）、魔法使い（リッカ）、武器職人（セリナ）、歌唄い（サキ）、犬（コウキ）、戦士（シュンスケ）が席に着いている。新参の勇者（ガクト）に向かって自己紹介を始める。

賢者　まずは自己紹介といこうかのう。わしはヨージロー。賢者じゃ。
勇者　賢者……。
僧侶　私はユウケイ。僧侶です。
勇者　僧侶……。
魔法使い　わしはバーバラ、魔法使いじゃ。
勇者　魔法使い……。
武器職人　ダリヤ、武器職人でぇす。
勇者　武器職人……。
歌唄い　♪わたしはオクタビア、歌唄いーよー。
勇者　歌唄い……。
犬　わん。
勇者　犬……。
勇者　えーと……。
戦士　新入りが先に名乗んのが礼儀じゃねえのか？
勇者　あの、カズーサといいます。
賢者　彼こそが新しい勇者じゃ。

戦士　勇者？コイツが？
魔法使い　そうじゃ。選ばれし者じゃ！
戦士　俺は認めん。さあ、とっとと帰れ！
勇者　わかった。帰る。

一同、慌てて立ち上がる。

賢者　待ってくれ！
勇者　だって、家でゲームやってた方がいいよ。
賢者　おまえには使命があるんじゃ！
勇者　使命？
魔法使い　そうじゃ、わしらを見捨てないで！
全員（戦士と勇者以外全員）♪みーすーてーなーいーでー、くーだーさーいー。

と、ミュージカル風に懇願する。

勇者　………。
戦士　どうした？早く帰れ。
勇者　いや、帰らない。使命があるなら俺は戦う！
戦士　そうかい。じゃあ、まずは俺と戦ってもらおうか！

戦士、刀を抜いて勇者に迫る。と、伝説の勇者（リコ）登場。

伝説　待ちなさい！
賢者　あ、あなたは！
全員　伝説の勇者アザース！
勇者　伝説の勇者アザース？
賢者　3年前、魔王との戦いに敗れて死んだはずの伝説の勇者アザース！
伝説　私の肉体は滅んでも、魂は不滅です。
全員　おお！
伝説　戦士サンゴク。
戦士　はい。
伝説　疑ってはいけません。この者は正真正銘、私が選んだ勇者です。
戦士　しかし、伝説の勇者アザース！
伝説　証拠を見せましょう！

伝説の勇者、指を鳴らすと剣が飛んで来る。

賢者　おお、なんか飛んできた！

剣が伝説の勇者の手に手に収まる。

一同　おお！

賢者　それは、勇者の剣！
一同　勇者の剣！

伝説の勇者、剣を受け取り、勇者に手渡す。
伝説　さあ、その剣を抜くのです。
賢者　勇者の剣は、真の勇者でなければ抜けないはず！
一同　真の勇者でなければ抜けないはず！
伝説　勇者よ、魔王を倒すのです。
勇者　魔王？
伝説　いま、世界は魔王の放つ毒に覆われています。人は信じ合う心をなくし、手をとりあうことができなくなりました。今こそ力を合わせて魔王を倒し、この世界を救うのです！
勇者　はい！

勇者、剣を抜く！

勇者　しゃきーん！
一同　おお！
勇者　よおし、行くぞみんな！
一同　おお！
リコ　はい、そこまで。

リコ、手を叩いて芝居を止める。

リコ　えーと、ここはさあ、勇者が使命に目覚めるとこだよね。
ガクト　はい。
リコ　右も左もわからないまま、この世界に迷い込んで、知らないうちに自分に使命があることを知らされる。
ガクト　はい。
リコ　台本読んでる？
ガクト　読んでます。一応。
リコ　一応じゃダメなの。読み込んで。驚きも、戸惑いも、高揚感も、全部、台本に書いてあるから。
ガクト　すいません。
ユズナ　まだ1年生なんだから、優しく。
リコ　あとさ、最後のポーズ、もうちょっとなんとかなんない？
ガクト　もうちょっと？
リコ　全部身体に出ると思うんだよね。決意とか意志とか。どうすればいいと思う？
ガクト　………。
ユズナ　もう6時だよ。
リコ　そっか、なんも出来ないよ。こんな時間じゃ。

ユズナ　しょうがないよ、コロナなんだから。
リコ　はい、じゃあ、終わります。

みんな立つ。

ユズナ　何か連絡ありますか？
リッカ　（挙手）救護係です。体温、未記入の人がいるので、記入してください。
ユズナ　はい、ちゃんとやってください。他は？
全員　ありません。
リコ　じゃ、締めます。

全員、一列に並んで天を仰ぐ。

リコ　演劇の神様、今日も一日ありがとうございました！
全員　ありがとうございました！

ぱん、ぱん、と全員で手を打ち、拝む。

リコ　おつかれさまでした！
全員　おつかれさまでしたー！

と、一礼し、散開する。ユズナ、ガクトのところへ。

ユズナ　ガクトくん。
ガクト　はい。
ユズナ　（小声で）あんまり気にしちゃダメよ。イイカンジ行ってと思うな、私は。この調子でがんばろ。ね。
ガクト　はい。

シュンスケ、ガクトの背中を叩く。

シュンスケ　大変だな、主役は。
ガクト　……。
シュンスケ　ところで、おまえ、最近、図書館行ってる？
ガクト　……。
シュンスケ　そんなガクト君に耳寄り情報。
コウキ　文化祭が9月にあるのは知ってるな？
シュンスケ　文化祭のラストは、フォークダンスなんだよ。知ってたか？
コウキ　そこで、彼女、ゲットできるらしいぜ。
シュンスケ　それというのも、ウチの高校のフォークダンス、っていうのがさ。
ガクト　ごめん、その話、後にして貰っていいか？あと30分で学校閉まっちゃうから。

ガクト、椅子の消毒をしているサキとミユウに。

ガクト　あ、サキ先輩、ミユウ先輩、消毒、あとは、俺やっておきますから。
サキ　また自主練？
ガクト　はい。
ミユウ　ごくろうさん。じゃ、よろしくー。
ガクト　はい。

サキとミユウ、退場。

シュンスケ　じゃ、お先。
コウキ　お先。
ガクト　ごくろうさん。

シュンスケ、コウキ、帰る。

ガクト　さて、と。

## ガクト自主練する／２０２０年５月

ガクト、一人残り、稽古。ポージングを繰り返す。

ガクト　しゃきーん！

すると、リコが戻ってくる。ガクト、驚いて演技をやめる。

リコ　いいから続けて。
ガクト　はい。じゃあ、もう1回やります。よろしくお願いします。
リコ　台詞出してやろうか。
ガクト　お願いします！

リコ、伝説の勇者の台詞を出す。

伝説　いま、世界は魔王の放つ毒に覆われています。人は信じ合う心をなくし、手をとりあうことができなくなりました。今こそ力を合わせて魔王を倒し、この世界を救うのです！

勇者、剣を抜く！

勇者　しゃきーん！

と、ポージング。そののち自信なさそうにリコを見る。

ガクト　……なんで、俺を勇者にしたんですか？
リコ　キャスティングのこと？
ガクト　はい。
リコ　そこは、演出を信じろよ。
ガクト　全然、わかんないんですよ。何やってもうまくいかなくて。
リコ　私もそんなこと言ったことある。先輩に。私が1年生の時の3年生。
ガクト　この台本作った人、ですか？
リコ　いや、台本作ったのはもっと前の先輩。新歓公演のために作ったんだって。
ガクト　おー。
リコ　中学のとき、ソフトボールやっててさ、演劇なんか全然興味なかったのよ。友達に誘われて、時間つぶしに入ったんだ、演劇部の新歓公演。講堂に百人くらいお客さんいて。みんな笑って、拍手して。うわ、演劇ってすげーな、って思って、気がついたら、ここで発声練習やってた。
ガクト　あー。
リコ　演劇の神様のお導きかな。
ガクト　演劇の神様……。
リコ　部室には、（と、続けて「トイレの神様」のサビを歌う）。
ガクト　部室のあのへんにいるんですよね？

リコ、椅子に座る。

リコ　……ガクトは、なんで演劇部入ったの？
ガクト　……オリエンテーション、見て。その……。
リコ　土下座？
ガクト　はい。
リコ　「演劇部、危ない」とか言われてさ。
ガクト　危ない？
リコ　部室のドアに「コロナ」って張り紙されたりして。

**コロナウイルス、張り紙を持って舞台に出てくる。**
**「コロナ」と書かれている。**

ガクト　ひどいですね。
リコ　放送部と合唱部もやられた。

**コロナウイルス、張り紙を持って舞台に出てくる。**
**「コロナ」「コロナ」と書かれている。**

ガクト　どうして？
リコ　声出すからでしょ。発声練習とか。

ガクト　偏見ですよね。
リコ　この流れだとぶっちゃけ入りづらいでしょ、演劇部。だから、なんとかしなきゃって、切羽詰まってたの。
ガクト　あー。
リコ　すんげー、後悔してる。恥ずかしい、ってみんなに言われて。土下座とか昭和か！って。
ガクト　そんなことないです。すんげー伝わりました。
リコ　なにが？
ガクト　この人、真剣なんだ、って。俺、困ってる人見ると、たまんなくなるんです。
リコ　……やっぱ、勇者だよ。おまえは。
ガクト　え？
リコ　がんばれ。
ガクト　頑張ります！……あの、お客さんの前で演技するって、どんな感じなんですか？
リコ　そりゃ、緊張するよ。
ガクト　リコ先輩でも？
リコ　特に緊張するのは開演の直前だな。

SE　心臓の鼓動
ガクトの立ち位置（センター前）TOP。他は暗くなる。

リコ　目、つぶってるといろんな声とか、聞こえてきたりして。
ガクト　いろんな声が聞こえる？
リコ　緊張が極限まで行くとそうなるんだよ。人間って。
ガクト　（おえっ）

SE　カットアウト
照明、元に戻る。

リコ　どうした？
ガクト　あー、もう、吐きそうです。
リコ　楽しめ。
ガクト　え？
リコ　そこが楽しいんだよ。演劇は。
ガクト　そうなんですか。

M「トイレの神様」
女神、登場。（リコは退場）
**コロナウイルス、以下のフリップを持って舞台を通過する。**
**「2020年7月」**
**「第2波」**

女神　2020年の1学期は最悪だった。相次ぐ休校、遠足も体育祭も中止。インターハイも中止、県の高校総体も中止で、運動部員が泣き叫んだ。夏に向けて第2波が始まろうとしていたが、秋にはきっと収まるだろう。9月の地区大会も文化祭も、普通にやれるはずだ。このころは、おまえも、他の誰もが、そう思っていたんだ。

### 文化祭も地区大会も中止／2020年7月

と、ユズナ、リッカ、セリナ、サキ、ミユウ、入ってくる。

リッカ　納得できません。

ユズナ　私に言ってもしょうがないでしょ。

リッカ　それは、そうなんですけど！

ユズナ　私だって、どうしたらいいかわかんないんだから！

シュンスケ　あの、なんか、あったんですか？

リッカ　……地区大会、中止だって。

3人　えええええッ！

ユズナ　たったいま、事務局から連絡あったって。ワタナベ先生に。

シュンスケ　まさか。

ユズナ　とにかく、ひとつの会場に集まってなんかやるのは無理だから、各校から通し稽古の動画を提出して貰って、審査するんだって。

リッカ　お客さんの前でやれないなら演劇じゃないですよ！

ユズナ　そんなことはわかってるよ！

リコ　いいじゃない。大会が中止でも、ちゃんと審査してもらえるんだから。がっつり練習して、最高の動画作って、県大会に行こう。それしかないじゃん。ね？

ユズナ　……うん。

リコ　よーし、がんばるぞー！

全員　おー！

女神、登場。

女神　そしてひと月後。動画審査の結果発表の日。

### 動画審査結果発表／2020年9月

SE　LINE着信

リッカ　リコ先輩。結果、発表になったみたいです。

リコ、スマホを見る。落胆する。部員たちが入ってくる。泣き始める。

女神　そして、3日後。

生徒会執行部員（サクラ）、部室を訪ねてくる。

執行部員　失礼します。生徒会です。部長さん、いますか？

リコ　はい。

執行部員、リコに文化祭の中止を告げる。サイレントで。

女神　開催が危ぶまれていた文化祭の中止が、正式に決定した。

執行部員、女神、退場。

ユズナ　私たち、引退、ってこと？・・私たち、3年生になってから一回もステージに立ってないよね？1回もお客さんの前でやれてないよね？なのにもう、引退ってこと？……嘘でしょ？

サキ　しょうがないよ、コロナなんだから。

ユズナ　しょうがない、って言わないでよ！聞き飽きたわよ！しょうがない、しょうがない、しょうがない……

ミユウ、ユズナをハグする。ユズナ、泣く。ミユウとサキも泣く。リコ、3人に明るく声を掛ける。

リコ　今日まで4人で頑張ってきたんじゃない。私たちがやってきたことは無駄じゃない。胸を張ろ。胸を張って引退しよ。ね。

3年生、口々に「そうだね」。

リコ　よし。……あ、解散の前にシュンスケとコウキから発表があります。

シュンスケとコウキ、前に。

リコ　じゃ、どうぞ。

シュンスケ　あの、俺とコウキは今日で演劇部を退部することになりました。

ガクト　どういうこと？

シュンスケ　俺は、バスケ部に転部します。

コウキ　俺は野球部。

ガクト　勝手なこと言ってんじゃねえよ！

リコ　二人とも凄く悩んで。私に相談に来たの。こんな状況だからこそ、本当にやりたいことやりたいって。だから、とにかくこの芝居が終わるまでは、ってお願いして。みんなにも黙っててもらって。（シュンスケとコウキに）今日まで本当にありがとう。2人とも頑張ってね。

リコ、拍手。遅れて全員が拍手。

リコ　じゃ、締めます。演劇の神様、今日も1日ありがとうございました！

全員　ありがとうございました！

ぱん、ぱん、と全員で手を打つ。

全員　おつかれさまでしたー！

リコ　今日の消毒当番、私だから。みんな先に帰ってくださーい。

ガクト　あの、俺が／

リコ　いいから。今日は、もう帰って。

ガクト　お疲れ様でした。

リコ　はい、お疲れ。

全員帰る。リコ、完全に誰もいなくなったことを確かめてからゆっくりと舞台前方へ。演劇の神様に向かって語り始める。

リコ　演劇の神様、私は今日まであなたを信じて頑張ってきました。だけど、最後に文句言わせて下さい。「私たちのやってきたことは無駄じゃない」。こんな馬鹿なこと、なんで私に言わせたんですか。最後に、ステージに立つこともできなかったんですよ。なに言ったって、無駄じゃないですか。

ガクト、台詞の途中で入ってきて、聞いている。

リコ　……私、ずっと迷ってたけど、いま決めました。卒業したら、演劇科のある大学に行きます。東京の。絶対に演劇辞めません。だから、お願いです。後輩たちが大好きな演劇を続けられるように、見守ってあげて下さい。お願いします！

ガクトは何も言うことができない。
リコ、ガクトの気配に気づき、ガクトの肩を叩いて出て行く。
M「トイレの神様」
女神、登場。リコ、退場。

女神　リコ先輩は卒業。そして、おまえは2年生になった。

**部活動オリエンテーション／２０２１年４月**

ガクトは舞台中央へ。司会２（フウカ）登場。
２０２１年も登場する全員がマスクをしている。
**コロナウイルス、以下のフリップを持って舞台を通過する。**
**「２０２１年４月」**
**「第４波」**
**「デルタ」**

司会２　青森Ｃ央高校２０２１度部活動オリエンテーション、次は演劇部のプレゼンです。よろしくお願いします。

まばらな拍手。登壇する演劇部（ガクト、リッカ、セリナ）。
司会１、ガクトにマイクを渡そうとする。

司会２　どうぞ。
ガクト　マイク要りません。
司会２　あ、はい。

司会２、マイク持って退場。舞台中央で深々と礼するガクト。

ガクト　新入生の皆さん、こんにちわ。演劇部部長のフナハシガクトです。

ガクト、いきなり跪く。戸惑う他の２人。ざわめく客席。

ガクト　演劇部に入ってください。お願いします！

ガクト、土下座する。慌てて出てくる司会１。

司会２　え、演劇部のプレゼンでした。ありがとうございました。

**新入生見学来た／２０２１年４月**

新入生２人、登場する。

☆ダイチ　あの〜。演劇部の部室は、ここでいいんでしょうか？
☆エイタ　あの〜。演劇部の部室は、ここでいいんでしょうか？
ガクト　見学？
★ダイチ　はい！
★エイタ　はい！
☆リッカ　演劇部へよーこそー！

☆セリナ　演劇部へよーこそー！

リッカ、ダイチとエイタを褒めそやす。
セリナ、椅子を2脚運んできてダイチとエイタに勧める。

セリナ　ささ、座って座って。

ダイチとエイタ、座る。リッカ、ガクトに耳打ちする。

リッカ　きついこと言っちゃダメよ、大事なお客さんなんだから。わかった？
ガクト　わかってるよ。

と、放送部部長・フウカ、登場。

フウカ　失礼します！
ガクト　あ、はい。
フウカ　いま、こちらに、新入生の見学者が、（ダイチとエイタを見つける）あ、いた。
ガクト　どうかしたの？
フウカ　2年1組のコンフウカと申します。放送部の部長です。実は、演劇部さんにお願いがあるんです。
ガクト　なんですか？
フウカ　その二人を放送部にお譲りいただけないでしょうか？
ガクト　ええッ！

リッカ、セリナ、憤然と出てくる。

セリナ　帰んな。
フウカ　お願いします。放送部、ピンチなんです。
リッカ　演劇部だってピンチなんだよ。
フウカ　その2人は、ここに来る前、放送部の見学に来てて、結構入りそうな雰囲気を醸し出していたんです。
☆ダイチ　僕たち、別にどっちでもいいんですけどー。
☆エイタ　僕たち、別にどっちでもいいんですけどー。
★リッカ　あんたたちは黙ってて！
★セリナ　あんたたちは黙ってて！
☆ダイチ　すいません。
☆エイタ　すいません。
フウカ　放送部が潰れてしまうんです！放送部はいま、部員が私1人で、このままだと大会に出られないんです！お願いします！

と、深く頭を下げる。

☆ダイチ　僕たち、別に／

☆エイタ　僕たち、別に／

★リッカ　あんたたちは黙ってて！

★セリナ　あんたたちは黙ってて！

☆ダイチ　すいません。

☆エイタ　すいません。

　リッカ、頭を下げたフウカに悪態をつく。

　ガクト、頭を下げたままのフウカに歩み寄る。

ガクト　頭を、上げてください。放送部さん。

フウカ　（頭を上げる）

ガクト　良かったら、兼部ってことでどうでしょう？

フウカ　兼部？部を兼ねる？

ガクト　ええ。

★リッカ　あんた、なに考えてんの！

★セリナ　あんた、なに考えてんの！

ガクト　だって、部活を潰したくない思いはみんな一緒だろ。

フウカ　ありがとうございます。

　と、現れる合唱部部長・ヒナ。

ヒナ　失礼します！

ガクト　あ、はい。

ヒナ　いま、こちらに、新入生の見学者が、（ダイチとエイタを見つける）あ、いた。

ガクト　どうかしたの？

ヒナ　2年2組のニシカワヒナと申します。合唱部の部長です。

ガクト　どうも。

リッカ　これ、きっと同じパターンだよ。

ヒナ　実は、演劇部さんにお願いがあるんです。その二人を合唱部にお譲りいただけないでしょうか？

ガクト　えぇッ！

☆リッカ　きたー。

☆セリナ　きたー。

ヒナ　その二人は、ここに来る前、合唱部の見学に来てて、結構入りそうな雰囲気を醸し出していたんです。

☆ダイチ　僕たち／

☆エイタ　僕たち／

★リッカ　あんたたち！

★セリナ　あんたたち！

☆ダイチ　すいません。

☆エイタ　すいません。

フウカ　合唱部が潰れてしまうんです！★合唱部はいま、部員が私1人で、☆大会に出られないんです！お願いします！

セリナ　★帰んな。
リッカ　☆帰れな。

と、深く頭を下げる。

☆ダイチ　ぼ／
☆エイタ　ぼ／
★リッカ　あ！
★セリナ　あ！
☆ダイチ　すいません。
☆エイタ　すいません。

リッカ、頭を下げたヒナに悪態をつく。
ガクト、頭を下げたままのヒナに歩み寄る。

ガクト　頭を、上げてください。合唱部さん。
ヒナ　（頭を上げる）
ガクト　良かったら、兼部ってことでどうでしょう？
ヒナ　兼部？部を兼ねる？
ガクト　ええ。
★リッカ　あー！
★セリナ　あー！
ガクト　だって、部活を潰したくない思いはみんな一緒だろ。

ヒナ　ありがとうございます。
フウカ　じゃ、行きましょうか。
ヒナ　とりあえず、1人ずつということで。
フウカ　そうしましょう。
ヒナ　そうしましょう。

フウカはダイチの手を取り、ヒナはエイタの手を取る。

★フウカ　さ、行きましょう！
★ヒナ　さ、行きましょう！
☆ダイチ　よろしくおねがいします。
☆エイタ　よろしくおねがいします。

フウカとヒナ、ダイチとエイタを連れ去る。
ガクト、それを見送る。

セリナ　あーあ。
リッカ　アイツら、もう絶対帰ってこないよ。
ガクト　そんなことないよ。兼部だし。
リッカ　放送部と合唱部、って、大会の日程、だいたいウチとかぶってるって知ってた？
ガクト　……しまったぁ！

M「トイレの神様」
女神、ナレーションを始める。

女神　困った人間を見ると放っておけないのはわかる。だが、一番困ってるのはおまえ自身だろ？他の部員が愛想を尽かして出て行ったのも無理はない。演劇部部員1名（笑）。

リッカ、セリナ、サイレントで愛想を尽かして出て行く。

女神　しかし、悲惨な運命はこれで終わらない。9月の地区大会は、土下座して頼んだ助っ人がコロナ陽性で出場辞退。文化祭は2年連続の中止。楽しみにしていた12月の修学旅行も中止。彼女が出来るはずもなく、あっという間に3年生になった。

**部活動オリエンテーション／2022年4月**

司会3（ソラ）登場。
2022年も登場する全員がマスクをしている。
**コロナウイルス、以下のフリップを持って舞台を通過する。**
**「2022年4月」**
**「第7波」**
**「オミクロンBA・1」**

司会3　青森C央高校2022年度部活動オリエンテーション、次　は演劇部の／
ガクト　要りません！

ガクト、司会3を遮ってアピールを始める。

ガクト　新入生の皆さん、こんにちわ。演劇部部長のフナハシガクトです。

ガクト、いきなり土下座する。

ガクト　演劇部に入ってください。お願いします！

SE　きんこんかんこーん

**昼休みの渡り廊下／2022年4月**

昼休みの渡り廊下である。大勢の生徒が行き交う。
1人1人に「演劇部入りませんか？」と、声をかけ、ことごとく無視されるガクト。

## 演劇部部室／２０２２年４月

やがて、舞台上に１人となり、場面は演劇部部室に。

ガクト　演劇の神様、今日もよろしくお願いします。

と、拝む。

ガクト　よし。

ガクト、１人で筋トレを始める。

と、生徒会長・マナカと副会長・ソラが来る。

マナカ　お邪魔していいかしら。
ガクト　（無視）
マナカ　ごめんなさい。ちょっと、お話聞いていただきたくて。
ガクト　（無視）
ソラ　生徒会長のサイトウマナカさんです。
ガクト　わかってるよ。
ソラ　そして私は副会長の／
ガクト　部室の明け渡しの件ならはっきり断ったはずだ。部員が１人でも活動する権利はある。
マナカ　安心して。そっちじゃないから。
ガクト　自主公演の件はどうなった？
マナカ　残念ながら不許可。
ソラ　「この状況で自主公演なんかとんでもない！」「講堂は絶対に貸しません」って、教頭先生に言われました。
ガクト　………。
マナカ　毎年やってんのね土下座。で、新入部員、来た？
ソラ　今のところ１人も来ていないようです。
マナカ　でしょうね。
ガクト　悪かったな。
ソラ　それ、演劇部だけの問題じゃないんです。
ガクト　え？
マナカ　今年の新入生の部活加入率、知ってる？
ガクト　いや。
ソラ　例年の半分以下です。
ガクト　どうして？
マナカ　中学入学と同時にコロナだった世代だからね。
ソラ　まともに部活やったり、行事頑張ったり、そういう経験がそもそもないんです。
マナカ　いま生徒会に大きな問題が起きているわ。応援団の入団希望者がゼロなの。

ガクト　団長がいるから大丈夫だろ。
マナカ　もう卒業したわ。応援団員はいまのところゼロ。
ガクト　そんな。
ソラ　だから、おねがいです。応援団長、やってもらえないでしょうか？
ガクト　……俺？
ソラ　はい。
ガクト　無理だよ、団長なんて。
マナカ　私の目は節穴じゃないわ。あなたは、1人になっても、毎日無駄に練習していた。こつこつと無駄な努力を重ねていた。
ガクト　無駄で悪かったな。
マナカ　そうやって無駄に鍛えたその声を学校のために役立ててちょうだい。
ガクト　無理。
ソラ　そこをなんとか！
マナカ　今年は、2年ぶりに例年通りの高校総体が開催できる方向なの。運動部、張り切ってるの。だから、応援してあげたいの！
ガクト　………。
ソラ　去年の文化祭は中止。2年連続の中止。修学旅行も中止。体育祭はマスクしながら、午前中だけの短縮日程。学校は私たちの要望なんか聞いてくれません。生徒には「生徒会なんか意味ねーよ」って影口叩かれて。
マナカ　こんな情けない生徒会でも、少しは役に立ちたいの！
マナカとソラ、土下座しようとする。
ガクト　おい、おい……やめてくれ！……そんなことするの、俺1人で十分だから。
マナカとソラ、こっそり顔を見合わせピースする。

## 県高校総体バスケの応援／2022年6月

太鼓が出てくる。どーん！
ガクト、応援団長としてエールする。マナカとソラは応援団員に加わる。アオイ、ソラ、ダイチ、エイタ、ミユウも。
ガクト　フレー！（どんどん）フレー！（どんどん）C央高。
応援団　フレーフレーC央高！スレーフレーC央高！
どんどん。バスケットボールの応援のようである。
SE　バスケ試合開始ホイッスル↓バスケ試合中

ガクト　ようし、頑張れ！よし！よし！
「ナイシュー」とか、応援する。
ガクト　あー。
SE　バスケ試合終了ブザー
負けたらしい。
ガクト　頑張ったー！（どんどん）頑張ったー！（どんどん）C央校。
応援団　頑張った頑張ったC央高！頑張った頑張ったC央高！
拍手する。
シュンスケ　ガクト！
ガクト　おお、シュンスケ！いい試合だったぞ！
シュンスケ　応援団の皆さんに、お礼言いに来ました。ありがとうございました！
拍手する。
シュンスケ　今更だけど、ゴメンな。

ガクト　なにが？
シュンスケ　1年のとき、勝手に演劇部辞めて。
ガクト　いいよ、もうそんなこと。
シュンスケ　おかげで、今日までバスケやれた。最後の試合、こうやって応援して貰って。チームのみんなも、ホント喜んでる。ホント、ありがとう。
ガクト　いいっていいって！
シュンスケ　じゃ、俺、最後のミーティングあるから。
ガクト　ごくろうさん！
シュンスケ、退場。拍手で見送る一同。
ずっとガクトを見ていたアオイ、意を決して話しかける。
アオイ　おつかれさまでした。あの／
マナカ　さあ！次は、来月の野球部。甲子園予選の一回戦です！この調子でガンガン応援しましょう！
全員　おー！

**甲子園予選一回戦スタンド／2022年7月**

どーん！と、登場する応援団。

ガクト　フレー！（どんどん）フレー！（どんどん）Ｃ央高。
応援団　フレーフレーＣ央高！スレーフレーＣ央高！

どんどん。

Ｍ「栄冠は君に輝く」がブラバンで演奏されている。

マナカ　やっぱ、いいわね、野球の応援って。去年まで、応援禁止だったからね。
ガクト　そうなんだ。
アオイ　あと、１０分で試合開始です。
マナカ　張り切っていきましょう。頼りにしてるよ、応援団長。
ガクト　まかせとけ！

と、コウキが駆け込んでくる。

コウキ　ガクト、ガクトはいるか！
ガクト　おお！コウキ！久しぶり！調子はどうだ？
コウキ　違うんだガクト！
ガクト　オマエが演劇部辞めたことなんてもう気にしちゃいねえよ。ホームランかっ飛ばしたら帳消しにしてやる！
コウキ　野球部は部員不足で、９人しかいないって知ってるだろ？
ガクト　ああ。
コウキ　２年生のカサイが、体調悪いから遅れてくるって事になってたんだけど、いま連絡あって、コロナ陽性だって。
一同　ええっ！

Ｍ「ピンチ」（巨人の星）

ガクト　どうするんだよ！
コウキ　オマエ、野球やってたんだよな？中学ん時。しかも、ピッチャーだよな？
ガクト　そうだけど。えええええええッ！
コウキ　たのむ！
ガクト　無理だよ！
コウキ　3年生は負けたら終わりなんだ。これが最後の試合になるかも知れねえんだ！
ガクト　だったらなおさら無理だよ！
コウキ　頼む！俺たちの、野球部の3年間を、ちゃんと終わらせてくれ！頼む！

コウキ、頭を下げる。

マナカ　ガクト。
アオイ　ガクト先輩。

全員　ガクト先輩！

その場にいる全員が頭を下げ、そして土下座しようとする。

ガクト　やめてくれ！・・そんなことするの、俺1人で十分だから。

## 試合が始まる／2022年7月

主審　プレーボール！

SE　野球試合開始サイレン

実況（マナカ）　さあ、主審の右手が挙がりました。青森C央高校の先発船橋君、第一球を投げました。

SE　空振り↓捕球！

主審　ストライク！

解説（ソラ）　なかなか、いい直球ですね。

2球目も空振り三振。

SE　空振り↓捕球！

女神　演劇の筋トレを続けていたおまえは、初回を3者凡退に抑え、もしかしたら、と、思わせてくれた。しかし、所詮演劇部。

3球目はライトスタンドに飛び込むホームラン。

SE　かきーん！

歓声があがる。

女神　対戦相手の青森海だ山だ高校は昨年の準優勝校。終わってみれば17対0の5回コールド負け。清々しいくらいの惨敗だった。試合終了後、野球部員たちはみんな泣いていた。野球に掛けた部員たちの3年間が美しく終わった。おまえは、1人1人と握手を交わし、だけど、申し訳なさそうに頭を下げていた。

マナカ　ケッ、カッコイイじゃねえか。クソ演劇部のくせに。

アオイ　はい……。

アオイ、ガクトを見ているが、マナカに連れ去られる。

## 演劇部部室／2022年8月

場面は演劇部部室に変わる。

ガクト　演劇の神様、今日もよろしくお願いします。

と、拝む。

ガクト　よし。

ガクト、イス8脚を舞台に並べる。

ガクト　では、台本9ページ、17行目、勇者の台詞から行きます。よーい、はい！

ガクト、全員の役を1人で。

勇者（ガクト）　だって、やっと突き止めたんですよ。魔王の城。あとは乗り込むだけだ。

賢者（ガクト）　魔王は強い。あまりにも強い。今のわしらの力ではどうすることもできん。

魔法使い（ガクト）　わしもそう思う。

僧侶（ガクト）　私もそう思います。

武器職人（ガクト）　勇者の剣だって魔王に通用するか、わかんないじゃん。

歌唄い（ガクト）　♪そうよー、そのとおりよー。

犬（ガクト）　わん。

勇者（ガクト）　みんなで力を合わせれば、なんとかなるよ！

戦士（ガクト）　そんな簡単な問題じゃねえんだよ。俺だって命は惜しい。

犬（ガクト）　わん。

勇者（ガクト）　こうなったら俺一人で行く。俺一人で魔王と戦ってやる！

と、生徒会執行部員のアオイが来ていることに気づく。

ガクト　あ。

アオイ　こんにちは。生徒会執行部1年のサイトウアオイです。応援ではお世話になりました。

ガクト　ああ、その節はどうも。

アオイ　夏休みなのに、練習なんですか？

ガクト　地区大会までもう少しだから。

アオイ　ホントは人数たくさん出るお芝居なんじゃないですか？

ガクト　9人。

アオイ　どうしてそんな台本選んだんですか？

ガクト　俺が1年の時に、地区大会出るはずだった台本でさ。だけど、コロナで大会中止になって。だから、リベンジしたいんだよ。俺の手で。3年生だし、最後だし。
アオイ　やっと、やれるんですね。地区大会。
ガクト　ああ。
アオイ　文化祭も3年ぶりに実施です。非公開で、外部のお客さんは入れないんですけど。
ガクト　やれるだけで、夢みたいだよ。
アオイ　演劇の地区大会はお客さん入れるんですか？
ガクト　いまのところ、OKみたい。観に来てよ。
アオイ　……あ、はい。
ガクト　よし、頑張るぞ！
アオイ　あんまり無理しないで下さいね。なんか、喉の調子、よくないんじゃないですか？
ガクト　そんなことないよ。じゃ、練習始めるんで。
アオイ　失礼します。

アオイ、一礼して去る。1人残るガクト。喉がおかしい。

ガクト　あれ……？あれ？……あれ？

M「The Mist」（Mark Isham）
暗くなる。舞台中央のみ明るい（直径2間）。

**コロナウイルス、以下のフリップを持ってガクトに近づく。**
**「オミクロンBA・5」**
**「オミクロンBA・5」**
**「オミクロンBA・5」**

## ガクト、コロナになる②／2022年9月

ガクト、激しく咳き込む。スマホで通話。

ガクト　はい。39度5分でした。さっき病院からメール来て、陽性だそうです。……いや、心当たりは全然……はい。……地区大会は……そうですか。文化祭も……。なんとかなりませんか？……そうですか。じゃ失礼します。

ガクト、絶望し、床に身を投げ出す。

ガクト　今かよ！なんでこのタイミングなんだよ！あああああ！

ガクト、床に身を投げ出し、のたうち回る。

ガクト　俺なんか、消えちゃえばいいんだ。いない方がいいん

だ！なんもかんも無駄だった。高校に入ってからなんにもいいことなかった。いいことなんかひとっつもなかった！

女神、登場する。

女神　ストップ。

M、カットオフ。

女神　そして、いまここ。2022年の9月だ。……さあ、どうだ？考えてみろ。本当に「いいことなんか、ひとつもなかった」のか？

ガクト　だって、文化祭もなかった。修学旅行もなかった。演劇部入ったけど一度も地区大会に出られなかった。自主公演も禁止。ステージで上演したことなんか、一回もない。

女神　コロナのせいだ、と言いたいのか？

ガクト　彼女もできなかった。

女神　それはコロナ、関係なくねーか。

ガクト　なんで、コロナなんだよ。コロナさえなかったら、バラ色の高校生活だったのに！

女神　よし、わかった。望みはそれだな？

ガクト　え？

女神　任せておけ。俺を誰だと思っている。

ガクト　……。

女神　残念ながら演劇はコロナに弱い。だけど、コロナが流行しなかった世界を想像することはできる。

ガクト　あの、

女神　じゃあいきます。「コロナが流行しなかった世界（バラ色）」。よーい、はいッ！

女神が手を叩く、その合図に合わせて舞台全面が明るくなる。

## コロナのない2020年〜2022年

SE　蛍の光

行き交う人々。女神は退場。

館内アナウンス　本日も、青森県立図書館をご利用いただきありがとうございました。明日もまた、青森県立図書館でお会いしましょう。

ガクト　図書館？

と、近づいてくる彼女1（リッカ）。

彼女1　あの、すいません。
ガクト　あ、はい。
彼女1　C央高校1年のフナハシガクトさんですよね？
ガクト　そうだけど。え？1年？
彼女1　1年生でしょ？
ガクト　そっか。おれまだ1年か。
彼女1　毎日、来てますよね？図書館。
ガクト　ええ。
彼女1　よかったら、ちょっとお話ししませんか？
ガクト　彼女ができたー！

　M「彼女ができた」

合唱団　♪彼女ができた！彼女ができた！彼女ができた！
　結構チョロいぜ、俺ってモテる。
　今日から青春第1章！
ガクト　♪映画見に行こう！
彼女1　はい！
ガクト　♪カラオケ行こう！
彼女1　さんせー！
ガクト　♪そして、歌おう愛の歌！
二人　♪（ハモる）あー！

　あっという間に月日が流れる。

彼女1　ねえ、もう別れて。私、他に好きな人ができたの。
ガクト　いいよ。だってもうすぐ、修学旅行だから。

　と、近づいてくる彼女2（ヒナ）。

彼女2　あの、2年3組のフナハシガクト君？
ガクト　そうだけど。
彼女2　よかったら、京都の自主研修、一緒に回らない？
ガクト　おっけい。
彼女2　よろしく。
ガクト　彼女ができたー！

　M「彼女ができた」

合唱団　♪彼女ができた！彼女ができた！彼女ができた！
　結構チョロいぜ、俺ってモテる。
　今日から青春第2章！
ガクト　♪金閣寺行こう！
彼女2　はい！
ガクト　♪清水寺行こう！

彼女2　さんせー！
ガクト　♪そして、歩こう嵐山！
二人　♪（ハモる）あー！

あっという間に月日が流れる。

彼女2　ねえ、別れよ。私、受験に専念したいの。
ガクト　いいよ。だってもうすぐ、文化祭だから。

と、近づいてくる彼女3（セリナ）。

彼女3　あの、3年3組のフナハシガクト先輩ですよね？
ガクト　そうだけど。
彼女3　文化祭のフォークダンス、私と踊ってください。
ガクト　おっけい。
彼女3　よろしくお願いします。
ガクト　彼女ができたー！

M「彼女ができた」

合唱団　♪彼女ができた！彼女ができた！彼女ができた！
結構チョロいぜ、俺ってモテる。
今日から青春第3章！

M「オクラホマミキサー」
フォークダンスするガクトと彼女3、そして全員。

ガクト　えーと、名前、なんだっけ？
彼女3　ミナミです。
ガクト　キミのこともっと知りたいな。
彼女3　1年2組黒板係でーす。部活は入ってませーん。
ガクト　へーえ。
彼女3　ホントは合唱部か放送部に入ろうかなー、って思ったんですけど、「あー、去年まであったけどねー」って言われちゃった。
ガクト　去年まであった？
彼女3　合唱部も、放送部も、部員がいなくなって潰れたんですって。去年。
ガクト　潰れた……。
彼女3　ガクト先輩も、部活入ってないんですよね？
ガクト　入ってないよ。
彼女3　ですよねー。部活って、なんか、ダサいですよね。
ガクト　あれ？俺、いま、部活入ってない、って言った？
彼女3　言いましたよ。
ガクト　あれ？部活……？
彼女3　いいじゃないですか！いま幸せなんだから。

ガクト　そうだな。幸せだ！
全員　幸せ！
ガクト　ストップ！

M、カットオフ
フォークダンスをしている全員もストップモーション。

ガクト　演劇部……そうだ、演劇部だ！

女神登場。

女神　やっと思い出したか。
ガクト　演劇部はどうなった？
女神　自分の目で確かめてみろ。

ガクト、走り去り、また戻ってくる。演劇部部室。
マナカが、ソラとアオイにチアダンスを教えている。

マナカ　はい、いくよ！
☆ソラ　はい！
☆アオイ　はい！

ナカ、カウントを取り、チアダンス始める。

ガクト　何してる？
マナカ　応援団長やってくれる人が見つからなくってさ、クソ仕方ないから、私たちがクソチアリーダーやらされることになったのよ！さ、なにボサッとしてんの！最初から！
☆ソラ　はい！
☆アオイ　はい！
マナカ　はい、わんつー、わんつー。
ガクト　ここは、演劇部の部室だよな……？
マナカ　なに言ってんの。クソ演劇部なんかとっくにクソ潰れたわよ。
ガクト　いつ？
マナカ　2年前。私たちが1年の時。
ガクト　なんで？
マナカ　部員が1人も入らなかったんだって。
ガクト　演劇部が、潰れた……？なんで？

女神、「これを見ろ」の手振り。司会1登場。

司会1　青森C央高校2020年度部活動オリエンテーション、後半のトップバッターは演劇部です。よろしくお願いします。

拍手。司会1、リコにマイクを渡す。1年生たちもいる。

司会1　どうぞ。

リコ　ありがとうございます。

演劇部長・リコ、マイクを受け取り、舞台中央で礼。

ユズナ、サキ、ミユウもいて、怪しく踊っている。

リコ　新入生の皆さん、こんにちわ。演劇部部長のカワムラリコです。演劇部は全員仲良しで、楽しい部活でぇす。☆（これ以降サイレント）でも、部員がちょっと足りません。ぜひ、私たちの仲間になって下さい。せーの、

4人　演劇部、よろしくー！

司会1　演劇部のプレゼンでした。ありがとうございました。

☆女神　コロナがなかったらリコ先輩はあんな感じだ。切羽詰まって土下座することはなかった。だからお前は演劇部に入らない。だから演劇部は潰れた。放送部も潰れた。合唱部も潰れた。応援団も潰れた。

リコたち、退場する。

女神　もう一度聞くぞ。本当に「いいことなんか、ひとつもなかった」のか？

M「トイレの神様」

暗転。

## 久しぶりに登校／2022年9月

M、カットアウト。同時に明るくなる。

ガクト、袖に引っ込み演劇部のワゴンを持ってくる。

ガクト　演劇部だ……演劇部だ！

ガクト、ワゴンのモノを次々に出す。

ガクト　演劇部だ！演劇部だ！（勇者の剣を掲げ）演劇部だー！

ガクト、勢い余って勇者の剣を掲げながら走り出す。

ガクト　演劇部だあああああ！

アオイ、登場。

アオイ　ガクト先輩。

　　ガクト、走るのをやめる。

ガクト　あ、久しぶり。
アオイ　あの、もう大丈夫……みたいですね。
ガクト　うん。保健所からＯＫの電話来た！１０日も休んじゃったよ。
アオイ　……地区大会、ホント残念でした。
ガクト　文化祭は盛り上がったの？
アオイ　みんな楽しそうでした。一般公開なしで、模擬店もなしで、フォークダンスもなしだったんですけど。3年ぶりの開催で、執行部はてんやわんやでした。
ガクト　そうか。
アオイ　出たかったですよね。3年生なのに。
ガクト　演劇部だ。
アオイ　はい。
ガクト　演劇部だ！
アオイ　はい！

　　ガクト、喜びのあまり、また走り出す。アオイも続く。

ガクト　演劇部だあああああ！
アオイ　演劇部だあああああ！
ガクト　演劇部だあああああ！
アオイ　演劇部に、入部希望です！
ガクト　え？
アオイ　入部希望です。
ガクト　演劇部に入りたい……？
アオイ　はい。
ガクト　1年生の、キミが……。
アオイ　生徒会執行部と兼部、っていう形になっちゃいますけど。
ガクト　ありがとう。これで心置きなく引退できるよ。
アオイ　引退？
ガクト　だって、もう、地区大会も文化祭も終わっちゃったし。

　　アオイ、台本を取り出し読む。

伝説（アオイ）　勇者よ。おまえはたった一人で魔王に挑み、そして敗れた。しかし、おまえは、まだ生きているではないか。
ガクト　……。
アオイ　すいません。部室にあった台本、勝手に貰っちゃいました。……どうぞ。
ガクト　え……？

アオイ　この続き（どうぞ、と手振り）

　ガクト、促されて芝居を始める。

勇者（ガクト）　しかし、伝説の勇者・アザース。私は魔王との戦いで全てを失いました。一体どうすれば？

伝説（アオイ）　自主公演だ。

ガクト　え？

伝説（アオイ）　大会も文化祭も関係ない、自主公演をやるのだ。

ガクト（素に戻る）そんな台詞ないよね。

伝説（アオイ）　やるのかやらないのか、どっちだ！

ガクト　だけど、自主公演は学校から禁止されて／

伝説（アオイ）　勇者よ。私は今日までおまえの行いを見てきた。不自由な日々の中、おまえは誰かを応援し、そして演劇に打ち込んできた。そんなおまえがコロナごときに負け、入学して一度も舞台に立たぬまま引退だと？　そんなことは許さない。……こ　の私が、絶対に許さない！

　アオイ、泣いている。

勇者（ガクト）　わかりました。伝説の勇者アザース。講堂を借りるのが無理なら、教室でもいい。廊下の片隅でもいい。やります！自主公演！

　シュンスケ、戦士の衣装を着て登場。

戦士（シュンスケ）　俺も戦うぞ！

ガクト（驚く）

　M「ロトのテーマ」（ドラゴンクエスト）

戦士（シュンスケ）　勇者よ。一度は怖じ気づいた俺の弱気を許してほしい。おまえの盾となり鎧となっておまえを守らせてくれ。

　放送部部長・フウカ、合唱部部長・ヒナ、副会長・ソラ、コウキ、リッカ、セリナ、それぞれ衣装を着込んで登場。

賢者（フウカ）　私もいるよー。

歌唄い（ヒナ）　♪私もーいるわー！

僧侶（ソラ）　私もおります。

☆魔法使い（リッカ）　私たちもいるよ！

☆武器職人（セリナ）　私たちもいるよ！

犬（コウキ）　わん！

ガクト　………。

シュンスケ　勇者よ。バスケ部の最後の試合を応援してくれたオマエに恩返しをさせてくれ！
コウキ　俺もだ。野球の助っ人してくれたオマエに恩返しがしたいんだわん！
フウカ　ご無沙汰しております。放送部の部長です。放送部が活動を続けられているのは、あなたのおかげです！ぜひ、お手伝いさせてください。
ヒナ　合唱部の部長です。以下同文です。ぜひ、お手伝いさせてください。
ソラ　生徒会執行部としても、ぜひ！
☆リッカ　私たちも、手伝うよ！
☆セリナ　私たちも、手伝うよ！
勇者（ガクト）　これで魔王に勝てる。俺たちは魔王に勝てるぞ！
全員　おー！

## 自主公演（特別企画）／２０２３年３月

生徒会長・マナカ、登場。

マナカ　あんたたち、なにやってんの！
シュンスケ　本番前の最終チェックです。
マナカ　もうお客さん入ってんのよ！
シュンスケ　台詞合わせ、やっておかないと。なあ。
コウキ　うん。
マナカ　なんか、ずいぶん、台本と違うこと言ってなかった？
ヒナ　そりゃ、まあ、いろいろありますから。思いの丈とか。
マナカ　さ、急いで。開演5分前！
アオイ　プリセットでーす！

一同、「はーい」と返事し、椅子を出す。パイプ椅子でなく、本番用の椅子。この隙にガクトとアオイも衣装を着る。

フウカ　（袖で影アナ）本日は、青森Ｃ央高校入学予定者説明会特別企画・演劇部自主公演「勇者と仲間たち」にご来場いただきましてありがとうございます。まもなく開演となりますので、お席にお戻り下さい。
マナカ　入学予定者説明会ってさ、高校入試の合格者集めて、パンフレット渡して、説明して、それで終わりなのよ普通。
ガクト　どうせやるなら4月からうちの高校入る子たちに見て貰いたくてさ。ひと足早い新入生歓迎公演、みたいな。
マナカ　講堂借りるのだってクソ苦労したんだからね。
ガクト　ホントありがとう。
マナカ　クソ見損なわないで。受けた恩はきっちり返します。

ガクト　すげえ。
アオイ　さっき受付覗いてきたんですけど、半分以上来てますよ。入学予定者。あと、在校生も結構来てます。

**コロナウイルス、以下のフリップを持って舞台を通過する。**
**「2023年3月」**
**「まだ第8波」**
**「XBB・1・5」**

アオイ　講堂が満員になったの、3年ぶりだそうです。入場制限も行動制限もなくなりましたからね。
マナカ　何でもかんでも中止だ禁止だ自粛だ、って言ってたくせに急に「おっけー」って。クソ勝手よね。
アオイ　ウィズコロナってことなんでしょうね。
マナカ　クソ馬鹿にしてるわ。
アオイ　あ、そうだ。3年生も結構来てるみたいです。
ガクト　すげえ。
マナカ　よっぽど暇なのね。ま、私たちもよっぽど暇だけど。自分の卒業式終わってんのに練習つきあわされてさ。
ガクト　ホントありがとう。
マナカ　クソ見損なわないで。受けた恩はきっちり返します。
アオイ　開演3分前です！

一同、「はーい」と返事。

アオイ　最初のシーンは、勇者の板付き緞帳アップからの長ゼリです。皆さん、スタンバイして下さい！

一同、「はーい」と返事し、口々に、「じゃ、よろしく」など言い、ガクトとグータッチしてから袖に退場。

マナカ　じゃ、客席で拝見するわ。ああ、クソ楽しみ。

マナカ、退場。アオイ、剣を持ってくる。

アオイ　じゃ、よろしくお願いします。
ガクト　よろしく。
アオイ　1ベル入ります！

SE　1ベル
アオイ、退場。ガクト、緊張と戦い、深呼吸する。
SE　心臓の鼓動
ガクトの立ち位置（センター前）TOP。他は暗くなる。
女神、背後から近付いてくる。

女神　緊張してるだろ。

ガクト　だって、俺、お客さんの前でやるの、初めてだから。
女神　……想像しろ。
ガクト　うん。
女神　この緞帳の向こう側。
ガクト　うん。
女神　たくさんのお客さんが、客席に座っている。……想像しろ。見えるか？
ガクト　見える。
女神　4月から始まる高校生活に胸ときめかせている入学予定者たち。見えるか？
ガクト　（おえっ）
リコ　どうした？
ガクト　あー、もう、吐きそうです。

と、リコ、登場。女神と並んでガクトの背後に立つ。

リコ　楽しめ。
ガクト　え？
リコ　そこが楽しいんだよ。演劇は。
☆女神　それなー！
☆リコ　それなー！

リコと女神、顔を見合わせて微笑む。

女神　さあ、おまえの初舞台。そして最後の舞台だ。
リコ　「演劇ってすげー」って思わせてやれ。
☆女神　おまえの3年間、全部このステージに、置いてこい！
☆リコ　おまえの3年間、全部このステージに、置いてこい！
ガクト　はい！

M「エボ☆レボリューション」（mihimaru GT）
女神、リコ、ガクトの背を叩いて退場。
ガクト、勇者の剣を抜き、雄叫びを上げる。

ガクト　しゃきーん！

M、高まる。
仲間たちが手拍子しながら元気よく勢揃いする。

全員　しゃきーん！

全員でポージング。幕。

了

※本作は以下の作品にインスパイアされています。制作に関わった方々に深く感謝申し上げます（直接の引用はしていません）。

『素晴らしき哉、人生（It's a Wonderful Life）』（ロバート・キャプラ監督、1946年／アメリカ）

『ベルリン・天使の詩（Der Himmel uber Berlin）』（ヴィム・ヴェンダース監督、1987年／フランス、西ドイツ）

『勇者ヨシヒコと魔王の城』（福田雄一監督、2011年／日本）

『駱駝の溜息』（精華高等学校演劇部／大阪、作：山口大樹、黒崎裕基、2012年）

『なんてまき』（大谷高等学校演劇部／大阪、作：水谷紗良、郄杉学、2022年）

提供／青森県立青森中央高校演劇部

〈顧問インタビュー〉

# 『勇者のコロナクロニクル』

畑澤聖悟
（青森県立青森中央高校演劇部顧問）

**工藤**　二〇二〇年二月から二〇二三年三月に至るまで、コロナが部活動に及ぼした影響はどのようなものでしたか？

**畑澤**　出場するはずだったこうち総文が「WEB SOBUN」となりました。そして、その「WEB SOBUN」にすら参加を許されなかったのは、本当に大きなダメージでした。コンクール以外の上演、特に県外での上演が全く不可能になりました。日常の活動も時短などコロナモードを強いられ、それが二年半続きました。部活動以外の学校行事も同様です。

例えば、文化祭が二年連続で中止になれば、一年生から三年生まで全校生徒の誰一人として文化祭をやったことがない状態ができあがります。その学校の文化祭は、歴代の生徒会執行部と担当顧問が膨大なトライアンドエラーを積み重ねてノウハウを構築し、先輩から後輩へ受け継がれていくのですが、その流れが切れてしまうのです。何もかも一からやり直し。そんなことが演劇部でも起ききました。

本校は部活動加入率がコロナで激減。声を出す活動を敬遠する動きがあり、演劇部は特にあおりを食った印象があります。つまり、「縮小と途絶」です。

**工藤**　『勇者のコロナクロニクル』という作品の企画意図は？

**畑澤**　当時の三年生は二〇二〇年入学で、つまりコロナ第一波と共に高校生活が始まりました。

教室ではマスクを外すことはなく、臨時休校に振り回され、行事は中止。部活の大会も中止。修学旅行も中止。「奪われた三年間」という言い回しもあるそうです。そんな彼らの三年間を肯定してあげたいと思いました。

キーワードは「無駄なことはひとつもなかった」です。その言葉が決して嘘ではないと、演じることによって部員が実感できる体験そのものを提供したいと思いました。演じている部員に限らず、全国の演劇部員たち全員にエールを送ったつもりです。この芝居に出演したひとりが令和四年度卒業式の壇上で答辞を述べたのですが、「無駄なことはひとつもなかったと言い切れます」と締めくくったのは感動しました。

**工藤**　『勇者のコロナクロニクル』の初演は二〇二〇年九月。それ以前の戯曲執筆時から二〇二三年三月の直近の上演までの間も、コロナの状況は変わっています。それは、作品に影響を及ぼしましたか？　また、及ぼしたなら、どのような影響でしたか？

**畑澤**　一〇月の県大会のあたりでは、まだオミクロンの暴風域だったのですが、一月の東北大会になると、だいぶ収まってきました。そのため表現を少し変えたりしました。全体的にコロナに対する切迫感が薄れた中での上演は、コンクール的には不利に働いたと思っています。

**工藤**　コロナを俯瞰し、肯定するという軸が、もしかすると、少しだけ早すぎたのかもしれませんね。ところで、青森県も、長野県同様の演出に関わる厳しいコロナ感染対策ルールがありました。その制約や、それをクリアしながら演出する、部員が演技するということに関してのお考えをお聞かせください。

**畑澤**　二〇二〇年、青森県高文連（以下、県高文連）から示されたルールは、「マスク、マウスシールド、フェイスガードの着用」。それ以外の防御器具（ビニールシートなど）がない場合は、

「対面での発声は許可されない」というもの。のちに「出演者同士の接触は可能な限り避ける」が追加されました。驚くなかれ「手袋をしてもNG」で、「防護服を着ればOK」なのです。

大会における実際の運用にあたっては、舞台上で役者同士が触れ合ったら即アウトではなく、「できるだけ気を遣いましょう」というラインで共通理解を図りました。しかし、この徹底が困難で、接触を一〇〇％避けたチームもあれば、全く配慮の見られないチームもありました。公平を期すため、大会期間中に何度か緊急顧問会議を開いて調整に当たらねばなりませんでした。そもそも演劇の表現とは本来関係のない事柄。大いに消耗しました。この年、青森県の加盟校二六校中七校が地区大会不参加（そのうちの三校はマスク着用義務などのコロナ対策への不満が理由）となっています。

この年、青森中央高校が上演した『ソーシャルディスタンスマン』は、二メートル四方のビニールシートで主人公を囲み、舞台上のすべての会話がビニールシート越しにおこなわれる状態を作りました。ハグのシーンで登場人物が防護服を着ていたのは言うまでもありません。理不尽で暴力的なルールをどうやって逆手に取るか、これに全精力を注いだような気がします。青森県大会で幸運にも最優秀賞を受賞し、東北大会出場となりました。会場となる岩手県は、上演時のマスク、マウスシールドの着用義務がなかったので、県大会とは違うルールで臨まなければなりませんでした。根本的な演出プランの見直しを迫られ、これは何のための労力なのだろうと、じっと手を見ました。

**工藤**　最後に「コロナ禍の高校演劇」について、お考えになっていることをお聞かせください。

**畑澤**　冒頭で述べさせていただいた「縮小と途絶」のダメージからいかに復興するか、が課題です。ただ、本校は幸運にも廃部にはならなかった。全国あちこちで演劇部が廃部になっています。このダメージの上に少子化と部活動見直しの波が重なるので、高校演劇にとってこの先一〇年が、試練の一〇年になるのではないでしょうか。

# 第八章　解説のようなアフター・トーク

澤田大樹×工藤千夏

**工藤**　なるべくいろいろな立場から語っていただきたいと、執筆者のキャスティングをしました。

**澤田**　同じような目にあっているのに、感想だったり見え方だったりが、書いている人によってかなり異なっていて興味深かったです。一つの結論に収れんするかたちにはなっていなくて、ある種の異物感というか、捉えづらさがコロナ禍だったというふうにも読み取れますね。

**工藤**　はい。あと、部活動を継続するための苦労と、コロナだから生まれた作品、その両方からコロナ禍の高校演劇を解き明かしたいと考えました。

**澤田**　コロナ禍の最中は、会場で観られない大会が非常に多かったんですが、工藤さんはたくさんご覧になっていますよね？

**工藤**　審査員として観劇したり、取材のためにお願いして入れていただいたり。一般の高校演劇ファンの方より観た本数は多いと思います。

**澤田**　工藤さんは、コロナ禍の高校演劇をどう見ていたんですか？

**工藤**　「コロナ」という単語が出てこようがこなかろうが、コロナの影響を受けている高校生活を送りながらコロナ禍の大会で舞台に立っている時点で、すべてコロナ作品になっちゃってる。それがまずベース。その上で、コロナに振り回されている現状をしっかり描きたいっていう創作志向と、だからこそコロナに関係ない演劇をやりたいっていう方向とに二極化していく。

**澤田**　震災高校演劇のときと、すごくリンクする話ですね。最初の段階で表現に至るのはけっこうたいへんで、作品で描かれるものが年輪のように変わっていく。そういった話は、以前、TBSラジオの「アフター6ジャンクション」にご出演いただいたときにお聞きしました。やはり最初の段階では、大きな事象過ぎてとまどう状況を描くというか、表現まで昇華できずにぶつけるイメージのものが多い印象があります。一年目は、文化祭がつぶれる・つぶれないという、ある種のコロナパターンみたいなものができて、その時点で表現に振り切った作品に出会うと、「おっ！　すごい！」と驚きました。

**工藤**　コロナを描かないっていう選択も興味深いですよね。

**澤田**　ええ。どっちが偉いとかではなくて。

## 「演劇」と「大会」と

**工藤**　大会実施のテクニカルな話を聞くと、「ああ、そうだったのか、しんどかったな」って思います。

**澤田**　埼玉県と長野県の違い。お客さんを入れて大会を続けたいと考えるのか、大会を続けさせることで目標を作らせたいと考えるのか。このせめぎ合い。どちらを取るのか？　両方取りたい。絶対感染させない。演劇の場だけは守る。いやぁ、「万能な規制などはない」と日下部英司先生が書いていらっしゃいますが、そこがポイントですね。

長野県ルールに関しては、自分たちで線を引いたわけです。同様に厳しかった青森県は、上部から下りてくるパターンだったと思います。長野県は、自分たちで一番しんどいルールを作っていたのだと驚きました。

**工藤**　私もびっくりしました。

**澤田**　埼玉県も長野県も、どちらも生徒たちのことを考えたうえで、どうしていこうかと考えた結果だと思うのです。重視したのは、「場」なのか、「演劇」なのか、「大会」なのか。「大会」は「演劇」を続けるためのモチベーションでもある。一方で、お客さんを必ず入れたいというのは、「演劇」が相互作用のメディアだという前提に立脚して、それがないならやる意味がないんじゃないかっていう話だと思うのです。

**工藤**　どちらかが正解ではなくて、どちらもすごく考えた上で、真逆の結論になっている。私一人しか観ていないとか、ほんの数人しか観ていないとか、映像審査も含めてレアな「大会」の審査員を経験して改めて思ったのは、講評のたいせつさ。「皆さんが何もないところから稽古して作り上げた作品を、私一人しか観ていなくてごめんなさい。でも、私はこーーーんなに受け取ったよ」って返すのが、作品を観た者の責任だという思いを強くしました。講評ってダメ出しではなくて、その作品世界をしっかりキャッチして言語化して伝えるということ。「あなた方はこんなにすごいことをやったんだよ。あなた方の表現の、ここがこんなにすごい！」って、それを具体的に伝えたい。だから、講評を語るときも講評文を書くときも、とにかくその思いで。

**澤田**　工藤さんの講評はいつもそうですよ！

**工藤**　ありがとうございます。でも、正直、もっとたくさんの人に観てもらいたいだろうし、笑ってほしいだろうし、拍手してほしいだろうし。あと、高校演劇の部員同士が観劇し合えないっていうのも、ね。

**澤田**　そうなんです。横川節先生の文章にもある「俺が演劇部に入ってからまともに客入れて芝居打てたことなんて一度もねえ！」っていうセリフですね。

あと、印象的だったのが、引場道太先生と大石由紀先生が記す初期のバタバタ感。引場先生はもう記憶に蓋をしている感じ。大石先生は演劇と違う畑からきて、総文を担当して、感情をゆさぶられてしまっていて、トラウマになってしまっている。

**工藤**　コロナで、最初になくなった春フェスと、最初にウェブ開催になった高知全国大会に関しては、どうしてもお二人に語っていただきたかったんです。ただ、つらいだろうから、お願いしていいものか悩みました。普通に大会ができるって、なんてたいへんなことを積み重ねてきたのかと改めて思います。

## 高校生の肉声に耳を傾ける

**澤田**　いまの部員たちの生の声は当然興味深いですけど、コロナを経た子たちの声が気になっていました。高校生になってから卒業するまでずっとコロナだった年代の人たちが、「たしかにたいへんだったけど、おとなもメディアもたいへんだねっていうけど、そうでもないんじゃない」っていう立場に立っているのが救いです。

**工藤**　元・川越高校演劇部の原康輔さんは、阿部哲也先生に相談して、改めてご紹介いただきました。『いてふノ精蟲《せいちゅう》』という作品は、私にとってもエポックで、埼玉県大会で選出して、関東大会は応援に行って、「全国決まった！　嬉しい！」って親戚のおばちゃんみたいに喜んで。

**澤田**　本当にいい作品でした。コロナ前に僕が最後に観られた関東大会。

**工藤**　いまやっている朝ドラ『らんまん』（NHK）見るたびに思い出して。
**澤田**　そうなんですよ！
**工藤**　WEB総文で配信された関東大会の映像はとってもいいんですけど、収録のための上演はできなくて、それが私の中にも悔いみたいに残っていて。演劇部がなくなるっていうツイートを見て、さらに気になって。
**澤田**　三年間ずーっとたいへんだったという困難さもそうですが、突如、ばさっと切られたというのも、大石先生たちと同じ痛みを感じるところですよね。
**工藤**　岡崎賢一郎先生の『19-Blues』は、強制終了させられたことについて考える物語で、私の中では川越高校演劇部の実体験とつながってしまう。
**澤田**　なるほど。意思に関係なく途切れさせられるということですよね。
　あと、当事者の声で、精華高校の奥竜之介さんが書いていた「カラオケも会食も行けない」というくだり。部活って稽古だけじゃないよなと、改めて気づかされましたね。舞台を創り上げるという直接的な部分だけじゃない、オフの部分での関係性づくりが、彼ら彼女らにとってすごく重要なんだけれど、そこは見過ごしてしまう。
**工藤**　松山東高校演劇部が、全国大会で最優秀賞を受賞した夜に、みんなでケーキを食べたら全員コロナになって、校長先生に「おめでとう」って言ってもらえなかったっていう、コロナ禍らしいオチまでついちゃって。
**澤田**　全国大会から国立劇場での発表公演のあいだにいろいろあったというのは、ツイートで見てたのですが、「それか！」となりました。
　今回、鬼頭すみれさんも書かれていたんですが、とうきょう総文で生徒講評の子たちが一番心をゆさぶられていたのは、北海道大麻高校『Tip-Off』でした。すべてがコロナだった時期の高校生にしかわからない何か、我々には見えない景色が、あの作品の中にはあった。それは発見でしたね。
**工藤**　『Tip-Off』上演後のディスカッションで、泣いている講評委員が多かったのが印象的でした。
**澤田**　山崎公博先生のコロナが終わったあとのことを書きたいというのを読んで、疑問が晴れました。だからこそ、高校生にとって特別な一本になっていたんですね。

## 生徒たちの三年間を肯定するということ

**澤田**　畑澤聖悟先生の『勇者のコロナクロニクル』は、高校演劇ど直球！　僕、まだ観ていないのですが、『俺とマリコと終わらない昼休み』と印象が違ってびっくりしました。
**工藤**　三年ずっとマスクをして暮らした世代の彼らに、「高校生活で演劇やってよかった」って思わせたい。そういう畑澤先生の執筆の動機を聞いて、「そんなにいい先生だったんですか？」って、思わず聞いちゃいました。
**澤田**「無駄なことはひとつもなかった」って、ストレートで強いメッセージですよね。
**工藤**　演じた子たちの達成感もそうですけど、客席にいる生徒たちがものすごく共感して、割れるような拍手で。ラストシーン、舞台上で勇者たちが剣を掲げるときに、観客席の他校の部員たちも一緒に「わーっ」と盛り上がっていました。畑澤先生は、コロナ禍にはそういう芝居が必要だって考えたんだと思います。

**澤田**　プロの演劇は、対「お客さん」がメインなんだけれど、高校演劇はあくまでも教育の一環であるという前提がある。だから、生徒たちの成長にどう寄与するかという視点が先に立つ。その子たちの三年間をどう肯定していくか。それは顧問創作でいうと、山崎公博先生や石田千晶先生のアプローチ。失ったものに目を向けながらも、それでも、うちらは大丈夫なんだって生徒に向かって言い続けるみたいな、対「生徒」の描き方ですね。

**工藤**　『走れ！走れ走れメロス』を下北沢の小劇場「劇」で観たときに、この芝居は、コロナ禍でこの子たちのために何ができるかっていう、亀尾佳宏先生の愛だと感じました。あえて「走れ！メロス」という原作を選び、校歌をメロス劇中で歌わせ、それが、台本の後半の生トークっぽいシーンにつながる。

**澤田**　「歌唱禁止」はコロナ禍の特徴の一つであり、その中で彼らが校歌を歌う。ドキュメンタリー映画を補助線として考えると、そうか、この子たち自身の物語だからこんなに心に迫るものになるんだとわかる。単にメロスじゃなくて、そのうしろにある彼らを見ている。部員たちが演劇をやることで、亀尾先生や友だちに肯定されていく。自分が発したことが客席＝向こう側に通じるんだとか、こんなに拍手もらえるんだとか、こんなに笑ってもらえるんだとか、それらを感じることで彼らが認められていく。そういう、演劇が普遍的に持つ力を彼らが体感して、かつ、それを観客ももらえる、そういう作品ですね。

## コロナは何をあぶり出したのか？

**工藤**　「観客を入れる／入れない問題」について。高校生に部活動としての演劇を続けさせたいという思いは一緒なのに、観客はオミットしてでも続けるっていうやり方と、観客がいなかったらそれはもう演劇じゃないでしょうっていう考え方に分かれる。そして、どっちが正しかったか、三年たっても誰にもわからない。「演劇とは何か？」という問いには、観客がいなかったら演劇ではないと簡単に答えられる。けれども、活動期限のある『『高校演劇』とは何か？」っていうときにわからなくなってしまう。観客がいなくてもコンクールを実施すれば、次の大会という上演の可能性もあって、部活動としての作品づくりを続けられるわけですよね。

**澤田**　はい。そして、それには、『『コンクール』とは何か？」という問いもついてきます。

**工藤**　そうなんです。誰もいない、がらんとした客席に向かって演じて、講評会がない、講評文もないという大会もあったそうです。ようやく届いた講評文が、ダメ出しのメモみたいだったときに、じゃあ審査員ってなんなの？　選ぶだけの人？　それでいいの？　というような疑問をコロナはあぶり出してくれたはずです。なのに、コロナが終わったら普通の大会に戻って、それらの問題は放っておかれてしまうのでしょうか。

あと、この本に書くのが間に合わなかった話ですけど、二〇二三年四月以降に、去年がんばった二年生や一年生が、進級したあとに部活を辞めたりしている。

**澤田**　なんか聞きますねえ。

**工藤**　燃え尽きちゃったのかな？　学校生活だけでもたいへんなのに、演劇やるなんて、もういいやって思っちゃったのかなあ。演劇をする喜びを高校生活で感じて、演劇を好きなまま卒業してほしいのに、コロナ禍でそれは成立しなかったのかなあ。

三月まで中学生だった新一年生は部活の経験がないから、高校に入っても部活動に入らない。演劇部の新入部員が少ないという話もあちこちであって。高校演劇は、この先、大丈夫なのでしょうか、そもそも少子化だし。

**澤田**　加盟校二〇〇〇校といわれていますが、僕が取材し始めてから、毎年一〇〇校くらいずつ減っていて。いま、たぶん、実際に大会に参加する学校って一四〇〇とか一三〇〇くらいだと思います。大会がすべてではないですが。先生方の働き方改革の影響もあります。

**工藤**　指導がしにくくなったり、できなくなっていく。経験のある先生方が退任されたり転勤されたりで、そのまま演劇部がなくなっていったり。

**澤田**　東日本大震災のときに、東北で人口流出が進んだのと同じことが全国的に起こっている感覚ですよね。地域的だけじゃなく、同時代的だから、エアポケットのようになってしまっている。

**工藤**　じわじわ来ていた演劇部の減少傾向が、コロナで加速している。これは盛り返せるのか？

　熱意だけでは盛り返せない。私たちにできるのは、高校演劇の楽しさをいろんなところで言ったり書いたりすることぐらい。誰かの目にとまって、その誰かが高校演劇やりたいなって思ってくれるといいのですが。

**澤田**　本当にそうですね。

（二〇二三年五月収録）

# 執筆者プロフィール（五十音順）

※演劇部顧問の勤務校は二〇二三年四月在校。
※本人の執筆でない作品のみ執筆者を表記。
※代表作（高校演劇作品）の受賞歴ではなく、
初演校と初演年を紹介。

**石田千晶**（いしだ　ちあき）／**緋岡　篝**（ひおか　かがり）／**フローレス・デラコリーナ**／**迦陵頻伽**（かりょう　びんが）
山口県立光高校演劇部顧問。『みすてりい』（山口県立光高校演劇部二〇二一年初演）。『陰影』（山口県立光丘・光高校演劇部二〇二〇年初演）。『まさかさかさま』（二〇二〇年初演）。『たらちねりあん』（二〇一九年初演）。『□〇ル葉桜』（二〇一八年初演）。『彼方此方、知り吾』（二〇一七年初演）。『みえない、いと』（二〇一六年初演）。『No More 未来泥棒』（二〇一五年初演）。『ぴっかり丘は大騒ぎ』（二〇一四年初演）。『カツっ！』（山口県立華陵高校演劇部二〇一〇年初演）。『報道センター１２３』（二〇〇四年初演）

**稲葉智己**（いなば　ともみ）
埼玉県立芸術総合高校演劇部顧問。埼玉県高等学校演劇連盟事務局長。古典戯曲を翻案した独自のエンターテインメントに定評がある。『Love & Chance!』（原作／ピエール・ド・マリヴォー　埼玉県立新座柳瀬高校演劇部二〇一六年初演）。『Ernest!?』（原作／オスカー・ワイルド　新座柳瀬高校二〇一八年初演）。『Midnight Girlfriend』（原作／モリエール　芸術総合高校演劇部二〇二二年初演）。

**上田美和**（うえだ　みわ）
鹿児島県立伊集院高校演劇部顧問。『トシドンの放課後』（鹿児島県立宮之城高校二〇〇三年初演）は、今なお全国の演劇部が上演する高校演劇スタンダード作品である。『ジョン・デンバーへの手紙』（鹿児島県立屋久島高校二〇一八年初演）。『See you tomorrow』（二〇二二年に鹿児島県立伊集院高校初演）。

**大石由紀**（おおいし　ゆき）
高知県立高知丸の内高等学校演劇部顧問。「２０２０こうち総文WEB SOUBU」演劇部門代表委員。

**岡崎賢一郎**（おかざき　けんいちろう）
久留米大学附設高校演劇部顧問。『19― Blues』（久留米大学附設高校演劇部二〇二〇年初演）。『豆球～マメキュー!!～』（二〇二一年初演）。『الصحراء بنت فتاة ～砂漠ガール～』（二〇一八年初演）。『女子高生』（二〇一三年初演）。『戯王【gi:oh】』（二〇二二年初演）は、二〇二三年夏、第六九回全国高等学校演劇大会（鹿児島）で九州ブロック代表として上演予定。

**柏木　陽**（かしわぎ　あきら）

東京都立千早高校演劇部外部指導員。ＮＰＯ法人演劇百貨店代表。日本の演劇ワークショップを牽引する演劇家である。和光大学、桐朋学園大学の非常勤講師の他、世田谷区内の中学校の外部指導もおこなう。高校演劇では集団創作を指導した『見えない女の子の悩み』（千早高校二〇二〇年初演）。『フワフワに未熟』（千早高校二〇二一年初演）。『7月29日午前9時集合』（千早高校二〇二二年初演）は、二〇二三年夏、第六九回全国高等学校演劇大会（鹿児島）で関東ブロック代表として上演予定。

**亀尾佳宏**（かめお　よしひろ）

島根県立松江工業高校演劇部顧問。劇団一級河川代表。『ただ、今』（島根県立三刀屋高校演劇部二〇一九年初演）。『ヤマタノオロチ外伝』（三刀屋高校二〇一一年初演）。『暮れないマーチ』（三刀屋高校二〇〇七年初演）。『笑い女』（三刀屋高校二〇〇六年初演）。『山月記～サンゲツキ～』（三刀屋高校二〇〇五年初演）。『お葬式』（三刀屋高校二〇〇四年初演）。『ぽっくりさん』（島根県立松江工業高校演劇部二〇〇二年初演）。

**日下部英司**（くさかべ　えいじ）

長野県松本県ヶ丘高校演劇部顧問。『深い河』（原作／遠藤周作　脚色／日下部英司　二〇一六年初演・二〇二二年再演）。『無窮の滄海よ』（二〇二一年初演）。『忘れないよ、九官鳥』（二〇二〇年初演）。『お前に自転車の乗り方を』（二〇一九年初演）『Another life が座る場所』（二〇一七年初演）。

**黒瀬貴之**（くろせ　たかし）

全国高等学校演劇協議会事務局長。広島市立広島商業高等学校演劇部顧問。演劇部顧問歴は四校で三三年。『CRANES』（二〇〇六年初演）、『八月五日』（二〇〇九年初演）、『そらふね』（二〇一五年初演）、『ねがいましては』（二〇二〇年初演）など、「ヒロシマ」をテーマにした作品を創り続けている。

**郷原　玲**（ごうばら　りょう）

長野県松本美須々ケ丘高校演劇部顧問。劇団「東京スピカ」（主宰／後藤啓介）にも脚本提供。『カラマーゾフの兄弟』（原作／ドストエフスキー　脚色／郷原玲　二〇二二年初演）、『愛を語らない』（二〇二〇年初演）、『M夫人の回想』（原作／W・シェイクスピア　脚本／郷原玲　二〇一七年初演）。

**清野俊也（せいの　しゅんや）**

北海道富良野高校演劇部顧問。『学校でなにやってんの』（北海道北見緑陵高校演劇部二〇一六年初演）。『へその町から』（北海道富良野高校演劇同好会二〇一九年初演）。『お楽しみは、いつからだ』（富良野高校　二〇二〇年初演）。『下校してください』（富良野高校二〇二一年初演）。

**西田直人（にしだ　なおと）／矢野青史（やの　せいじ）**

福島県立福島南高校演劇部顧問。『放課後のヘラクレイトスーながれゆくそこでー』（福島県立福島南高校演劇部二〇二二年初演）。『ふりつもるそこで、』（福島南高校演劇部二〇二一年初演）。『paradise lostーつめたくなりまで、だきしめてー』（福島南高校演劇部二〇二〇年初演）。『放課後のヘラクレイトス』（福島南高校二〇一九年初演）。『サテライト仮想劇ーいつか、その日に、』（福島県立相馬農業高等学校飯舘校演劇部二〇一六年初演）。『ファントム　オブ　サテライト〜飯舘校の怪人〜』（飯舘校二〇一五年初演）。

**畑澤聖悟（はたさわ　せいご）**

青森県立青森中央高校演劇部顧問。渡辺源四郎商店店主。『俺とマコトと終わらない昼休み』（二〇一九年初演）。『藍より青い海』（二〇一八年初演）。『ジンコちゃんの世界』（二〇一六年初演）。『翔べ！原子力ロボむつ』（二〇一三年初演）。『アメイジング・グレイス』（二〇一五年初演）。『はしれ！走れメロス』（二〇一二年初演）。『もしイタ〜もし高校野球の女子マネージャーが青森の「イタコ」を呼んだら』（二〇一一年初演）。『ともことサマーキャンプ』（二〇〇八年初演）。『河童』（二〇〇七年初演）。『最終試験場の九人』（二〇〇六年初演）。『修学旅行』（二〇〇四年初演。『生徒総会』（一九九八年初演）。『あゆみ』（作／柴幸男　潤色／畑澤聖悟　青森県立弘前中央高校演劇部二〇〇九年初演）。

**林　成彦（はやし　なるひこ）**

高校演劇サミットプロデューサー。ＮＰＯ法人ＰＡＶＬＩＣ（パブリック）理事。日本全国で演劇ワークショップ活動や高校演劇コンクール審査員を精力的に行っている。

**原澤毅一（はらさわ　きいち）**

群馬県立伊勢崎清明高校演劇部顧問。『恐ろしい箱』（群馬県立安中高校演劇部二〇〇一年初演）。『姨捨ＤＡＷＮ』（能楽『姨捨』より翻案／原澤毅一　群馬県立前橋南高校演劇部二〇〇七年初演）。『黒塚Ｓｅｐｔ．』（前橋南高校二〇〇九年初演）。『荒野のMärchen』（民間伝承より翻案／原澤毅一　前橋南高校二〇一〇年初演）。『狩野【kanou】』（前橋南高校二〇一二年初演）。『アナ雪なんてみない』（群馬県立伊勢崎清明高校二〇一四年初演）。

**引場道太**（ひきば　みちた）

第一四回春季全国高等学校演劇研究大会実行委員長。元・新潟県立新潟工業高校　放送演劇部顧問。高志中等教育学校教諭。『教室の女王』（新潟県立新潟南高校 2013 年）。『ホンネ イエ バネ』（新潟県立新潟工業高校 2015 年）。『誰が為に鐘は鳴る～インダストリアル・マーチ2～』（新潟県立新潟工業高校 2016 年）。『室長（潤色演出作品）』（作・畑澤聖悟、新新潟工業高校 2018 年）、『女子高生（潤色演出作品）』（作・久留米大附設高校演劇部・岡崎賢一郎、新潟県立新潟工業高校 2019 年）。

**村端賢志**（むらはし　さとし）

徳島県立小松島高校放送・演劇部顧問。『白の揺れる場所』（作／近藤理恵・古田彰信　潤色／村端賢志徳島市立高校演劇部二〇二〇年初演）。『水深ゼロメートルから』（作／中田夢花　徳島市立高校演劇部二〇一九年初演）。『どうしても縦の蝶々結び』（作／林彩音・村端賢志　徳島市立高校二〇一六年初演）。『夜帰』（原案／川瀬太郎　作／村端賢志　徳島県立富岡東高校羽ノ浦校演劇部二〇一三年初演）。『避難』（原案／川瀬太郎　作／村端賢志　徳島県立富岡東高校羽ノ浦校演劇部二〇一二年初演）。

**柳　雅之**（やなぎ　まさゆき）

岡山学芸館高校演劇部顧問。『骨を蒔く』（岡山学芸館高校演劇部二〇二二年初演）。『体育祭予行！』（東温高校演劇部二〇一〇年初演）。『たまべん』（新居浜南高校放送演劇部二〇〇七年初演）。『大きな古時計』（松山南高校演劇部一九九〇年初演＊生徒として在籍）。

**山崎公博**（やまざき　きみひろ）

北海道大麻高校演劇部顧問。北海道高文連演劇専門部専門委員長。『Tip-Off』（北海道大麻高校演劇部二〇二一年初演）、『睡蓮』（二〇二〇年初演）、『蘖（ひこばえ）』（二〇一九年初演）、『Cavatina』（二〇一八年初演）、『春の光』（二〇一七年初演）、『教室裁判』（二〇一三年初演）、『待ちの風景』（一九九七年初演）。

**横川　節**（よこがわ　せつ）**／曽我部マコト**（そがべ　まこと）

愛媛県立松山東高校演劇部顧問。『きょうは塾に行くふりをして』（作／越智優・曽我部マコト　愛媛県立松山東高校演劇部二〇二一年初演）。『夕暮れに子犬を拾う』（作／越智優　松山東高校　二〇一三年初演）。『さよなら小宮くん』（作／越智優　愛媛県立川之江高校演劇部　二〇〇九年初演）。『ふ号作戦』（作／曽我部マコト　川之江高校二〇〇八年初演）。『夏芙蓉』（作／越智優　川之江高校二〇〇一年初演）。『七人の部長』（作／越智優　川之江高校二〇〇〇年初演）。『ホット・チョコレート』（作／曽我部マコト　川之江高校一九九九年初演）。

第五章

**奥　竜之介**（精華高校演劇部　二〇二三年三月卒業）

**鬼頭すみれ**（小石川中等教育学校演劇部　二〇二三年三月卒業）

**原　康輔**（川越高校演劇部　二〇二一年三月卒業）

**松尾　秀**（長崎南山高校生徒会表現班　二〇二三年三月卒業）

**山田淳也**（三重高校演劇部　二〇二二年三月卒業）

第八章

**澤田大樹**（さわだ　だいき）

TBSラジオ記者。二〇一八年からは国会担当記者となる。取材範囲は政府、国会、省庁のほか、新型コロナ、東日本大震災、高校演劇など。高校時代は演劇部で演出を担当していたことから、「アフター6ジャンクション」（TBSラジオ）で定期的に高校演劇特集を組む。番組関連書籍アトロクプレゼンツ「高校演劇ZINE」Vol.1、Vol.2（発行／TBSラジオ）の企画・編集もおこなう。

**工藤千夏（くどう・ちなつ）**

1962年、青森市生まれ。劇作家・演出家。青年団所属。うさぎ庵主宰。渡辺源四郎商店ドラマターグ。ニューヨーク市立大学大学院演劇科修士課程修了。代表作『真夜中の太陽』（原案・音楽：谷山浩子）は、2015年から劇団民藝版が全国巡演。高校演劇コンクールの審査やWSを全国で展開。震災高校演劇アーカイブを運営する他、高校演劇に関するコラムを「論座」等に多数執筆。
（一社）日本劇作家協会評議員・高校演劇委員会ワーキンググループメンバー。四国学院大学非常勤講師、青森県立保健大学非常勤講師。（一社）進め青函連絡船理事。

うさぎ庵HP　https://nabegenhp.wixsite.com/usagi-an
震災高校演劇アーカイブHP　https://nabegenhp.wixsite.com/kokoengeki

論創ノンフィクション 041
コロナ禍三年 高校演劇

2023年8月20日　初版第1刷発行

編著者　工藤千夏
発行者　森下紀夫
発行所　論創社
東京都千代田区神田神保町 2-23　北井ビル
電話　03（3264）5254　振替口座　00160-1-155266

カバーデザイン　奥定泰之
カバー写真　撮影：寺崎真初／提供：東京都立千早高校
組版・本文デザイン　アジュール
校　正　小山妙子
印刷・製本　精文堂印刷株式会社
編　集　谷川 茂

ISBN 978-4-8460-2282-2 C0036